依法治国的

八大名相

王天成 编著

西北工业大学出版社

【内容简介】 本书以弘扬博大精深的中华文化精髓为宗旨，从敢于革除积弊、勇于改革的角度，由中国历史上一千多位宰相中，精选了管仲、商鞅等八位依法治国的大政治家、大名相，较全面地介绍了他们的生平，施政的理论、方针、政策、措施及造福当朝当代的功绩和历史贡献，从而使我们深刻地认识到依法治国才是中华文化的真正精髓。

图书在版编目（CIP）数据

依法治国的八大名相/王天成编著. —西安：西北工业大学出版社，2016.1

ISBN 978-7-5612-4710-5

Ⅰ.①依… Ⅱ.①王… Ⅲ.①政治人物—列传—中国—古代 Ⅳ.①K827=2

中国版本图书馆 CIP 数据核字（2016）第 018614 号

出版发行：西北工业大学出版社
通信地址：西安市友谊西路 127 号　邮编：710072
电　　话：(029) 88493844　88491757
网　　址：www.nwpup.com
印 刷 者：陕西天意印务有限责任公司
开　　本：727 mm×960 mm　1/16
印　　张：14.75
字　　数：185 千字
版　　次：2016 年 1 月第 1 版　2016 年 1 月第 1 次印刷
定　　价：39.00 元

前言
FOREWORD

大约在2005年，我去书店看我的小说销售情况，老板给了我一本某出版社出版的著作《中国宰相传》。回到家中，我仔细阅读了这本大16开本，近一寸厚70多万字的鸿著。每一本书都有它的写作意图，当然，这部著作也有它的原创目的，有一定的社会功能。但是，我翻来翻去，总是看得很不过瘾。恕我直言，从古到今，我国有一千多位宰相，七十多万字，平均下来，一个人能有多少字，只能是个简单的介绍。要看的内容太少，看不到的又太多，这是我看了不过瘾的原因之一。不过瘾的原因之二是，人们看书学习，往往是要看那些有作为的人是怎么去做的，有什么重大贡献，从中汲取营养和借鉴。这么多宰相，大多是平庸之辈，有的还是奸相，翻开此书想看的有重大作为的宰相，寥寥数语，文字简单，不得不扼腕叹惜。不过瘾的原因之三是，翻遍全书，被多个大师级的史学家推崇的号称苻坚之管仲的大名相王猛却不在这本书之列。合上这本鸿著，我遐想浮篇，产生了撰写中国古代历史上有重大贡献、重大作为、勇于改革、依法治国的宰相的想法。

要写有重大贡献、重大作为的大名相，写谁？谁值得写？中国历史上一千多个宰相，不可能一一去研究，一一去翻资料阅读。首先要看著名的大师级的史学家认可的人，看历史伟人认可的人。我想到了梁启超，想到了在台湾的柏杨，他们都是顶尖的大师级史学家，都提出了历史上作为宰相的六大政治家之说。两人提出的人基本相同，只是在个别人上有所区别。他们说的大政治家必是大名相。我又想到了好评说古今的伟人毛泽东，他有超乎常人的独到见解。在中国古代历史上，他极力推崇救时宰相姚崇，给予极高评价。综合他们的看法和其他一些史学家的观点，我将管仲、商鞅、诸葛亮、王猛、姚崇、李德裕、王安石、张居正列为历史上最著名的八大政治家、大名相。

中国文化，自从汉武帝独尊儒术，罢黜百家之后，几千年来儒家文化一直占统治地位。儒家思想的核心是仁、义、礼、智、信、恕、忠、孝、悌。我把它归纳为四个字"安分守己"，是统治阶级要人民按照他们规范的行为安分守己、维持现状的统治术，深受各朝统治者的推崇和欢迎。但对于改变现状，清除积弊，进行改革，富国强兵，却是阻力。毛主席曾写诗说："劝君少骂秦始皇，焚坑事情要商量。祖龙魂死秦犹在，孔学名高实秕糠……"批判儒学是秕糠，是有深刻道理的。

中国文化博大精深，笔者认为，真正能够富国强兵的文化是以管仲为代表的法家文化，管仲文化或者叫法家文化才是中国文化的精髓。看遍中国历史，凡国强民富时期无一不是法家主政，依法治国，力行改革。管仲是历史上公认的法家鼻祖，他在思想、政治、经济、军事、外交等诸多方面都有精辟的论述和作为，有超时空的先进性，许多方面是世界第一。譬如：他最先提出水是万物之源的理论；是提倡依法治国和以德治国并重的第一人；是大胆进行行政改革、废除奴隶制度的第一人；是提出兵民合一、寓兵于民的第一人；是倡导并提出以农为本、农工商并举、大力推行市场经济的第一人；是官办妓院的第一人等等。翻尽中国历史，无人可与管仲相提并论，他是中国历史上的千古一相。商鞅，师承法家，依法治国，雷厉风行，强秦富民，他所创立的国家集权制度一直沿用至今。诸葛亮，兢兢业业，鞠躬尽瘁，依法治蜀，励精图治，知其不可为而为，堪称表率。王猛，文韬武略，胜过诸葛，不畏权势，改革积弊，协助苻坚，统一北方。姚崇，唯物论者，面对中宗、韦后之后积重难返的唐王朝，十事要说，击中要害，鼎力改革，奠定了大唐中兴的基础。李德裕，生于颓败衰弱走下坡路的唐朝，在朝在野，不忘社稷，忧国忧民，力行革新，几乎使衰败的大唐复兴。王安石，品德高洁，文学大师，三代完人，为挽救积贫积弱、纸糊的宋王朝，变法图强，新政有现代银行的萌芽。张居正，实行兵革，厉行节约，推行一条鞭法，力挺将倾的明王朝，使其延续了几十年。上述这些人，都是一脉相传的法家人物，也都是依法治国、对历史做出巨大贡献的能员、能相。他们依法治国、勇于改革的精神和许多主张对于当前深化改革有着重大的借鉴作用，应该大书特书。

如何完成这部著作，我给自己定了下述原则。

一、真实性

要使呈现在读者面前的是一个个真实的历史人物，而不是演义传说的人。人，都是有两重性的，再好的人都有缺点。在写每一个人物时，我在着重写他依法治国、勇于改革的功绩的同时，也写他的不足和缺点错误。譬如：管仲，我写了他妻妾成群，财可比公。商鞅，写了他刑法过重，杀人过多等。对于有些史书和小说上宣传的不真实的地方，我进行了辨伪。一是把诸葛亮请下了神坛。一部罗贯中脍炙人口的《三国演义》神化了诸葛亮。真实的诸葛亮是一个有远见卓识的政治家，依法治蜀的能相，不是神。在著名的《隆中对》中诸葛亮提出西取西川，三国鼎立的战略远见，在当时的一些有识之士都看到了。周瑜就曾经给孙权说，让他和世子去取西川，形成东西呼应之势，以抗强曹，徐图中原。清本正源，我将《三国演义》小说中移花接木加在诸葛亮身上的事情还原给了本人，譬如火烧博望坡还原给了刘备，草船借箭还原给了孙权等等，在把诸葛亮请下神坛方面用了不少的笔墨，让一个真实的诸葛亮出现在读者面前。二是对历史上一些人说姚崇"权谲"，好玩心眼，提出了不同的看法。古代的人从忠厚老实的角度看聪明、机警、随机应变的姚崇，说他"权谲"。我反复看了他们举的例子，却没有这样的感觉，只是觉得姚崇机智灵活，是个很聪明的人。我和西北大学的一个教授说到姚崇，他说姚崇遇到明君是个贤臣，遇到昏君就是个奸臣。我不赞成他的观点，说了毛主席对姚崇的评价，他不屑一顾。毛主席是伟人，伟人自有高出常人的看法，我相信毛主席没有看错。我写姚崇没有苟同他人的观点，做了充分的肯定。三是宋史说王安石不洗衣服不洗脸，我进行了辩诬。宋朝崇尚奢华，士大夫衣着华丽，王安石在朝不蓄势，在野不蓄财，生活简朴，衣着朴素，不同众类。他的夫人有洁癖，非常干净，怎么能让他不洗衣服不洗脸，完全是政敌攻击的天方夜谭。

二、史料性

注意真伪，弄清史料的来龙去脉。在翻阅这八个大名相的有关资料时，我总觉得一些书在某些事情上写的粗，来龙去脉交代的不清，看了莫名其妙。比如，说管仲文武全才，却不讲他为什么能文武全才，他家境那么贫怎么就能文武全才？讲文姜、哀姜这两个人，看了半天弄不清什么关系等。我在编著这本书时，写清了管姓的来源，写明了当时学在官府、以吏为教的时代教育特征，管仲的父亲是齐国的大夫，小时他有很好的学习条件，写明了他文武全才的来源；也理清了文姜、哀姜的辈分及上下左右的关系。我在骊山偶尔碰到一个道长，相互攀谈，那道长说，他们常常看古书，弄不清世子、公子、公孙、王子这些称呼的来源和关系。我给他讲了，他非常高兴，在这本书中我也将这些称谓的关系明确地写了进去。

三、可读性

写出的书是叫人看的，如果读者不爱看，那这本书再好也没有市场价值，达不到为社会服务的目的。我在编著这本书时，注意了不要把文章写得干枯无味，凡能加的，都加进了一些鲜为人知的故事，几乎每个人都搜集了一些有趣的故事写了进去，增加了文章的趣味性，增强了可读性。比如：管仲一文中加进了有关文姜的一些故事、不谢私恩的故事等；商鞅一文，详细地写了赵良深夜拜访劝说商鞅的故事等；诸葛亮一文，除写一些正面的故事外，写了诸葛亮不能正确对待魏延、彭羕、廖立的故事等；王猛一文，写了斗权奸、高瞻远瞩、金刀计的故事等；姚崇一文，写了姚崇不信鬼神及死姚崇斗活张说的故事等；李德裕一文，写了办案如神及神话传说的故事等；王安石一文，写了王安石名字的来源和他找生花之笔及和苏轼的故事、自奉至俭的故事等；张居正一文，写了江陵神童以及以后主政的一些故事等。这些故事丰富了文章的内涵，使一个个的人物活了起来，栩栩如生地站在了读者面前。

四、通俗性

介绍历史上的这些人物的资料和书，大都用了大量的文言文，艰涩难懂。我在写第一稿时引用了大段的文言文。这些文言文，没有一定古文知识的人看起来很是费劲。第二稿修改的时候，我在想，写书的目的是叫人看的，看的人越广泛越好，看不懂，费劲，谁看你的书？就认真地考虑了通俗性，将文言文基本上翻译成了白话文，尽最大的努力将其写成通俗读物，使男女老幼都能看。

习近平总书记强调指出：要学习中国历史，了解和懂得自古以来中国人民创造的灿烂历史文化，继承中华民族在漫长历史发展进程中形成的优良传统，从中汲取思想精华，结合新的实践不断发扬光大。中国历史是中国人民、中华民族坚持不懈的创业史和发展史，蕴涵着十分丰富的治国理政的历史经验和宝贵的思想文化遗产。要善于借鉴历史上治理国家和社会的各种有益经验，学习中华民族优秀的传统文化和高尚的精神追求，从中获得精神鼓舞，升华思想境界，陶冶道德情操，完善优良品格，培养浩然正气，认真践行全心全意为人民服务的根本宗旨，为党和人民事业不断做出自己的贡献。这本书：① 符合习近平同志的讲话精神，符合当今社会需要、改革需要，对改革有利，符合当前的政治形势；② 读者面广，首先是从政者和有志于从政的人的极好读物。习近平同志指出"领导干部不管处在哪个层次和岗位，都应该读点历史，从中汲取有益于加强修养、做好工作的智慧和营养，不断提高认识能力和精神境界，不断提升领导工作水平。"我国有数千万公务员，尤其是各级领导都应该知道这些有作为的大名相是怎么从政的，向他们学习，从他们身上汲取智慧和营养。各级党校和各级行政学院可以将这本书作为学员的读本。③ 这些大名相，不仅在政治体制的改革上有所作为，而且在经济、军事、外交等诸多领域都有超常人的思想和策略，各行各业的人都应借鉴，都应该学习。④历史学者、大学文史系的学生可作为课外读物。⑤热爱历史的一切人，妇孺老幼皆可读。

编著本书，曾参阅了诸多文献资料，在此谨向其作者深表谢忱。

编者

2015年11月

目录
CONTENTS

二、商鞅：锲而不舍 锐意变法

三、诸葛亮：鞠躬尽瘁 依法治蜀

四、王猛：文韬武略 胜过诸葛

五、姚崇：唯物论者 救时宰相

六、李德裕：忧国忧民 革新宰相

七、王安石：三代完人 变法图强

八、张居正：挽明即倒　宰相之杰

　　宰相，这个称谓起源于春秋时期。最早见于《韩非子·显学篇》："故明主之吏，宰相必起于州部，猛将必发于卒伍。"说贤明的君主的官吏，他的宰相必然是从熟悉地方工作和中央各部门工作中选拔上来的，勇猛的将军必然是产生于作战勇敢的士兵之中。在历史上，宰相是处在一人之下，众人之上的十分显赫的位置。历朝历代的君主既需要宰相统领文武，为其治国安民，办理政务，又担心宰相的权位过重，危及自身。皇权和相权始终是个矛盾的统一体。因此，在所有的官职中，宰相的变化最多。秦朝时，宰相的正式官名为丞相。有时分设左右丞相，以右为上，称为"左丞相"（文职）、"右丞相"（武职），宦官担任宰相职务的称为"中丞相"。汉朝与秦朝相仿，只是如果称为相国的话地位更高一些，并以御史大夫为副职。汉武帝时起用了一批儒生当丞相，处理日常行政事务，而政务中心则转到了内廷。宰相的职权逐渐转移到了尚书台长官的手中。汉哀帝改丞相为大司徒。东汉由司徒、司空、太尉三公共同执政。汉献帝建安十三年（208年），复置丞相，由曹操担任。两晋南北朝时，丞相或相国多为权臣自命，成为了一种篡位夺权的手段。南北朝制度多变，皇帝所与议论政事或委以机密者，即是宰相。官名有中书监、中书令、侍中、尚书令、仆射或将军。其位最尊、权最大者则为录尚书事。隋朝定三省制，三省长官内史省的内史令、门下省的纳言、尚书省的尚书令都是宰相。唐改内史省为中书省，内史令为中书令，纳言为侍中。唐高宗后，只有加"同中书门下三品""同中书门下平章事"者才是宰相。宋朝以"同平章事"为宰相正式官名，以"参知政事"为副职。从汉至唐，皇帝待宰相之礼，逐渐降级，至宋太祖废"坐论"之礼，宰相不得坐着和皇上谈论政务，使宰相地位大降。宋神宗元丰年间改制，设宰相二人，首相称尚书左仆射兼门下侍郎，次相称尚书右仆射兼中书侍郎；另设门下侍郎、中书侍郎、尚书左右丞为副相。宋徽宗政和年间，改左仆射为太宰兼门下侍郎，右仆射为少宰兼中书侍郎。宋钦宗靖康年间复改为尚书左仆射兼门下侍郎、尚书右仆射兼中书侍郎；南宋高宗建炎年间，再改宰相官名为尚书左右仆射同中书门下平章事，副相为参知政事。宋孝宗乾道年间又改为左、右丞相。元朝以中书省为政务中枢，主官中书令常由皇太子兼领，下为左右丞相，再下为平章政事，副职为左右丞及参知政事。明朝初亦设中书省，左右丞相。明太祖朱元璋洪武十三年（1380年），罢中书省，废丞相，由皇帝亲决国政。宰相制度遂被废。后皇帝以不胜庶政之繁，设内阁大学士协理文书。后内阁的职权越来越重，大学士成为事实上的宰相，称辅臣，居首者为首辅。清沿明制，雍正皇帝时设军机处，内阁成为闲曹，军机大臣成为事实上的宰相。明、清习惯上都称授大学士为拜相，但无正式宰相名分。

从中国历史发展的过程看，大体上相权重，国势强；相权轻，国势弱。宰相的好坏对社会进步、当代人民的福祉有着极其重要的作用，几乎是一身系天下的安危、政治的稳定、经济的繁荣。在我国有文化记载的五千多年的历史上，有一千多位宰相，其中不乏名相和奸相，但真正依法治国、敢于革新旧弊，勇于改革，推动社会进步，造福人民的大政治家、大名相，寥寥无几，屈指可数。纵观中国古代历史上历朝宰相，以其所作的历史功绩、社会贡献、影响及史学家的评价而论，有八人堪称大政治家、大名相。习近平总书记强调：学习和总结历史文化，借鉴和运用历史经验，是我们党一贯重视并倡导的做好领导工作一个重要的思想和方法。了解、研究这些大名相，熟知他们依法治国的政治及经济主张、改革措施，古为今用，有着极其重要的作用。尤其是对从政者和有心从政的人以及从事经济管理的人来说，他们的许多主张和勇于改革的精神都有着极大的现实借鉴和指导意义，以其为鉴，当是一部极好的教科书。

◇ 管仲

一、管仲：法家鼻祖　千古一相

管鲍之交　情深谊厚

　　管仲和周王室同祖同宗，是王室的后裔，同属古老的姬姓。周武王灭殷商之后，封其最小的弟弟姬鲜于管国，管理、监督殷商的遗老遗少，人称管叔，其后人姓管。管仲是周穆王的后代，其父管庄是齐国的大夫。当时学在官府，以吏为教，史书典籍大都在官府，多是官吏带徒式的教学。老师就是当时的官员，学生大都是官宦、士大夫子弟。管仲的父亲是齐国的大夫、官员，所以管仲小时候受过良好的教育。他习文练武，刻苦学习，通诗书礼仪。春秋时作战主要用战车，

　　管仲，生于约公元前723年或前716年，死于公元前645年，名夷吾，谥曰"敬仲"，汉族，春秋时期齐国颍上（今安徽颍上）人，史称管子。他是从贵历史上第一个倡导依法治国的人，是我国历史上伟大的思想家、政治家、经济家、军事家，外交家。其依法治国的理念、政策、改革的措施，创造了许多世界第一，具有超时空的先进性。梁启超誉其为中国之最大的政治家，学术、思想界一巨子。习近平总书记谙熟管仲文化，他讲的"仓廪实则知礼节"就是管仲的名言。管仲是我国古代历史上首屈一指、无人可比的依法治国的大名相。

003

他会射箭、会驾车，是个文武全才之人。不幸的是正当管仲学习成长的时候父亲去世了，可谓少年丧父。少年丧父、中年丧妻、老年丧子，这人生三大不幸之一的厄运落在了他的头上。当时实行的是世卿世禄的世袭制，他的父亲虽是大夫，但不是上大夫，达不到卿一级，没有这个特权，所以没有封地，不能继承。没有了经济来源，从此家道衰落，老母在堂，生活十分贫苦。

就在管仲生活十分穷困的时候遇到了鲍叔牙。鲍叔牙是哪里人，史记没有明确记载，据说也是颖上人。两人谈吐相和，惺惺相惜，很快就成了好朋友，整天形影不离。有一回，鲍叔牙对管仲说："咱们都已经是大小伙子了，不能总靠家里养活。我们是不是去做买卖，赚点钱？"管仲想了想，有些为难，说："我家自从父亲去世以后，我和母亲吃了上顿没下顿，哪里有钱去做生意？"鲍叔牙掰着手指算了算，说："钱由我出，你脑瓜子聪明，就出主意怎样做生意吧。"管仲知道朋友是在照顾自己。周礼规定商人的地位很低，几乎等同于奴隶。为了养活母亲，维持家计，他不得不和鲍叔牙干起当时被认为低贱的商人。两人起早贪黑，四处奔波忙碌，谁也不叫苦。经商赚了钱，管仲不仅用赚的钱还自己欠别人的账，而且总是多分给自己，少分给鲍叔牙。鲍叔牙的仆人看不过眼，嘟嘟囔囔地嫌管仲拿得多，对鲍叔牙说，他出资少，平时开销大，还私自拿赚的钱还自己过去欠别人的账，年底还照样和您平分效益，很显然，他是个十分贪财的人。鲍叔牙批评了仆人，而且从不和管仲计较。对此人们背地议论说，管仲贪财，不讲友谊。鲍叔牙知道后就替管仲解释，说管仲不是不讲友谊，只贪图金钱，他这样做，是由于他家贫困，多分给他钱，是我情愿的。管仲曾三次被国家征召参加战斗，每次打仗都走在后面，而且撤退时比谁都跑得快，还三次逃了回来。因此人们讥笑他，说管仲贪生怕死，没有勇敢牺牲的精神。鲍叔牙听到这讥笑后，深知这不符合管仲的实际情况，就向人们解释说，管仲不怕死，因为他家里有年迈的母亲，全靠他一人供养，所以他不得不那样做。在一次战斗中，鲍叔牙为了保护管仲，冲到管仲前面作战负伤，管仲急忙为他包扎伤口。管仲看到流血的伤口，难过地说："你是为了我才受了伤的啊！"鲍叔牙笑了笑，说："没关系！没关系！"有人问鲍叔牙："对朋友，你可真是做到家了。这样做是为了什么呀？"鲍叔牙说："我不这样做，管仲也会这样做的。我总以为，他比我有本领，有胆量，总有一天，他会干出更大的事业。"管仲同鲍叔牙的友谊非常诚挚，他也多次想为鲍叔牙办些好事，不过都没有办成。而且不但没有办成，反给鲍叔牙造成很多新的困难，还不如不办好。因此人们都认为管仲没有办事本领。鲍叔牙却不这样看。他心里明白，自己的朋友管仲是个很有本领的人。事情所以没有办成，只是由于机会没有成熟罢了。在长期交往中，他们两人结下了深情厚谊。管仲和鲍叔牙经商，到过许多地方，接触过各式各样的人，见过许多世面，从而积累了丰富的社会经验。管仲想干一番事业，三次去见国君要做官，都被赶了出来，没有成功。鲍叔牙劝慰管仲说："你是有奇才的人，只是没有遇到明君。"管仲常给人说："生我的是父母，而真心待我的是鲍叔牙！"管仲的母亲去世后，管仲没有了牵挂，作战异常勇敢，才渐露头角，被提拔了起来。直到晚年管仲还感动地给人说："我与鲍叔牙经商而多取财利，他不认为我贪心；同鲍叔牙谋事，我把事情办糟了，他不认为我愚蠢；我三次从阵地上逃跑，他不认为我胆小怕死；我做官被驱逐，他不认为我不肖；我辅佐公子纠败而被囚忍辱，他不认为我不知羞耻……生我者父母，知我者鲍子也！"

鲍叔力荐　管仲拜相

　　齐国国君齐僖公有三个儿子，太子诸儿、公子纠和小白。管仲和鲍叔牙分别被齐僖公安排为公子纠和公子小白的师傅，成了他们的家臣，辅佐他们。起初鲍叔牙对齐僖公令其辅佐公子小白很不满意，常常称病不出，因为他认为"知子莫若父，知臣莫若君"。国君知道小白将来没有希望继承君位，又以为他没有才能，才让他辅佐小白。而管仲却不以为然，当他了解内情后，劝导鲍叔牙说："国内诸人因厌恶公子纠的母亲，以至于不喜欢公子纠本人，反而同情小白没有母亲。将来统治齐国的，不是纠就是小白。公子小白虽然没有公子纠聪明，而且还很性急，但却有远虑。不是我管仲，无人理解公子小白。公子纠即使日后废兄成为国君，也将一事无成。到时不是你鲍叔牙来安定国家，还有谁呢？"这样，鲍叔牙听从了管仲的意见，出来接受任命，竭力尽心侍奉小白。

齐僖公年过半百得到一个千金，起名文姜。孩子一落地就与众不同，十分惹人喜爱，长大以后更是生得面如桃花，眼似秋波，艳丽无比，直出落成一个绝代佳人。文姜天资聪慧，才思敏捷，很有才气，时时能出口成章。可是，由于齐僖公的宠爱，她也养成了轻浮放荡、任性而为的性格。文姜同父异母的哥哥太子诸儿，长她两岁。他英俊魁梧，仪表堂堂，但却是个不学无术的酒色之徒。兄妹二人，自幼在宫中一起长大，嬉戏玩耍，同起同坐，形影不离，关系十分亲密，及至成年，也不避什么男女之闲。诸儿为妹妹的美色所吸引，不久二人即做下乱伦之事。不知不觉到了成婚的年龄，齐僖公给诸儿聘娶了宋国的公主，而把文姜许配给了鲁国的国君鲁桓公。兄妹二人虽十分不情愿，但父命难违，也不敢表露什么，于是文姜便嫁到了鲁国。鲁桓公对文姜十分宠爱，文姜提出的要求，只要是能办到的，鲁桓公都百依百顺，生怕文姜不高兴。而文姜虽受鲁桓公的宠爱，却忘不了对自己情深意切的哥哥诸儿，可又没有和他相见的理由，不免每日郁郁不乐。

公元前698年，齐僖公驾崩，太子诸儿即位，他就是齐襄公。太子诸儿虽然居长即位，但品质卑劣，齐国前途令国中老臣深为忧虑。诸儿虽然即位做了国君，但仍然割舍不下对文姜的思念之情。每到夜深，一种莫名的渴求使他辗转难眠，于是就派使者到鲁国，迎接鲁桓公与文姜来齐国。鲁国大夫申儒曾劝谏鲁桓公不要让文姜去，因为这不合礼法。但一来文姜思念哥哥，执意要去，鲁桓公溺爱妻子，不得不从；二来齐强鲁弱，对于齐国的邀请，鲁桓公不敢拒绝。就这样，鲁桓公夫妇同车前往齐国。齐襄公亲往迎接，大摆宴席款待鲁桓公夫妇后，就以会见旧日宫中妃嫔为名，将文姜接至宫中。齐襄公将文姜迎到事先造好的密室，摆下酒菜，与文姜饮酒叙旧，兄妹二人四目相对，多日未见的相思，化作旺盛的情欲之火，不顾一切地搂抱在一起，亲热起来。两人难舍难分，当晚又同床共枕，同宿宫中。鲁桓公见文姜去宫中一夜未归，心中疑惑，便派人到宫门查访，得知兄妹二人之间眉来眼去，关系暧昧，十分气愤。文姜回来后，鲁桓公便详细盘问她，会见什么人，夜宿何处。文姜越是遮遮掩掩，鲁桓公就越是疑心，二人大吵了起来。自文姜走后，齐襄公也放心不下，怕鲁桓公知道他们兄妹乱伦的真相，担心鲁桓公会让文姜吃苦头，便派人跟踪探听。当得知鲁桓公已有所怀疑，并与文姜发生争吵时，心中便萌生了加害鲁桓公的念头。第二天，鲁桓公派人向齐襄公辞行，要回鲁国。齐襄公一定要请鲁桓公到牛山游览，说是以此为鲁桓公饯行。鲁桓公无奈，只得留文姜在驿站，自己应邀前往。酒席宴上，鲁桓公心事重重，闷闷不乐。齐襄公却兴致盎然，殷勤把盏，让大臣们轮流劝酒，直把抑郁寡欢的鲁桓公灌得酩酊大醉。齐襄公派力大无比的武士彭生抱鲁桓公上车，送他回驿馆。他用眼盯着彭生，加重语气说道："一定要把鲁国国君送到家，不得有丝毫差错。"路上，彭生看看左右无人，就遵照齐襄公的密令，一说是用厚布毯子裹住鲁桓公的头，将他捂死在车上，另一说是抱鲁桓公上车时用力夹死的。齐襄公闻听鲁桓公已死，心中踏实下来，又假意啼哭，悲伤无比。一面命人将鲁桓公的尸体厚殓入棺，一面派人到鲁国报丧，说鲁桓公暴病而亡，让人前来迎回灵柩。鲁国的大臣们早已风闻齐襄公与文姜的丑事，猜到了鲁桓公被害的真相。无奈自己国力弱小，齐国强大，武力征伐不得，只得派人前往迎回灵柩。鲁国使臣提出请齐襄公处死彭生，齐襄公为掩盖丑闻，当着鲁国使者的面将彭生斩首。

发生了这样的事情，具有政治远见的管仲和鲍叔牙都预感到齐国将会

管仲 法家鼻祖 千古一相

发生大乱。所以他们都替自己的主子想方设法找出路。公子纠的母亲是鲁君的女儿，因此管仲和召忽就保护公子纠逃到鲁国去躲避。公子小白的母亲是卫君的女儿，卫国离齐国太远，所以鲍叔牙就同公子小白跑到齐国的南邻莒（jǔ）国去躲避。公子纠和公子小白去的地方虽然一南一西，打算却都一样，都是静观事态的发展，伺机而动。齐襄公十二年（公元前686年），齐国内乱终于爆发。齐襄公叔伯兄弟公孙无知因齐襄公即位后废除了他原来享有的特殊权利而恼怒，勾结大夫闯入宫中，杀死齐襄公，自立为国君。公孙无知在位仅一年有余，齐国贵族又杀死公孙无知，一时齐国无君，一片混乱。两个逃亡在外的公子，一见时机成熟，都想尽快设法回国，以便夺取国君的宝座。周王分封诸侯的时候，各诸侯国都封有国君和监国的上卿，世袭世禄，是最有权势的贵族。齐国在公孙无知死后，商议拥立新君的各派势力中，上卿高溪势力最大。他和公子小白自幼相好。高溪同另一个大夫上卿国氏勾结，暗中派人急去莒国请公子小白回国继位。公子小白接信后又和鲍叔牙仔细分析国内形势，然后向莒国借了兵车，日夜兼程回国。鲁庄公知道齐国无君后，也万分焦急，立即派兵护送公子纠回国。后来发现公子小白已经先出发回国，管仲于是决定自请先行，亲率30乘兵车到莒国通往齐国的路上去截击公子小白。人马过即墨30余里，正遇见公子小白的大队车马。管仲非常沉着，等公子小白车马走近，就操起箭来对准射去。只听哨嗖一声，一箭射中，公子小白应声倒下。管仲见公子小白已被射死，就率领人马回去了。其实公子小白没有死。管仲一箭射中他的铜制衣带勾上，公子小白急中生智装死倒下。经此一惊，公子小白与鲍叔牙更加警惕，飞速向齐国挺进。当他们来到临淄时，由鲍叔牙先进城里劝说，齐国上卿高氏和国氏都同意护立公子小白为国君。于是，公子小白就进城，顺利地登上君位。这就是历史上有名的齐桓公。

　　齐桓公即位后，急需找到有才干的人来辅佐，因此就准备请鲍叔牙出来任齐国的丞相。鲍叔牙诚恳地对齐桓公说：臣是个平庸之辈，现在国君施惠于我，使我如此享受厚遇，那是国君的恩赐。若要把齐国治理富强，我的能力不行，还得请管仲。齐桓公惊讶地反问道："你不知道他是我的仇人吗？"鲍叔牙回答道："客观地说，管仲，天下奇才。他英明盖世，才能超众。"齐桓公又问鲍叔牙："管仲与你比较又如何？"鲍叔牙沉静地指出："管仲有五点比我强。宽以从政，惠以爱民；治理江山，权术安稳；取信于民，深得民心；制订礼仪，风化天下；整治军队，勇敢善战。"鲍叔牙进一步谏请齐桓公释掉旧怨，化仇为友，并指出当时管仲射国君，是因为公子纠命令他干的，现在如果赦免其罪而委以重任，他一定会像忠于公子纠一样为齐国效忠。管仲与公子纠一伙认为公子小白已死，再没有人与他争夺君位，也就不急于赶路，六天后才到齐国。一到齐国，没想到齐国已有国君，新君正是公子小白。鲁庄公得知齐国已有新君后气急败坏，当即派兵进攻齐国，企图武装干涉来夺取君位。齐桓公也不示弱，双方在乾时会战，结果鲁军大败，公子纠和管仲随鲁庄公败归鲁国。齐军乘胜追击，进入鲁国境内。齐桓公为绝后患，遣书给鲁庄公，叫鲁国杀死公子纠，交出管仲和召忽，否则齐军将全面进攻鲁国。鲁庄公得知后与大夫施伯商量，施伯认为齐国要管仲不是为了报仇雪恨，而是为了任用他为政。因为管仲的才干世间少有，他为政的国家必然会富强称霸。假如管仲被齐国任用，将为鲁国的大患。因此施伯主张杀死管仲，将尸首还给齐国。鲁庄公新败，闻齐国大兵压境，早吓得心颤胆寒，没有听施伯的主张。在齐国压力下，鲁庄公杀死了公子纠，并将管仲和召忽擒住，准备将二人送还齐桓公发落，以期退兵。召忽为了表达对公子纠的忠诚而自杀，死之前对管仲说："我死了，公子纠可说是有以死事之的忠臣了；你活着建功立业，使齐国称霸诸侯，公子纠可说是有生臣了。死者完成德行，生者完成功名。死生在我二人是各尽其份了，你好自为之吧。"管仲抱着"定国家，霸诸侯"的远大理想，被装入囚车，随使臣回国。在回齐国的路上，管仲生怕鲁庄公改变主意，为了让役夫加快赶路，就心生一计，即兴编制了一首悠扬激昂的黄鹄（"鹄"两个音hú或gǔ）之词，用唱歌给他们解除疲劳为名，教他们唱歌。他们边走边唱，越唱越起劲，越唱走得越快，本来两天的路程，结果一天半就赶到了。鲁庄公果然后悔了，想到管仲乃天下奇才，若大用于齐，齐桓公无疑如虎添翼，不如先除掉此患，就派兵追赶，早已来不及了。管仲一路恐慌，最后平安到了齐国，鲍叔牙正在齐国边境堂卓迎接他。老友相逢，格外亲切。鲍叔牙马上命令打开囚车，去掉刑具，又让管仲洗浴更衣，表示希望他能辅助齐桓公治理国家。稍事休息后，管仲对鲍叔牙说："我与召忽共同侍奉公子纠，既没有辅佐他登上君位，又没有为他死节尽忠，实在惭愧。现在又去侍奉仇人，那该让天下人多么耻笑呀！"鲍叔牙诚恳地对管仲说："你是个明白人，怎么倒说起糊涂话来。做大事的人，常常不拘小节；立大功的人，往往不需他人谅解。你有治国的奇才，齐桓公有做霸主的远大志愿，如你能辅佐他，日后不难功高天下，德扬四海。"作好了管仲的工作之后，鲍叔牙赶回临淄，向齐桓公报告。

经鲍叔牙建议，齐桓公同意选择吉祥日子，以非常隆重的礼节，亲自去迎接管仲，以此来表示对管仲的重视和信任。同时也让天下人都知道齐桓公的贤达大度。此后，齐桓公经常同管仲商谈国家大事，管仲都有许多卓越的见解。这些见解都记录在《管子》一书中。一次齐桓公召见管仲，首先把想了很久的问题摆了出来。"你认为现在的国家可以安定下来吗？"管仲通过这个阶段的接触，深知齐桓公的政治抱负，但又没有互相谈论过，于是管仲就直截了当地说："如果你决心称霸诸侯，国家就可以安定富强，你如果要安于现状，国家就不能安定富强。"齐桓公听后又问："我现在还不敢说这样的大话，等将来见机行事吧！"管仲被齐桓公的诚恳所感动。他急忙向齐桓公表示："君王免臣死罪，这是我的万幸。臣能苟且偷生到今天，不为公子纠而死，就是为了富国家强社稷；如果不是这样，那臣就是贪生怕死，一心为升官发财了。"说完，管仲就想告退。齐桓公被管仲的肺腑之言所感动，便极力挽留，并表示决心以霸业为己任，希望管仲为之出力。后来，齐桓公又问管仲，"我想使国家富强、社稷安定，要从什么地方做起呢？"管仲回答说："必须先得民心。"齐桓公接着问："怎样才能得民心呢?"管仲回答说："要得民心,应当先从爱惜百姓做起;国君能够爱惜百姓,百姓就自然愿意为国家出力。""爱惜百姓就得先使百姓富足,百姓富足而后国家得到治理,那是不言而喻的道理。通常讲安定的国家常富,混乱的国家常贫,就是这个道理。"这时齐桓公又问："百姓已经富足安乐,兵甲不足又该怎么办呢?"管仲说："兵在精不在多,兵的战斗力要强,士气必须旺盛。士气旺盛,这样的军队还怕训练不好吗?"齐桓公又问："士兵训练好了,如果财力不足,又怎么办呢?"管仲回答说："要开发山林、开发盐业、铁业,发展渔业,以此增加财源。发展商业,取天下物产,互相交易,从中收税。这样财力自然就增多了。军队的开支不就可以解决吗?"经过这番讨论,齐桓公心情兴奋,就问管仲："兵强、民足、国富,就可以争霸天下了吧?"但管仲严肃地回答说："不要急,还不可以。争霸天下是件大事,切不可轻举妄动。当前迫切的任务是百姓休养生息,让国家富强,社会安定,不然很难实现称霸目的。"由于管仲系统地论述了治国称霸之道,使齐桓公的全部问题都迎刃而解,不久齐桓公就拜管仲为相,主持政事,为表示对管仲的尊崇,称管仲为仲父。

🌸 政治经济　全面改革 🌸

管仲所处的时代正是《三字经》上讲的"周辙东,王纲坠",群雄并起,互相争霸的时代。管仲为齐相后,根据当时形势,对齐国的政治经济进行了一系列改革。他以经济建设为基础,大刀阔斧地进行了多方面的经济改革和一些政治制度的改革。虽然上层建筑领域依然保持着世卿世禄制度,改革不够彻底,但政治制度方面却有很大的改变。

一、思想方面

管仲是一位伟大的思想家。父亲死后穷苦的生活、经商、当兵等接地气的人生经历，使他深刻地认识了社会，理解了社会，产生了朴素的唯物主义思想。在当时将"天"神化、普遍通过卜筮预测吉凶的时代，他提出"天常""天道"的理论。所谓"天常"，就是天气、天象的常态运行。即春夏秋冬、日出日落、阴晴圆缺等天的常态现象。所谓"天道"就是天有它的运行规律，"天之常"和"天之变"都是客观的，是不以人的意志为转移的。"天道"的作用是不知不觉的，是无形无相的，但人可以从察古而知今，"知天"而"得道"，从事物的发展中找出客观规律。进而他提出"天道自然"说，还提出"地道""君道""人道"，要人们按天地的自然规律办事，不要违背自然规律。从这个哲学观出发，他提出了一系列符合实际的依法治国的政策和改革措施。他提出"水是万物之本源"的学说，早于古希腊哲学家泰利斯万物生于水而归于水的理论100年，是世界上第一个提出水是万物本源的唯物主义哲学本体论者。

　　他的政治思想是以顺民心、利民生为原则的，在历史上最早提出"以人为本"的惜民、爱民、富民的民本思想。他把人民比作"天"。齐桓公问他，做君王的什么是最宝贵的。他说"天"。齐桓公仰头看天。他说，我说的天不是大自然的天，是人民。他指出，为政之道，在顺民心，要顺其四欲，即"百姓厌恶劳苦忧患，我就要使他们安逸快乐；百姓厌恶贫困低贱，我就要使他们富足显贵；百姓厌恶危险灾祸，我就要使他们生存安定；百姓厌恶灭种绝后，我就要使他们生养繁衍"。他的执政理念非常看重人民的福祉。

　　他的伦理法治思想，既讲究按法度办事，又恪守"礼义廉耻"，是一种道德和法规制度并重的原则，而且非常重视德治，类似于今天依法治国和以德治国并举的方针。"以法治国"一词，最早见于《管子》"威不两错，政不二门，以法治国，则举措而已。"他是世界上最早提出依法治国的人，是我国历史上有定论的中国法家之鼻祖、儒法道的先驱。他主张全国上下贵贱都要守法，赏罚功过都要依法办事，提出"礼义廉耻，国之四维。四维不张，国乃灭亡。"这句话的意思是说，讲礼貌、扬正义、倡廉洁、知耻辱是维持国家生存的四个思想、道德、精神支柱，不断地发扬光大国家就能安稳，否则，国家就要灭亡。管仲非常重视发展经济，反对空谈，他认为"仓廪实则知礼节，衣食足则知荣辱，上服度而六亲固。"就是说：仓库里有充足的粮食，人们才会知道礼仪节操，衣食富足了，人们才会懂得荣誉和耻辱，君主和各级官员如能带头遵纪守法，不胡作非为，就有了亲和力，父母兄弟妻子之间便会亲密无间，社会就会和谐，人们就会拥护他们，国家就能长治久安，固若金汤。

管仲是朴素的唯物主义者。毛主席尖锐地批评以孔孟为代表的儒家是满嘴的仁义道德，满肚子的男盗女娼，厚古薄今，是唯心主义的。管仲讲的德治礼义廉耻，是建立在"仓廪实则知礼节，衣食足则知荣辱"的物质基础上的，是很实在的。孔子比管仲晚近200年。他继承和发扬了管仲的德治思想，形成了儒家思想，但是却没有理解或者说否认了管仲同时提出的另外一个以物质为基础的重要思想，而是崇尚空谈、追求意识形态，把空谈和意识形态上升到空前的高度。他们的继承者甚至发展到"存天理，灭人欲"，提倡什么饿死事小，失节事大，什么"君子不饮盗泉之水，不吃嗟来之食"。以管仲的主张和孔孟的主张比较，可以看出，管仲更加人性化，讲求实际，以物质为基础，具有唯物主义思想，更具有实际操作性。

二、行政方面

当时实行的是"国""野"之治。"国"即都城，是贵族、士人、自由民居住的地方。"野"即乡下，是奴隶住的地方。管仲重新划分和整顿了旧的行政区划和机构，把国都划分为6个工商乡和15个士乡，共21个乡。15个士乡是齐国的主要兵源。齐桓公自己管理5个乡，齐国监国的上卿国氏和高氏各管5个乡。把国政分为三个部门，制订3官制度。官吏有三宰，工业立三族，商业立三乡，川泽业立三虞，山林业立三衡。国都以外的乡下，30家为一邑，每邑设一司官。10邑为一卒，每卒设一卒师。10卒为一乡，每乡设一乡师。三乡为一县，每县设一县师。10县为一属，每属设大夫。全国共有5属，设5大夫。每年初，由五属大夫把属内情况向齐桓公汇报，督察其功过。于是全国形成统一的整体。

三、军队方面

管仲强调寓兵于农，规定国都中5家为一轨，每轨设一轨长。10轨为一里，每里设里有司。4里为一连，每连设一连长。10连为一乡，每乡设一乡良人，主管乡的军令。战时组成军队，每户出一人，一轨5人，5人为一伍，由轨长带领。一里50人，50人为一小戍，由里有司带领。一连二百人，二百人为一卒，由连长带领。一乡2 000人，2 000人为一旅，由乡良人带领。五乡1万人，立一元帅，1万人为一军，由五乡元帅率领。齐桓公、上卿国氏和高氏三人分别统领五士乡，都是元帅。这样把保甲制和军队组织紧密结合在一起，每年春秋以狩猎来训练军队，于是提高了军队的战斗力。同时又规定全国百姓不准随意迁徙。人们之间团结居住，做到夜间作战，只要听到声音就辨别出是敌我；白天作战，只要看见容貌，大家就能认识。为了解决军队的武器，规定犯罪可以用盔甲和武器来赎罪。犯重罪，可用甲与车戟赎罪。犯轻罪，可以用值与车戟赎罪。犯小罪，可以用铜铁赎罪。这样可补充军队的装备不足。

四、经济方面

管仲主张产业战略、政策上"以农为本，本末并举"，在发展多种经营的大农业的同时，积极发展手工业和商业。尤其是提倡商业，提倡功利，国家经济，促进消费等，这些思想在中国领先了两千多年，直到近几十年国家实行改革开放，搞市场经济才为后人所深入理解。主要有下述内容。

（1）管仲"以农为本"，高度重视农业的基础地位，把农业放在优先发展的位置上。他在《五辅》一文中说："明王之务在于强本事，去无用。"这里的"本事",即指农业,说贤明的君王的主要政务是要高度重视农业、加强农业生产,除去那些无用的事。为了加强农业生产,管仲还推行了一系列富农政策。如四民分业,定农之居,即士农工商分业分居而住。改革农业生产关系,提出:相地衰征、均地分力、与之分货。这里的"相",就是"看""观察"的意思;衰,是等级差别;征,就是征取。"均地分力",就是按劳动力平均分配全部耕地(包括公田);"与之分货",就是实行按产量分成的实物地租制。这句话的整个意思是说,要按照土地肥瘠的不同,征收不等额的租税;按劳动力平均分配全部耕地,实行按产量分成的实物地租制。他还提出.禁末,即禁止奢侈品或奢侈品生产,稳定农民的心理;减轻徭役,不误农时;以农为主,多种经营;注重土地管理和森林保护;奖励致富能手,重视农业科技等。管仲提出了世界领先的"相地而衰"的土地税收政策,根据土地的好坏不同,收成的多少,分成等级,征收多少不等的赋税。这样做使赋税负担趋于合理,提高了人民的生产积极性。这与两千多年后马克思提出的级差地租相同,领先了数千年,是十分了不起的。

（2）管仲废除了奴隶制的井田制。周礼,一块地井字平分为9块,中央的一块为公共地,产出上缴,周围的8块分给个人,叫井田制。管仲废除了这种制度,将所有的土地都分田到户,按土地质量和数量收税,提高农民的积极性,彻底动摇了奴隶制的基础,向封建制度大大地迈进。

（3）吸引外资,发展商业。规定"一乘者有食,三乘者有刍菽,五乘者有伍养",即驾驶一乘车来的商人,管饭;三乘车的,除了管饭,还供应牲口饲料;五乘车的,配以五名服务员。"征于关者勿征于市,征于市者勿征于关","驰关市之征,五十而取一"。征了关税的不征市税,征了市税的不征关税,而且只征1/50,这是一个避免重复征税和施行低额度征税的政策。

管仲充分认识市场的作用。他认为,"市者,可以知治乱,可以知多寡,而万人之所和而利也",通过市场不仅可以看到一个国家的经济实力

管仲

法家鼻祖 千古一相

和物资余缺等状况，而且可以看出社会治乱、人心向背。他突出强调市场的地位和作用，不亚于农业、工业的物质生产，认为有了市场，这样天下的万物就通畅；人们就会把万物运输到市场；万物的运输填补了余缺，价格自然就降了下来了；物价便宜了，万事万物就会按照一种合理的规律存在；这样，天下就可以治理好了，否则就会出现"无市则民乏"的经济困境。为了大力发展市场经济，促进商品流通，他在都城专门设立了7个市场，有些文章说设立了700个市场，估计当时的都城不会很大，这个数字值得商榷。

　　妓女，据说在三皇五帝时代就有。在管仲任齐相以前，妓女一般以女奴的身份出现，在贵族地主家里陪吃、陪唱、陪睡，身份地位卑下，称作"家妓"。君主家里的女奴更多，是"官妓"。有组织地在街头营业的妓院还没有出现。为了吸引外国商人，管仲还和市场相对应地设立了七市700女闾，即国家官办妓院。有的文章把"女闾"说成是妓院里面的工作人员，有的文章说"女闾"就是妓院。字典对"闾"的解释是里巷的门，成语依闾而望，就是靠着门向外张望，所以，把"女闾"说成妓院比较合适。有人撰文说当时设了7个妓院，每个妓院100妓女，共700人。到底有多少妓女，没有确切的说法。但官办妓女从管仲始是没有争议的。他比雅典的国家妓院还早了50年，是世界官办妓院第一人。管仲办的妓院起到了六方面的作用：一是增加了国家税收，收男子的钱入国库，即后世所谓的"花粉税""花粉捐"，增加了国家收入。所以，清代褚学稼说："管子治齐，置女闾700，征其夜合之资，以充国用，此即教坊花粉钱之始也。"二是解决了大量女奴隶的就业。三是解决了许多男子无处发泄性欲的苦恼和娱乐问题。四是吸引游士，为齐国招揽人才。五是吸引那些既爱钱又爱美女的四方商人来齐国发展。六是规范了这一行业，受到法律的保护，有了公开性和正当性。这一政策的实行，使当时天下之客，熙熙攘攘都奔去齐国，吸引了大量外资，促进商业经济的繁荣，各国纷纷效仿。

　　当时人们的思想以及各诸侯国的实际都是重视农业，是一个重农思想严重的时代，往后两千多年的中国帝制社会也是一个重农思想严重的时代，从事商业一直被看成低微的事情。管仲重视商业，发展市场经济的思想是极大的超前思维，鹤立鸡群，高出一筹。只有宋朝的经济思想较多的借鉴了管子，才使得宋朝成了两千年帝制社会中最富的一朝。

（4）国家垄断高利润行业。齐桓公有一次与管仲商量向人民增税，管仲摇着头说：不行，不行。他否决了齐桓公的意见，提出了"官山海"的措施，山，即矿山，海，即海盐，要官办矿山、海盐，第一次提出了盐、铁专卖的国营政策。管子给齐桓公算了一笔帐，每月男人要吃盐五升半，女人三升半，小孩两升半。升，是当时最小的度量衡单位。国家垄断制盐，每升盐价格提高二钱，万乘大国人口以千万计，每个月获利6000万，利润远高于收税。要向老百姓收税，人们必将号叫反对，而实行盐税政策群众无法逃避。铁税的情况也是类似，国家垄断冶铁，提高价格，用铁你就得买，谁也逃不掉。此外，还可以从国外低价购进盐铁，高价销售，利用他国资源来牟利。

（5）均输平准。所谓均输，即调剂运输；平准，即平衡物价。管仲举了两个例子：齐国东部粮食丰收，西部水灾歉收，粮价相差约10倍。要向两地收税，统一要求用粮食来交纳30钱的税收。西部粮价高，这样东部就要交纳西部约10倍的粮食，很不合理。国家只要从中调剂运输，西部粮食就充足了，此乃均输。一年四季，物产不同，富余和缺乏的物品不一样。国家要注意时节，提供国家信贷，发展匮乏商品，同时大量收购贱价物品，形成国家储备，将来就可以用来对付富商大贾囤积居奇，平抑物价，此为平准。

（6）功利尚奢思想。管仲认为自利是人的天性，"凡人之情，得所欲则乐，逢所恶则忧，此贵贱之所同有也。"说所有天下的人情世故，都是得了利就高兴，遇到不好的事就忧郁，不管你是高贵的人或低贱人都是一样的。天下熙熙皆为利来，用利益引导人民，靠利益或者说商品进行调节，"驱使"人民自觉地去完成某些国家活动，而不是强力的国家机器督

管仲

法家鼻祖 千古一相

导。这种思想和两千年后的西方商品社会，市场经济利益驱动的那一套，非常接近，如出一辙。

管仲反对浪费，提出"禁文巧"。他说的"文巧"就是奢侈浪费。但他不是一味地强调节俭，对消费问题作出了不同于传统观点的独到分析，主张奢俭并重。他不仅知道节俭在正常时期对国家财政的重要性，还认为"侈靡"的财政支出在特定时期有其特殊作用。他主张在社会生产不振、经济萧条时期，在国家财富有积蓄的情况下，通过扩大国家财政支出中的君主消费部分，以此鼓励和调动整个统治集团和私人富有者的侈靡消费，刺激生产，给失业者提供就业机会，借此达到"富者靡之，贫者为之"为穷人创造就业机会的目的。应该说，早在两千多年，管仲就能敏锐地发现生产与消费之间这种"其化如神"的关系，并适时提出扩大消费的正确主张，确实是难能可贵的。

（7）工商管理。管仲认为："士农工商四民者，国之石民也"，"欲正天下，财不盖天下，不能正天下；财盖天下，而工不盖天下，不能正天下；工盖天下，而器不盖天下，不能正天下。"这里的天下，指国家，工，即工商业，器，即管理；通俗地讲就是说：士农工商都是国家的基本群众。要管理好国家，国家就得有雄厚的财力，没有雄厚的财力难以管理好国家；要使国家富裕、有雄厚的财力，不重视工商业是不行的；重视工商业，不重视管理是不行的。管仲十分重视手工业和商业的作用，尊重手工业者和商人的社会地位。为了鼓励工商业的发展，管仲重视市场的设置建设，设置了工商管理机构，手工业方面设置"工正、工师、铁官"等职位进行管理，大力发展冶金业，以达到富国强兵的目的。管仲还认为：士、农、工、商应分业而居，除政治、军事的作用外，使行业世袭化，同行业的人住在一起，有利于交流经验，取长补短，提升本行业的整体水平。另外，耳濡目染并不需要太多的努力，就可以使弟子安心学艺，达到事半功倍之效，这些主张有很强的哲理性。

选贤任能　不谢私恩

管仲认为要进行改革，富国强兵，成就霸业，首要的是选贤任能，重用人才。他强调"夫争天下者，必先争人"。治军作战，要"收天下之豪杰，有天下之骏雄"；治国安邦要顺民心、利民生，要以人为本，"本理则国固，本乱则国危"；驰名当世，建立霸业要"务得人"，"与其厚于兵，不如厚于人"；而要名垂千古，"显于天下"，更是需"务得人"。总之，"人，不可不务也，此天下之极也"。得人，是最重要的事情。要办好国家大事，人才和民心都是成功的根本保证。管仲一生始终坚持唯贤是举，唯能是用，从不用私人，不谢私恩。早在管仲从鲁国被押往齐国时，饥渴地在大道上走着，路过绮乌郡时，防守边疆的人跪在地上非常恭敬地请他吃食物。因此私下里，这个防守的人对管仲说："如果你有幸到了齐国而没被处死，还被齐国重用的话，你要怎么报答我呢？"管仲回答说："假如真像你说的话，那么我重用贤良者，让有才能的人得以发挥，我怎么谢你呢？"这个防守边疆的人因此怨恨管仲。

农业历来是治国安邦的重大国策。管仲作为齐国的宰相，对此有着许多重要论述。为了强调人才对国家发展的重要意义，他用农林业作了一个生动的比喻。他说："一年之计，莫如树谷；十年之计，莫如树木；终身之计，莫如树人。一树一获者，谷也；一树十获者，木也；一树百获者，人也。我苟种之，如神用之，举事如神，唯王之门"。这段话通俗地讲就是说，一年的计划，莫过于种植谷物；十年的计划，莫过于栽培树木；终身的大计，莫过于培育人才。种一而收获一的是粮谷；种一而收获十的是木材；种一而收获百的是人才。作为君主，如果能做到培育人才，将会收到神奇的功效，成就大事就好像有神明的帮助，这是成就霸业的唯一出路。

管仲认为，"求天下之精材""收天下之豪杰"是实现国家富强兴盛的根本保证。因此，对于为政者来说，人才的发现与选拔是一项十分重要

管仲　法家鼻祖　千古一相

的工作。在管仲的倡议下，求贤若渴的齐桓公在全国推行了由乡长、官长、君主三个层次逐级推荐选拔人才的社会责任机制，明确规定，"有居处为义、好学、聪明、质仁、慈孝于父母、长弟闻于乡里者，有则以告。有而不告，谓之蔽贤，其罪五"。要求对有贤名真才实学的人要逐级上报，三级选筛，有人才不报的就要定罪。"三选"制度的建立和实施，不仅有效地避免了基层官员不务正业、埋没人才、有贤不报，也可防止掌权者随心所欲，任人唯亲。这种明确责任的社会推选人才机制，在当时的社会引起强烈的反响，因为有这个制度凡有贤能的人都会得到上报。大批有贤之士被推荐出来供统治者选用，为齐国建立霸业充实了人才资源储备。

在用人原则上管仲始终坚持"德当其位，功当其禄，能当其官"。管仲深刻认识到：选才是基础，用人是关键，用人不讲原则，则是危害国家的根本。管仲指出：要做到知人善任，首先要在"知人"上下功夫。他指出君主使用人才的原则和标准有三个：一是官员的品德与爵位相不相称；二是官员的功劳与俸禄相不相称；三是官员的能力与职务相不相称。这三个根本问题是国家治理混乱的根源。因此，管仲提出，无德行于天下者不能给予尊贵的高位，对国家没有大功的人不能给予丰厚的工资待遇，不能取信于民的人不能任大官。同时还指出将德行深厚的人却授给低微的爵位，那就叫"失"；将德行浅薄的人却授以尊贵的爵位，那就叫"误"。其次，管仲认为对于人才的选拔与使用，也不能求全责备，要在已"知"的基础上，善于看到和发挥人才的特长。管仲担任齐相三个月后，有一天他请求与齐桓公共同讨论有关官员的任职问题。管仲出以公心地推荐了五杰。他在汇报中说：要论熟习升降、揖让、进退方面礼仪，同时又有刚柔相济的辩论才能，我不如隰（xí）朋，故此，请主公任命他为"大行"，即懂礼仪接待宾客的官。开辟荒地，建立城邑，善于积储粮食，地尽其利方面，我不如宁戚，请主公任命他为"大司田"。擅长带兵，整治军队，我不如王子诚父，请主公任命他为"大司马"。判定案件，能做到不杀无辜的人，不诬陷无罪的人，我不如宾胥无，请求主公任命他为"大司理"。不惜冒犯君威，进谏忠言良策，不向权贵折腰，我不如东郭牙，请主公任命他为"大谏官"。关于东郭牙，有学者认为他就是鲍叔牙，不同史料上提到的这两个人实际上就是一个人。管仲以自己宽广的心胸，不以门户量才，不以好恶划线，以国家利益为重，人尽其才，才尽其用，受到齐桓公的赞许，从而为齐国强盛建立起了一个君臣同心，尽职高效的执政团队。

管仲不仅重用人才，而且重视对人的赏罚，提出"案其功而行赏，案其罪而行罚"的人才考核制度，及时地推出了"省官"制度。所谓"省官"制度，是指对各级官吏的职责进行考核、检查和监督的制度。"省官"的前提是要明确官员的职责，并根据职责进行考核。考核内容十分具体，不仅看大德与大节，而且看实绩，根据这些进行奖赏和惩罚。管仲指出：作为国君最重要的是不仅要立法，而且要令行禁止，遵法守法，赏罚分明，恩威并举。他认为，在管理国家的时候，道德行为一定要有明确的准则。只有这样，那些知识阶层、士大夫才不敢为自我表现出风头而倡导一些怪异的风俗和异常的礼仪；才不敢布施小惠、缓行公法而讨好上司和民众；才不敢超越爵位等级，用不正当的手段谋取财物，捞取政绩来讨好君主。要让那些想方设法捞取私利的人无法取得利益，推卸责任的人总是让他无法逃脱惩罚。一定要使人们安心于自己的职位，与人愉快地相处，努力做好自己的本职工作，珍惜好的名声，这才算达到目的。

🌸 尊王攘夷　修好近邻 🌸

尊，即尊崇；攘，即排斥、抵御。尊王攘夷的原意是尊奉周王为中原之主，抵御北方游牧民族，后来成为面对外族入侵时，结成民族统一战线的同义词。

齐桓公在管仲的辅佐下，经过了内政、经济、军事等多方面改革，有了雄厚的物质基础和军事实力，齐国出现了民足国富、社会安定的繁荣局面。齐桓公对管仲说："现在咱们国富民强，可以会盟诸侯了吧？"管仲谏阻道："当今诸侯，强于齐者甚众，南有荆楚，西有秦晋，然而他们自逞其雄，不知尊奉周王，所以不能称霸。周王室虽已衰微，但仍是天下共主。东迁以来，诸侯不去朝拜，不知君父。您要是以尊王攘夷相号召，海内诸侯必然望风归附。"管仲说的"尊王攘夷"，就是尊重周朝王室，承认周天子的共同领袖地位；联合各诸侯国，共同抵御戎、狄等部族对中原的侵扰。攘夷于外，必须尊王。齐国按照管仲的政策去做，尊王成为当时一面正义旗帜，使齐桓公以诸侯长的身份，奉天子以伐不服。公元前655年，周惠王有另立太子的意向。废太子另立自己喜爱的小老婆生的娃不合周礼，齐桓公会集诸侯国君于首止，与周天子盟，以确定太子的正统地位，客观上制止了另立太子的意图。次年，齐桓公因郑文公首止逃会，率联军讨伐郑国。数年后，周太子即位称为周襄王。齐桓公率多国国君与周襄王派来的大夫会盟，确立了周襄王的王位。公元前651年，齐桓公召集鲁、宋、曹等国国君及周公宰会盟于葵丘。周公宰代表周王正式封齐桓公为诸侯长。同年秋，齐桓公以霸主身份主持了葵丘之盟。此后遇到侵犯周王室权威的事，齐桓公都会过问和制止。

"攘夷"，就是要对游牧于长城外的戎、狄和南方楚国对中原诸侯的侵扰进行抵御。公元前664年，山戎伐燕，齐军救燕。公元前661年，狄人攻邢，齐桓公采纳管仲"请救邢"的建议，打退了毁邢都城的狄兵，并在夷仪为邢国建立了新都。次年，狄人大举攻卫，卫懿公被杀。齐桓公率诸侯国替卫国在楚丘另建新都。经过多年努力，齐桓公对楚国一再北侵进行了有力的回击，到公元前655年，联军伐楚，迫使楚国同意进贡周王室；楚国也表示愿加入齐桓公为首的联盟，听从齐国指挥，这就是召陵之盟。伐楚之役，抑制了楚国北侵，保护了中原诸国。

齐桓公实行的"尊王攘夷"政策，使其霸业更加合法合理，同时也保护了中原经济和文化的发展，为中华文明的存续做出了巨大贡献。

在外交方面，起初，管仲向齐桓公提出修好近邻、先内后外、待时而动的国策。齐桓公并没有重视，他上台后的第二年（公元前684年），就借报收纳公子纠之仇，要出兵伐鲁。管仲劝其不听。齐桓公派鲍叔牙为将带兵打鲁国。当时鲁国刚被齐国打败不久，元气尚未恢复，齐兵压境，举国上下一片恐慌。恰巧鲁国曹刿出来为鲁庄公出谋献计，就有了有名的曹刿论战，在长勺（今山东莱芜东北）把齐国打败。鲁国胜利后又去侵犯宋国，齐国为了报复长勺之败，又勾结宋国来攻打鲁国。由于鲁庄公采纳大夫公子偃的建议，在秉丘（今山东巨野西南）打败宋军。宋军一败，齐军自然也就撤走。这个战败的教训使齐桓公认识了管仲外交政策的正确性，于是就实行了"亲邻国"的政策，十分重视与鲁、卫等邻国的关系。这个政策对后世影响很大，与我们国家现在周边外交工作，坚持与邻为善、以邻为伴，坚持睦邻、安邻、富邻，突出亲、诚、惠、容的理念有相似之处。

齐襄公诸儿谋杀了鲁桓公，鲁桓公和文姜的儿子登基即鲁庄公。儿子鲁庄公接她回国，到了齐鲁之间的禚地，她说：此地不齐不鲁，正是我的家呀！她就长期住在了那里。哥哥姜诸儿也会意，把行宫盖在邻地，方便两人相会。齐襄公是鲁庄公的舅舅，又是他的杀父仇人，还是其母的情夫，鲁庄公心情微妙。后来由于齐襄公的极力讨好，两人的敌意尽消，母亲与舅舅双飞双宿从此更自由。齐襄公姜诸儿被手下杀死后，文姜也没有离开禚地，就在那里遥遥地指挥儿子鲁庄公管理政事。文姜虽然和哥哥乱伦，但是个很有才能的人，在处理政务上展现了敏锐的直觉和长袖善舞的本领，同时也是一个杰出的军事家。没过多久，文姜就掌握了鲁国的政治权柄，把鲁国培养成经济军事强国，打败了齐国的进攻，在诸国战争中屡屡得胜。

鲁夫人文姜是齐桓公的姐姐，病重，管仲意识到文姜死了就会间接影响齐国和鲁国的关系。一天，他和齐桓公一起吃饭，问："主公可知鲁夫人文姜病了？"齐桓公点点头说："寡人已派人去慰问过了。"管仲又问："主公知道鲁夫人的重要性吗？"齐桓公摇摇头，表示不明白。管仲把两个人的筷子扔在地上，问齐桓公："主公知道无筷子如何夹菜吗？"

齐桓公愣在那里，傻眼地看着管仲，又不解地摇头。管仲指着地上的筷子说："鲁夫人文姜就如这筷子。"又指指桌上的菜说："中原霸业就是这菜，无筷子夹菜，难矣！"管仲指出了他的霸业征程上需要文姜，文姜在的话，她的作用就能无形地牵制鲁国。鲁庄公既然孝顺母亲，必然就要认齐桓公这个舅舅，晚辈对长辈自然是恭敬的，鲁国也就会臣服于齐国。如果没有文姜，两国关系就会逐渐疏远，到时候，"六亲不认"，鲁国没有约束，就会冒出来顶撞齐国，近邻相斗直接将制约齐国的事业。听了管仲的话齐桓公明白了，点头问管仲："那当如何？"管仲吩咐侍人去拿新的筷子来。他拿着新筷子示意齐桓公："再取一双新的筷子，尽快落实哀姜与鲁庄公的婚事，亲上加亲，让哀姜替代文姜的位置。"哀姜是齐襄公或齐桓公的女儿，和鲁庄公同辈。哀姜也是个历史上有名的人物，人们常说的"庆父不死，鲁难未已"就和哀姜有很大关系。齐桓公听从管仲的话，又把哀姜许给鲁庄公，通过再次联姻控制了鲁国。

在北伐山戎救燕时，鲁国也表示出兵支援，但实际上鲁国按兵未动。对此齐桓公很气愤，想出兵惩罚鲁国。管仲不同意这样做，劝说齐桓公："鲁国是齐国的近邻，不能为了一点小事就出兵，影响不好。为了齐国的声誉，我们可主动改善两国关系。这次救燕胜利，得到一些中原没有的战利品，不如送给鲁国一些，陈列在周公庙里。"齐桓公听了觉得很有道理，就赞成了这个意见。这样做对鲁国上下震动很大，其他各国反映也很好。

经济战略　不战屈人

管仲是利用经济战略，不战屈人之兵的先驱典范。不少文章都描写了管仲经济战脍炙人口的典型故事，其中尤以粮食战为最典型。齐国是西周开国功盖群臣的姜子牙的封地，本是一个海边的小国。姜太公被初封到这里时地不过方圆百里，而且很多是不适合粮食生长的盐碱地，粮食产量和人口都不多。齐国之所以在较短的时间里发展成为东方的强国，与管仲的粮食战略有很大的关系。

一、降莱莒之谋

莒国和其邻近的莱国虽然算不上大国，但实力也不弱，要想征服他们，也不是一件容易的事情。特别是莱国，早在齐国姜太公时期，莱国人就曾与齐人争夺过营丘（后为齐国的都城十三陵），可见其实力不弱。后来，齐国与莱国长期对立，谁也不服谁，谁也吃不掉谁。齐国要全力争取中原，当然要解决这个后顾之忧。据说有一天，齐桓公和管仲讨论莱、莒两国的问题。齐桓公说，"莱、莒两国土地广阔、肥沃，又有特产紫草（染料作物），国力很强，有什么好办法能灭了他们吗？"齐桓公好武，他只知道，要降服一个国家，最好的办法就是出动大批的战车，摧毁他的城池，掠夺他的财富，令敌人胆寒。管仲明白，武力服人，表面上看似服了，其实在内心里却充满了仇恨，不主张动用武力，就把自己早已想好的主意告诉了齐桓公，并慎重地说："此事千万不得泄露，一旦泄露出去，前功尽弃，齐国将损失惨重。"齐桓公点头称是，于是一场经济战悄悄地打开了：

庄山，位于齐国、莱国、莒国的三国交界之处。庄山蕴藏着十分丰富的铜矿资源，齐国虽然工商业非常发达，但对庄山的铜矿却一直没有进行开采。忽然间，庄山来了大批齐国士兵，他们进驻庄山，安营扎寨之后，一部分人上山采掘矿石，一部人在山谷中设炉冶炼。不远处的山坳里，还有人在进进出出，入口处有人把守，闲杂人等不得入内。时间不长，庄山上的矿石开采出来了，冶炼的炉火也升起来了，矿石中的铜也被提炼出来了。冶炼出来的铜并没有运走，而是运进了旁边的山坳里。　山坳内是一个铸币作坊，集聚了齐国最好的工匠，他们将铜锭化成水，倒进模具，铸成了铮亮铮亮的铜钱。钱币铸造出来后，并没有运走，而是藏在山坳的山洞里。不知从哪一天起，三国交界处的各个路口，到处都张贴着高价收购紫草的布告。紫草是制作染料的原材料，是莱国、莒国的特产。长期以来，紫草市场供求一直比较平衡，市场价格也比较稳定。但布告公布的收购价格，比平常的市场价格高出一倍。当时正是紫草的种植季节，但莱、莒两国的农人家里还有上年没有售完的紫草，听说齐国高价收购紫草，于是奔走相告，一传十，十传百，大家肩挑车载，纷纷将家里的紫草运到齐国设在边境的收购站售卖，狠赚了一笔。特别是那些家里储存紫草多的人家，赚的钱更多。有些精明的人见紫草能赚大钱，连夜铲除地里的庄稼，改种紫草。莱国国君听说齐国高价收购紫草，高兴地对左右说："铜币是人们珍重的，而紫草则是莱国的特产。用莱国的特产去换齐国的铜钱。"说到得意处，莱国国君哈哈大笑："这样一来，齐国终将被我们兼并掉。"于是，莱国人纷纷放弃粮食种植，改种获利颇丰的紫草。莒国的情况同莱国颇为相似，莒国的国君公开号召国人大量种植紫草。第一年，莱国、莒国的农民将新收割的紫草肩挑车载地运到齐国的收购站。齐国在庄山已铸造了足够多的铜币，对于莱、莒两国农民送来的紫草不加限制，全部高价收购。如此一来，莱、莒两国的农民心里更踏实了。第二年，他们干脆不种庄稼，所有土地全部改种紫草。管仲见两国都弃粮去种植紫草，心里暗暗高兴，待到第二年紫草收获季节，突然命令铸铜钱的兵士全部撤退，并下了一道命令：禁止进口莱、莒两国的紫草。当时正是紫草上市季节，莱、莒两国的紫草一下子堆积如山，卖不出去，成了柴火。因为大家都去种植紫草，不种庄稼，两国市场上粮食奇缺。粮食生产是有季节性的，周期很长，不是说种就能种得出来的。由于粮食奇缺，导致莱、莒两国市场的粮食价格暴涨，每钟粮食价格高达370钱，且还是有价无市。此时齐国市场上的粮食价格，每钟仅10钱。莱、莒两国的人民纷纷前来投靠齐国。莱、莒两国国力因之而大损，不得不臣服于齐国。这件事犹如一阵风，立即传遍天下。各诸侯国无不佩服管仲足智多谋，同时，也对齐国产生一种难以言状的畏惧心理。一场漂亮的商战，让齐桓公大开眼界。管仲以商战服人，被征服者心悦诚服，输得没有一点儿脾气。

二、服帛降鲁梁

鲁和梁的老百姓平常织绨，绨是一种丝线做"经"，棉线做"纬"织成的纺织品。齐桓公让鲍叔牙带兵攻打鲁国被曹刿论战打败，一直耿耿于怀，总想灭鲁国，但碍于鲁庄公的母亲文姜是他的亲姐姐，左右为难。管仲笑说："这有何难，主公静候佳音就是了。"原来，早在一年前，管仲就给鲁国挖了一个大陷阱，正在静候鲁国入瓮。鲁国百姓擅长织绨，织绨业是鲁国百姓赖以谋生的支柱产业。绨是一种比罗厚、而且色彩光亮、质地润滑的丝织品。管仲请齐桓公带头穿这种以高档丝织品为原料做成的衣服，并号召大臣们也都穿这种衣服。上行下效，齐国的百姓纷纷穿起了以绨为面料做成的衣服。一时间，穿绨织衣服成为齐国的一种时尚。绨的需求量猛增，市场上供不应求。管仲又下令齐国不准百姓织绨。于是，致使齐国市场上绨的价格猛涨。这一天，管仲带着两名侍卫到市场上察看行情，见满街的人穿的都是绨织品衣服，布店里购买绨的人排成队，生意火暴。管仲凑过去，正看到有鲁国商人同布店老板谈生意。那商人从布店出来后，管仲让侍从把商人叫到一个茶楼和他面谈。管仲对鲁国商人说："你给我贩来10匹绨，我给你们300斤铜;贩来100匹绨，我就给你们3 000斤铜。有多少，要多少，但必须是鲁国、梁国所产的绨，其他地方出产的不要。"管仲给出的价格，超出市场价格1倍，对鲁国商人有巨大的诱惑力。如此好事，哪有不答应的道理，立即同管仲签了约。

鲁国商人回国后，向国人宣传齐国大量收购绨织品。鲁国、梁国的百姓一看织绨有利可图，纷纷放弃农业生产，转而从事绨的纺织。鲁侯梁侯知道这个消息，以为发大财的机会到了。鲁国梁国靠织绨换回齐国的铜，即使不向百姓征税，财政上单靠织绨的收入就很充裕了。于是，他们鼓励全国人民织绨。这样，鲁国人梁国人在不知不觉中掉进了管仲给他们设的陷阱之中。这是一年前的事情。就在齐桓公为管仲降服莱、莒两国，大摆庆功宴后不久，管仲派人到鲁国梁国去打探消息。探子回报，说这两国的人都在忙于织绨，在路上来回奔波的人，都与织绨有关，行人多的使路上尘土飞扬，10步之内连人都看不清楚，行路的如过江之鲫，坐车的车轮相碰，骑马的列队而行。管仲听到这个消息，高兴地说："主公，大喜，可以攻克鲁国。请主公脱去身上的绨面料做的衣服，改穿帛料衣服，命令朝中大臣不得穿绨面料做的衣服，带领百姓不再穿绨。同时，封闭边境关卡，严禁鲁国梁国的绨进入齐国，断绝与鲁国梁国的贸易往来。"齐桓公毫不犹豫地答应了。过了一段时间，管仲又派人到这两国去打探，探子回报，由于鲁国梁国弃农织绨，农事因此荒废，齐国突然停止收购绨，造成这两国大量的绨积压，绨卖不出去，就没有钱买粮食。弃农织绨，土地荒芜，10个月后，鲁、梁的老百姓，没饭吃，饿得哇哇叫。于是，两国又命令百姓种粮食，可是，生产粮食有一个周期，不是三两个月就能生产出来的。两国缺少粮食，粮价暴涨，每石粮食的价格高达1 000钱，而此时齐国的粮价每石才10钱。管仲这一次对这两国的打击是致命的。遭受重击的两国一下子陷入困境，如此高昂的粮食价格，使两国的百姓难以承受。于是，大批的两国难民纷纷涌入齐国。这些难民的流入，给正缺乏劳动力的齐国增加了一批生力军。由于齐国有新开垦的荒地三年免交赋税的优惠政策，这些涌入齐国的难民便各找荒地开垦，使得齐国大片荒地被开垦出来，齐国的经济实力因此而大增。鲁庄公虽然好斗，但在外交上的孤立、国力上的削弱、齐国军事上的威胁下，再也拿不出勇气，再也没有本钱与齐国斗下去了。终于，在母亲的斡旋下，鲁国完全屈服于齐国。同样，梁国也臣服了齐国。

三、买鹿制楚

管仲相齐后把齐国治理得很好，征服了许多割据一方的诸侯国，辅助齐桓公称霸中原。可楚国不听齐国的号令，齐若不征服楚，华夏就仍不能统一。齐桓公和大将都想率重兵去打楚国，以兵威震慑楚国称臣。管仲连连摇头，说："齐楚交战，旗鼓相当，够一阵拼杀的。一则我们得把辛辛苦苦积蓄下来的粮草用光，再有齐楚两国万人的生灵将成为尸骨，我自有办法。"管仲说完，带着大家去看炼铜去了。一天，管仲派了100多名商人到楚国去购鹿。当时的鹿是较稀少的动物，仅楚国才有，但人们只把鹿作为一般的可食动物，2枚铜币就可买1头。管仲派去的商人在楚国到处扬言："齐桓公好鹿，不惜重金。"楚国商人见有利可图，纷纷加紧购鹿，起初3枚铜币1头，过了10多天，加价为5枚铜币1头。楚成王和楚国大臣闻知后，颇为兴奋，以为齐桓公好鹿是蹈卫懿公好鹤而国亡的覆辙，繁荣昌盛的齐国即将遭殃。

卫懿公是卫惠公的儿子，名赤，世称公子赤。他爱好养鹤，如痴如迷，不恤国政。不论是苑囿还是宫庭，到处有丹顶白胸的仙鹤昂首阔步。许多人投其所好，纷纷进献仙鹤，以求重赏。卫懿公把鹤编队起名，由专人训练它们鸣叫，训练和乐舞蹈。他还把鹤封有品位，供给俸禄，上等的供给与大夫一样的俸粮，养鹤训鹤的人也均加官进爵。每逢出游，其鹤也分班随从，前呼后拥，有的鹤还乘有豪华的轿车。为了养鹤，每年耗费大量的资财，为此向老百姓加派粮款，民众饥寒交迫，怨声载道。鹤色洁形清，能鸣善舞，确实是一种高雅的禽类。卫懿公喜欢高贵典雅的仙鹤，本来无可厚非，但因此而荒废朝政，不问民情，横征暴敛，就难免要遭来灾祸。周惠王十七年（公元前660）冬，北狄（今大同一带）人聚两万骑兵向南进犯，直逼朝歌。卫懿公正欲载鹤出游，听到敌军压境的消息，惊恐万状，急忙下令招兵抵抗。老百姓纷纷躲藏起来，不肯充军。众大臣说："君主启用一种东西，就足以抵御狄兵了，那里用得着我们！"卫懿公问"什么东西？"众人齐声说："鹤"。卫懿公说："鹤怎么能打仗御敌呢？"众人说："鹤既然不能打仗，没有什么用处，为什么君主给鹤加封供俸，而不顾老百姓死活呢？"卫懿公悔恨交加，落下眼泪，说："我知道自己的错了。"命令把鹤都赶散，朝中大臣们都亲自分头到老百姓中间讲述卫懿公悔过之意，才有一些人聚集到招兵旗下。卫懿公把玉块交给大

管仲 ☯ 法家鼻祖 千古一相

夫石祁子，委托他与大夫宁速守城，卫懿公亲自披挂带领将士北上迎战，发誓不战胜狄人，决不回朝歌城。但毕竟军心不齐，缺乏战斗力，又中了北狄的埋伏，很快就全军覆没，卫懿公被砍成肉泥。

楚王和大臣以为齐桓公是第二个卫懿公，高兴地不得了，在宫殿里大吃大喝，等待齐国大伤元气，他们好坐得天下。管仲却把鹿价又提高到40枚铜币1头。楚人见1头鹿的价钱与数千斤粮食相同，于是纷纷放下农具，做猎具奔往深山去捕鹿；连楚国官兵也停止训练，陆续将兵器换成猎具，偷偷上山了。一年间，楚地大荒，铜币却堆积成山。楚人欲用铜币去买粮食，却无处买。管仲已发出号令，禁止各诸侯国与楚通商买卖粮食。这样一来，楚军人黄马瘦，战斗力大失。管仲见时机已到，即集合八路诸侯之军，浩浩荡荡，开往楚境，大有席卷之势。楚成王内外交困，无可奈何，忙派大臣求和，同意不再割据一方，欺凌小国，保证接受齐国的号令。这样管仲不动一刀一枪，不杀一人，就制服了本来很强大的楚国。

四、买狐皮降代国

代国出产狐皮，管仲劝齐桓公令人到代国去高价收购狐皮，造成代人放弃农业生产，成天在山林之中去捉狐狸，但狐却少得可怜，"二十四月而不得一"。结果是狐皮没有弄到，农业生产也耽误了，没有粮食吃，导致北方的离枝国乘虚侵扰。在此情况下，代国国王只好投降齐国。齐国一兵未动而征服代国。

以上这四例都是粮食战争的威力，不动一兵一卒降服他国。

管仲还出了一些计谋，收他国之财而富齐国。有一次齐桓公抱怨去朝拜周天子没钱买礼物。管仲教他："您可以在某特产玉璧的地方筑城，让当地工匠雕刻特制玉璧。等将来朝拜天子，恳请天子将此种玉璧立为朝见必备的礼物，到时候此玉璧奇货可居！"齐桓公依计行事，以筑城为名造什么石破天惊璧，也就是大小不等的石璧，规定了不同的价格，并说动了周天子以此为觐见之礼。诸侯们为见周天子带礼，都运载着黄金、珠宝、粮食、彩帛到齐国去购买玉璧，天下财物尽入齐国，齐国8年没有向本国的老百姓征税。

管仲还破除了厚葬之风。齐国人崇尚豪华的葬礼，产的布匹都被用来做寿衣了，而木材也都耗在了做棺材上。齐桓公很担忧这样的风气，就把这个情况告诉了管仲，说："布匹都用光了我们就没有衣服穿，木材都耗尽了就没有用来制作防御器材的材料，而豪华葬礼的风气不能停息，用什么方法禁止它呢？"管仲回答说："但凡人们要做什么事，不是为了名声就是为了利益。"于是齐桓公下命令说："今后如果棺材做的太高档，就侮辱那个死者的尸体，并且把那些发丧的人治罪。"过了不多久，豪华葬礼的风气就停止了。

❀ 九合诸侯　一匡天下 ❀

会盟是古代诸侯间会而和结盟的仪式。春秋时代，齐桓公之前的会盟都是由天子主持。以诸侯身份主持盟会，担当盟主，齐桓公是第一个。此后，一些较小的诸侯国为了抵御大国侵略，联合作战，一些较大的国家利用自己的实力和影响，胁迫其他小国加入自己的阵线，都曾会盟。齐桓公作为霸主多次会盟诸侯，细细数来，有17次之多：（1）齐桓公五年（公元前681年），会宋、秦、蔡、邾于北杏（齐地，今山东东阿县境）。（2）齐与鲁在柯（今山东东阿西南）会盟。（3）齐桓公六年（公元前680年），会周卿单伯、宋、卫、郑于鄄（今山东鄄城）。（4）齐桓公七年（公元前679年）会宋、秦、卫、郑于鄄。（5）齐桓公八年（公元前678年），会宋、陈、卫、郑、滑、滕于幽（今北京通县方兴一带）。（6）齐桓公十九年（公元前667年），会宋、鲁、陈、郑于幽。（7）齐桓公二十七年（公元前659年），会宋、鲁、郑、曹、邾于柽（今河南淮阴县西北）。（8）齐桓公二十八年（公元前658年），会宋、江、黄于

管仲

法家鼻祖　千古一相

贯（今山东曹县南）。（9）齐桓公二十九年（公元前657年），会宋、江、黄于阳谷（今阳谷）。（10）齐桓公三十年（公元前656年）会宋、陈、卫、郑、许、曹、鲁于召陵，与楚盟于召陵，史称"召陵之会"。（11）齐桓公三十一年（公元前655年），会鲁、宋、陈、卫、郑、许、曹于首止（今河南睢县东）。（12）齐桓公三十三年（公元前653年），会鲁、宋、陈、郑于宁母（鲁地，今山东金乡一带）。（13）齐桓公三十四年（公元前652年），会鲁、宋、卫、许、曹、郑于洮（在今山东鄄城西）。（14）齐桓公三十五年（公元前651年），会鲁、宋、曹等国国君及周王使者于葵丘（今河南省民权县附近）。（15）齐桓公三十九年（公元前647年），会鲁、宋、陈、卫、郑、许、曹于咸（今河南省濮县境）。（16）齐桓公四十年（公元前646年），会鲁、宋、陈、卫、郑、许、曹于牡丘（或说聊城东北70里有牡丘，齐地）。（17）齐桓公四十二年（公元前644年），会鲁、宋、陈、卫、郑、许、邢、曹、于淮（今安徽南陵县）。所以，对"九合诸侯"中的"九" 也有解释为"纠"的意思，"九合"即"纠合"把诸侯纠合在一起。这里说的"九合诸侯，一匡天下"，指的是9次大的会盟，一次匡扶周王室。

一、北杏之盟

谭国（今山东济南东）是齐国西邻的小国。齐桓公出奔时曾经过这里，当时谭国国君对齐桓公很不礼貌，齐桓公继位，谭国也没派遣使臣祝贺。按照春秋的礼法，像谭国这样失礼，遭到谴责是自然的。齐桓公对此极为不满，因此管仲建议出兵问罪。谭国本来很小，力量十分微弱，怎能经受齐国大兵的进攻，很快就被齐国消灭了。齐国没费力气消灭了谭国，扩大了国土。

公元前681年，宋国内乱，大将南宫长万曾被鲁国俘虏，宋国要回后，宋闵公讽刺嘲笑他，说："以前看你很勇敢，我尊重你。现在，被俘之人，谁还尊重你。"他怀恨在心，寻机杀死了宋闵公，另立公子游为国君。公子游是闵公的叔伯兄弟，宋人不服，又杀了公子游，立闵公的亲弟弟公子御说为国君，即宋桓公。宋桓公通过贿赂将逃到陈国的南宫长万杀了。宋桓公子御说继位，但地位很不牢固，一直没有得到诸侯的承认。此时周庄王驾崩，周厘王即位。管仲审时度势，向齐桓公建议道："当今诸侯，各自逞英雄，不知尊奉周王。周虽然衰微，总是天下之共主，诸侯不朝，不向周天子进贡，这种秩序混乱局面应该肃清。现在有一个好机会，宋国遭南宫长万之乱，贼臣虽然死了，但宋君的地位还很不牢，有可能还要出乱子。君上可派遣隰朋到周朝去，一是祝贺周朝新王登位，二是请周天子下旨，以齐为主，大会诸侯，将宋桓公君位安定，以此作为称霸的契机。这次大会之后，主公就树起了威信，然后奉天子以令诸侯，对内尊重周王室，对外扶持中原各衰弱的国家，抑制强暴的国家，讨伐昏淫无道的诸侯，带头抵制外敌对中原国的入侵，使海内诸侯，都知道齐国坚持正义，大公无私。这个形象一旦确立，各国必然都来依靠大齐。这样，不需动用兵车，主公的霸主地位就可以成功。"

　　齐桓公采纳了管仲的意见，立即派隰朋出使洛阳去朝贺周厘王。果然不出管仲所料，周厘王见齐桓公如此尊重周王室，十分高兴，立即下旨，由齐侯出面大会诸侯，安定宋国。于是齐桓公立即以周天子的名义发出布告，通知宋、鲁、陈、蔡、卫、郑、曹、邾国，三月初一在北杏盟会。管仲安排王子成父率军士在北杏筑三丈高坛，分为三层，坛上左边悬编钟，右边摆乐鼓，中间摆上周天子虚位。旁边设一反坫（放置东西的土台），摆上玉、帛、酒具。在高台旁边，盖起高大敞亮的馆舍，以备各国诸侯下塌之用。宋桓公，陈宣公杵臼，邾子克，蔡哀侯献舞四国国君相继到达，其余各国却没有音讯。齐桓公又等了三天，眼看会期已到，有些不耐烦，对管仲道："诸侯不齐，是不是更改会期？"管仲不同意，说："俗语道，三人为众，现在是五国聚会，完全可以按时举行。如改变会期，是大齐无信用，言而不信，是称霸的大忌。凡是不按期来会的都是不遵周王

管仲

法家鼻祖　千古一相

033

命令的，而君上这是第一次会合诸侯，决不能不守信用。"在管仲的建议下，齐国与宋、陈、蔡、郑等国在齐的北杏（今山东聊城东）会盟，确立了宋恒公的国君地位。除此之外，在北杏会议上，大家公推齐桓公当盟主，订立了盟约。盟约主要有三条：一是尊重天子，扶助王室；二是抵御别的部落，不让他们进入中原；第三是帮助弱小的和有困难的诸侯，还规定如果不守盟约，各国可以联合起来讨伐。

在盟会上，管仲为了提高齐国的威望，对大家说："鲁、卫、郑、曹四国不听周天子的命令，不来参加大会，这是对天子的不忠，应该讨其不敬之罪。"陈、蔡、邾三君响应，只有宋桓公一声不吭。宋国的先人封的是公爵，在齐侯之上，齐桓公做盟主，宋桓公心里不舒服，回到住地，对大夫戴叔皮说："齐侯仗着自己强大，全不把我放在眼里！"戴叔皮说："咱们这次只是为了确定您的君位而来，如今这个目标已经实现了，管他别国怎样，咱们回去吧！"宋桓公听了，急忙收拾行李，连夜走了。

宋桓公不辞而别，惹得齐桓公大怒，要派兵去追。管仲说："我们本来是请人家会盟，人家走了，我们派兵去追，没有这个道理。再说宋国远，鲁国近，不如先去讨伐鲁国，问他们为什么不尊周天子命令，来参加盟会？"齐桓公问："如何去打呢？"管仲说："我们如果先去攻打鲁国的附庸遂国，鲁国一定害怕，然后再派人去责问鲁国，大兵压境，鲁国敢不来赔礼道歉吗？"于是，齐桓公亲率大军攻打遂国。遂国是个小国，很快就被齐国灭了。鲁庄公得知消息，急忙召集群臣商议，大臣施伯和曹刿都主张和好。正在这时候，齐桓公派人送信来了，信中责备鲁庄公不去北杏会盟。鲁庄公复信答复说："开大会的时候我正好生病，没来得及参加，实在抱歉。如果您把军队撤回齐国境内，我马上就去会盟。"齐桓公接到回信，非常高兴，就撤了兵。这次盟会虽然几个国家没有赴约，没有达到齐桓公的完全目的，但为齐桓公称霸迈出了可喜的一步，为以后做霸主奠定了基础。此前，齐国灭了谭国，现在又灭了遂国。谭、遂都是两个很小的国家，管仲助齐桓公称霸，真正用兵消灭了的国家也只有这两个小国，其余都是经济战略，不战屈人。

二、在柯会盟

这次会盟发生了著名的曹沫劫盟事件。鲁国本来是比较强的国家，因齐国强大后接连被齐国打败，又看到诸侯国都服从齐国，不服从齐国的遂、谭两国又被消灭，所以也屈服了齐国。不久，齐国与鲁国和好，在柯（今山东东阿西南）会盟。这次会盟很隆重，会场布置庄严，修筑了高坛，两边大旗招展，甲士列立，十分威武。齐桓公和管仲正坐坛上。会盟规定，只许鲁君一人登坛，其余随员在坛下等候。曹沫，鲁国人氏，以力大勇敢著称。鲁公对他很欣赏，任命他为将军，同齐国交战，三战皆败，鲁公心怯，赶紧商议割地求和，但是并未责怪曹沫，仍用他为将，这次充当鲁庄公的卫士。当鲁庄公与卫士曹沫来到会场，将要升阶入坛时，会盟宾相告诉他，不准曹沫升坛。曹沫戴盔披甲，手提短剑紧跟鲁庄公身后，对宾相瞪大圆眼，怒目而视，眼角几乎都要瞪裂了，吓得宾相后退几步，鲁庄公与曹沫就顺阶入坛。鲁庄公与齐桓公经过谈判，然后准备歃血为盟。正在这时，曹沫突然拔剑而起，左手抓住齐桓公的衣袖，右手持短剑直逼齐桓公。顿时，齐桓公左右被吓得目瞪口呆。管仲见状，沉着勇敢，急忙插进齐桓公与曹沫中间，用身体保护住齐桓公，然后问："将军要干什么？"曹沫正然道："齐强鲁弱，大国侵略鲁国，欺人太甚。现在鲁国城破墙毁，土地被齐国占领，请考虑怎么办？"齐桓公见形势不妙，马上答应归还占领的鲁国土地。诺约草成，曹沫收剑徐步回位，平息如初，谈笑如故。曹沫以其忠诚勇气和不烂之舌，既要回了土地，又保全了性命，为鲁国争得了荣誉，会盟结束，鲁国君臣高高兴兴，胜利回国。齐桓公君臣却愤愤不乐，许多人都想毁约，齐桓公也有这种想法。管仲不同意毁约，劝说齐桓公："毁约不行，贪图眼前小利，求得一时痛快，后果是失信于诸侯，失信于天下。权衡利害，不如守约，归还占领的鲁国国土为好。"齐桓公听取了管仲的意见，归还了占领的鲁国土地。诸侯们听说这件事，对齐桓公讲信用很是敬佩，都想与齐国交好。卫、曹两国也派人来赔礼道歉，并且请求会盟。

三、伐宋会盟

宋桓公心不服，在第一次会盟时不辞而别，此后不尊齐桓公的盟主地位，叛齐。齐桓公很是生气，按北杏盟约规定，要伐不服，教训宋国，维护盟约。在管仲的主谋下，齐国邀请陈、曹两国出兵伐宋，又向周王室请求派兵伐宋。周王室派大臣单伯带领王师，与三国军队共同伐宋。大军浩浩荡荡，开到了宋国边界。齐桓公的大夫宁戚是管仲给他推荐的五杰之一，也是个了不起的人物。他对齐桓公说："主公奉天子的命令，讨伐宋国，最好是先礼后兵。您让我先去劝宋桓公认错求和，不是更好吗？"齐桓公一心想让各国诸侯对他心悦诚服，便传令军队暂不进攻，让宁戚去见宋桓公。

宁戚见了宋桓公，深深地行了个礼。宋恒公毫不理会，视而不见。宁戚见此情景，抬起头来长叹一声，说："宋国真危险啦！"宋桓公说："你这话是什么意思？"宁戚不答话，却问宋桓公："以您的看法，您和周公，谁更贤明？"宋桓公回答说："周公是圣人，我怎敢和圣人相比？"宁戚说："周公在周朝最强盛的时候，尚且礼贤下士，曾经'一饭三吐哺'，可是您怎么做的呢？宋国这样混乱，国内接二连三发生杀国君的事情，您的君位并不牢靠。就算您像周公那样礼贤下士，恐怕也有人不愿意到您这儿来。常言说：'君子不履危国'，何况您还如此骄傲！宋国的处境还不危险？"宁戚这一番话说动了宋桓公，宋桓公忙说："我的见识浅薄，先生不要介意。"宁戚说："如今周王室衰落，诸侯互不相识，篡国杀君的事常常发生。齐侯看着天下这样混乱下去心中不忍，奉了王命，在北杏会盟诸侯，帮助您确定了君位，订立了盟约。不想字迹未干，您就暗地里跑掉了。您的眼里还有天子位置吗？现在天子大怒，派齐侯兴师问罪。您不服从天子的命令，现在又和天子的伐罪大军对抗，触犯了众怒，哪还用战场上兵戈相见，战争的胜负不是明摆着吗？"宋桓公忙说："请先生教我？"宁戚说："依我看，您不如准备些礼物，和齐国会盟，这样天子和盟主见您已知认错，仗就打不起来，宋国就没有忧虑了。"宋桓公说："眼下齐国兵马已到，求和是不是晚了？"宁戚安慰他说："齐侯一向心胸宽广，不会计较的。您看，鲁国没去开会，后来认错了，齐侯不但和鲁国订了盟约，连汶阳之田都退还了，何况上次会盟您还参加了呢！"宋桓公忙派使臣，带着礼物，和宁戚一起到齐桓公那里去认错求和。齐桓公很高兴，将宋国送来的礼物，交给天子的使者，让他献给天子，并同意了宋国重新入盟的请求。结果，宋国屈服了。

四、在鄄会盟

这时，鲁、宋、陈、蔡、卫都先后屈服齐国，谭、遂两国早已被消灭，只有郑国还在内乱。管仲因此建议齐桓公出面调解郑国内乱，以此来提高齐国的地位，加速头班做霸主的目的。郑厉公是郑庄公的次子，名叫姬突。公元前701年5月，郑庄公病死，郑国众大夫拥立太子姬忽为郑君。同时将姬突送出郑国，到宋国外祖父家居住。当年9月，姬突在宋国宋庄公的帮助下，强迫郑国上卿祭足废掉郑君昭公，改立姬突为郑君，是为郑厉公。公元前697年春，郑厉公因为祭足专权，感到自己不能自主决定政务，就和大夫雍纠（祭足的女婿）密谋要杀死祭足。因泄密，祭足杀死了雍纠，郑厉公无奈，只得逃往蔡国避难。期间，郑昭公和后来的国君子亹先后被杀，上卿祭足等又立子仪为君。郑君子仪12年，祭足病死。公元前680年，齐桓公派大将宾须无率领兵马帮助姬突杀回郑城。郑厉公回国让傅瑕杀了子仪，又为子仪报仇杀了恩人傅瑕，逼死大夫原繁，登位称君后，为巩固君位，就要联合齐国。管仲抓住这一时机，建议齐桓公联合宋、卫、郑三国，又邀请周王室参加，于齐桓公六年（公元前680年）在鄄（今山东鄄 juàn 城）会盟。这次会盟，周王室派单伯参加，齐侯、宋公、卫侯、郑伯会盟，确定了齐桓公会盟的正确性和主导地位。会盟要求各国按照齐国的低税率标准向人民征税，减轻民众的负担，各国虽不大同意，但也勉为其难。

第二次在鄄会盟。短期内，在管仲的谋划下齐桓公主要用经济外交等手段接连征服了郯（tán， 今山东郯城西北）、 遂（今山东肥城南）、莒、徐 （今江苏泗洪东南）、莱（今山东黄县东南）等国，据说臣服于齐的小国达31个。公元前679年，齐桓公自己召集宋桓公，陈宣公，卫惠公、郑厉公等在鄄（juàn，今山东鄄城北）会盟。与会的诸侯无不尊服齐桓公，共推齐桓公为霸主，齐国开始称霸。会议要求各国按照齐国的标准，统一税收和斗量衡等标准，重新颁布了各国统一的收税比例，"令曰：田租百取五。市赋百取二。关赋百取一。"就是说再次颁布了霸主令：田租5％，商业税2％，关税1％。会盟开得很成功，取得圆满成果，从此齐桓公已成为公认的霸主。

五、在幽会盟

齐桓公19年，公元前667年，冬，齐桓公见郑国已屈服于齐国，就召集鲁、宋、陈、卫、郑、许、滑、滕等国国君，又在宋国的幽会盟。周惠王也派召伯参加。这是一次空前盛会，几乎全部中原国家都参加了这次会盟。在此之前，齐桓公继承的是先君的侯爵，周王室并没有正式授予。在这次盟会上，周天子的代表召伯又以天子的名义，正式向齐桓公授予侯伯的头衔。伯，伯制乃商朝时的一种制度，地方最高管理者。齐桓公是侯爵，封侯伯就是承认他的霸主地位，是诸侯的首领，从此齐桓公便成了名副其实的霸主。

六、落姑会盟

齐桓公24年，公元前662年，鲁国发生内乱。鲁庄公姬同有三个弟弟：庆父、叔牙、季友。庆父最为专横，并拉拢叔牙为党，一直蓄谋争夺君位，并与鲁庄公姬同的夫人哀姜私通。鲁庄公死后，庆父接连杀了两个继位的国君，想自己当国君，国内很乱，这就是人们说的，庆父不死鲁难未已。鲁庄公的另一个儿子姬申逃到邾国，发出文告声讨庆父，要求国人杀庆父，立姬申。国人响应，庆父畏惧，逃亡到莒国，哀姜逃到邾国。姬申得立，就是鲁僖公。庆父被押回，畏罪自杀。哀姜被齐桓公召回，也被杀了。鲁僖公为了巩固君位，与齐国会盟于落姑，在齐国的支持下，从此鲁国也安定下来。至此，齐桓公威望布于天下，德名远播诸侯，进一步扩大和巩固了他的霸业。

七、会盟联合宋、曹救邢

正当中原各国逐渐承认了齐国的盟主地位时，边境少数民族狄人和山戎人也逐渐发展起来。他们屡屡举兵犯境，给中原各国造成了严重威胁。周惠王十四年（公元前664年），山戎趁机统兵万骑，攻打燕国，企图阻止燕国通齐，燕庄公抵挡不住，告急于齐桓公。齐桓公为了集中力量对付南方楚国，本来不想支援燕国。但管仲认为，当时为患一方的，南有楚国，北有山戎，西有狄，都是中原诸国的祸患。国君要想征伐楚国，必须先进攻山戎，北方安定，才能专心去征伐南方。如今燕国被犯，又求救于我国，举兵率先伐夷，必能得到各国的拥戴。齐桓公深以为然，遂举兵救燕，灭了令支、孤竹，辟地500里。燕庄公十分感谢齐国救燕，亲自送齐桓公和大军回国，恋恋不舍，不知不觉间竟然送出了燕国国界，违犯了周王朝的制度。按照周王朝的规定，只有周天子才可送出国界，齐桓公是诸侯是不能送出国界的，燕庄公很是害怕。齐桓公见状，就将灭了令支、孤竹，辟地500里悉数给了燕庄公，这样就还没有送出燕国国界，不违犯周王朝的规定。诸侯莫不畏齐之威，感齐之德。

当时西北方的狄人也起兵进攻中原，先攻邢国（今河北邢台），气焰嚣张。作为霸主的齐桓公，当然不能置之不理。管仲也很关心这个问题，他向齐桓公说："戎狄性情十分残暴，贪得无厌。诸侯各国都是亲戚，彼此关心，一国有难，大家都应相助，不能袖手不理。满足现状的安乐是很危险的，出兵救邢才是上策。"齐桓公很欣赏管仲的想法，就派兵救邢国，邢国很快得救。不久狄人又出兵攻卫国，卫懿公被杀，卫国灭亡。狄人又追赶卫国百姓到黄河沿岸。宋国出兵救出卫国百姓730人。加上共、滕两邑的居民共5 000多人。就在曹邑（今河南滑县）立卫戴公为国君。刚刚恢复的卫国，处境十分困难。齐桓公、管仲派了公子无亏带着500乘车马和3 000名甲士来武装卫国，戍守曹邑。又给卫君带来乘马祭服，还给卫君夫人带来乘车和锦帛。此外，还有牛羊猪狗鸡等300余只，又帮助修建宫殿。邢国还未恢复，狄人又来第二次洗劫。晋献公十八年（公元前659年），狄人攻邢，形势十分严重。齐桓公和管仲立即联合宋、曹救邢。当齐、宋、曹军队到达时，邢国百姓如见亲人，纷纷投奔，狄人被打退。邢国又被狄人洗劫一空，于是，齐桓公和管仲同宋、曹两国，帮助邢国把都城迁到夷仪（今聊城西南），这里靠近齐国，较为安全，使破乱的邢国得到安定。邢、卫两国都遭狄人洗劫，在齐桓公、管仲的主持下，得以复国，当时人们都赞赏地说：邢国人迁进新都城，好像回到了老家；恢复后的卫国，人们心情高兴，也忘记了亡国的悲痛。

八、齐楚结盟

楚国本是南方蛮族的诸侯国，春秋时开始强大起来，逐步向北扩张，威胁着中原各国，自公元前666年，伐郑开始，一直在准备北上。公元前659年，楚国又出兵攻打郑国。齐桓公与管仲约诸侯共同救郑抗楚。由于楚国不断攻郑，齐桓公和管仲约鲁、宋、陈、卫、郑、许、曹等八国组成联军南下，首先一举消灭蔡国，直指楚国。楚国在大军压境的形势下，派使臣屈完出来谈判。屈完见到齐桓公就问："你们住在北海，我们住在南海，相隔千里，任何事情都不相干涉。这次你们到我们这里来，不知是为了什么？"管仲在齐桓公身旁，听了之后就替齐桓公答道："从前召康公奉了周王的命令，曾对我们的祖先太公说过，五等侯九级伯，如不守法你们都可以去征讨。东到海，西到河，南到穆陵，北到无隶，都在你们征讨范围内。现在，你们不向周王进贡用于祭祀滤酒的包茅（古代祭祀时用以滤酒的菁茅），公然违反王礼。还有昭王南征，至今未回，这事也不是与你们无关。我们现在兴师来到这里，正是为了问罪你们。"屈完回答说："多年没有进贡包茅，确实是我们的过错。至于昭王南征未回是发生在汉水，你们只好去汉水边打听好了。"齐桓公见楚使屈完的态度不软不硬，就命令大军在陉（今河南郾城南）驻扎下来。

南北两军相峙，从春季到夏季，已经半年。楚国又派屈完和齐桓公、管仲谈判。齐桓公、管仲早就无意打仗，只是想通过这次军事行动来显示霸主的威风，吓唬楚国罢了。所以他们很快就同意与屈完谈判，并达成协议，将军队撤到召陵（今河南偃县）。齐桓公为了炫耀兵力，就请屈完来到军中与他同车观看军队。齐桓公指着军队对屈完说："指挥这样的军队去打仗，什么样的敌人能抵抗得了？指挥这样的军队去夹攻城寨，有什么样的城寨攻克不下呢？"屈完很沉静地回答："国君，你若用德来安抚天下诸侯，谁敢不服从呢？如果只凭武力，那么我们楚国可以把方城山当城，把汉水当池，城这么高，池这么深，你的兵再多，恐怕也无济于事。"回答得委婉有力。为形势所迫，齐桓公同意与楚国结盟。楚国答应尊重周天子，按时向周天子进贡用于祭祀滤酒的包茅，这样南北军事对峙就体面地结束了。

九、蔡丘之盟

公元前651年，周惠王去世。齐桓公会同各诸侯国拥立太子郑为天子，这就是周襄王。周襄王即位后，命宰孔赐齐桓公文武胙（zuo古代祭祀时供的肉）、彤弓矢、大路（古代华美的大车），以表彰其功。齐桓公召集各路诸侯大会于蔡丘（今河南兰考、民权县境），举行受赐典礼。受赐典礼上，宰孔请周襄王之命，因齐桓公年老德高，不必下拜受赐。齐桓公想听从王命，管仲从旁进言道："周王虽然谦让，臣子却不可不敬。"齐桓公于是答道："天威不违颜咫尺，小白敢贪王命，而废臣职吗？"说罢，只见齐桓公疾走下阶，再拜稽首，然后登堂受胙。众诸侯见此，皆叹服齐君之有礼。齐桓公又重申盟好，订立了新盟。这就是历史上有名的"蔡丘之盟"。这是齐桓公霸业的顶峰。

蔡丘会盟前后举行了两次，齐桓公在葵丘与鲁、宋、卫、郑、许、曹等国相会结盟。在盟约中规定不可壅塞水源；不能阻碍各地粮食流通；"诛不孝，无易树子（树子指古代诸侯立为世子的嫡子），无以妾为妻。"诛杀不孝顺的人；不可改换嫡子；小老婆不能作为正妻；不可随便杀死大夫；要尊贤育才；不让士世袭官职；同盟国都要言归于好等。葵丘会盟主旨在于和平修好，让各国人民休养生息发展经济，而不同于通常的战争之盟，因此在历史上是比较著名的大事件。至此，经过近30年的苦心经营，齐桓公在管仲的辅佐下，先后主持了三次武装会盟，六次和平会盟；还辅助王室一次，史称"九合诸侯，一匡天下"。

一匡天下，意指使天下的一切事情都得到纠正。具体讲，周襄王郑五年（公元前647年），周襄王的弟弟叔带勾结戎人进攻京城，王室内乱，十分危机。齐桓公派管仲带兵帮助周襄王平息内乱。至此，齐桓公成为公认的霸主。管仲虽然为齐桓公创立霸业立下了不朽的功勋，但他谦虚谨慎。管仲帮助周襄王平息内乱完成得很好，获得周王赞赏。周襄王为了表示尊重霸主的臣下，准备用上卿礼仪设宴为管仲庆功。周建国后实行分封制，形成"周天子—诸侯—卿、大夫—士"的等级序列，按照"嫡长子继承制"的原则，世卿世禄。嫡长子为大宗，嫡长子的其他兄弟（次子、庶子）为小宗。大宗与小宗的关系是相对的。如诸侯对于周王为小宗，但在本国为大宗。各级里面又分有几个等级。上卿是监国，由周天子授予，卞卿低于上卿。此时管仲虽为齐国宰相，但还没有被周天子授予上卿齐国监国，他尊重周礼，严格遵守礼仪规定，再三推让，没有接受上卿的礼仪，最后只接受了卞卿礼仪的待遇。

智过鬼谷关　老马识途

　　齐桓公听从管仲的意见，举兵救燕。山戎闻齐师大队人马将至，掳掠大量财物解围而去。齐桓公统率5万大军开向燕国。无终国的国君也派遣大将虎儿斑率2 000士兵助战。被管仲封为先锋将军的虎儿斑，一连收复了燕国失去的三座城。但杀到一个叫里岗的地方时，却不敢前进了。他对齐桓公和管仲说：“前面是鬼泣谷。如果山戎布下埋伏，我们就是插翅也休想过去。燕国两万大军就是葬身在那里的！”管仲在路上早就想出了过鬼泣谷的计谋，他对虎儿斑说：“将军既然有所顾虑，那你就跟在大军的最后吧。”管仲说着，拿出令牌，发出命令：“王子成父、赵川二将！你俩去前军按令牌所指行事，作好准备，明日清晨过鬼泣谷！”王子成父和赵川接令牌驾车而去。第二天天刚亮，一辆辆战车向鬼泣谷驶去。只见马的嘴是被网笼住的；战车的轮子上绑有麻皮，发出的声音很小；战车上站着的将士则披甲握戈，显得格外高大；齐国的战旗在谷风的吹动下发出“哗啦哗啦”的响声。这时，山戎令支国首领密卢举着“令”字小黄旗，出现在鬼泣谷的山头上，见齐军进入了他的伏击圈，就一挥小黄旗，喊声：“打！”猛然间，箭、石、木齐下，有的击中齐军将士，有的把战车砸得稀巴烂，有的把“齐”字大旗打断了。密卢挥动狼牙棒，率兵从山上冲将下来。密卢冲到一个身中数箭仍立于战车上岿然不动的齐将前，举起狼牙棒对这齐将的头部狠击一棒，“咚”一声，把齐将的头盔打掉了。他定睛一看，原来被打掉头盔的却是披着衣甲的树桩。密卢知道中计，大惊失色。此刻，鼓声大作。密卢闻声回头，只见齐国骁将王子成父和赵川率兵直扑过来。密卢大喝一声，挥舞着狼牙棒迎上去。他见远处有一个身材高大的人站在战车上，在观看两军作战，断定是齐国相国管仲，就径直朝那人扑去。所扑之处，齐兵无人抵挡得住。片刻，密卢已杀到管仲面前。

说时迟，那时快，战车后数十枚箭齐发，密卢惨叫倒地。他手下一员大将冲进重围，把负伤的密卢抢了回去，往山戎的另一部落孤竹国逃去。管仲智过鬼泣谷，大败山戎。

山戎首领带着残兵败将逃入孤竹国（今河北西北部）。齐军一鼓作气，兵围孤竹国。孤竹国派人诈降齐军，献上山戎首领首级，谎称孤竹国国君已弃国逃往沙漠。齐桓公以降将为前部，率军追赶。孤竹国降将将齐军诱入荒漠，自己则乘人不备逃之夭夭。此时天色已晚，放眼望去只见茫茫一片平沙，狂风卷地，寒气逼人，齐军前后队失去了联系。齐桓公有些不知所措，忙向管仲求教解危之计。管仲沉吟片刻，遂让随行兵士敲锣打鼓，使各队闻声来集，屯扎一处，挨至天明。谁知，天虽已亮，沙漠中却炎热异常，又无饮水，一望无际的沙漠难辨方向，全军将士焦急万分。管仲见状，忙向齐桓公建议道："臣听说老马识途，燕马多从漠北而来，也许熟悉此地，大王不妨令人挑选数匹老马放行，或许可以寻见出路。"齐桓公依其言，命人取数匹老马，放之先行，军队紧随其后，果然走出险地。孤竹国国君见齐燕大军被诱入沙漠，便举兵攻进无棣城，赶走了守城的燕兵，躲避在山谷中的百姓也随着回城。管仲见此情形，灵机一动，计上心来。他命令将士数人扮作百姓混入城中，半夜举火为应。然后，又分三路攻打无棣城的东南西三门，只留下北门让敌军逃跑，教王子成父和隰朋率一队兵马埋伏在北门之外。当天夜里、忽见城中四五处火起，齐军内应砍开城门，放大军兵马入城。孤竹国国君见势不妙，率众夺路而逃，直奔北门。谁知一行人刚刚冲出北门，路旁突然伏兵四起，截住了孤竹国的君臣等数人。两军厮杀，孤竹国国君死于乱军之中。

病榻论相　所言皆中

管仲与鲍叔牙等大臣辅佐齐桓公成就霸业，呕心沥血。周襄王七年（公元前645年），管仲病重，桓公担心没有合适的人选接替他的相位，便来到管仲病床前，问政于管仲。管仲出以公心论友朋，很诚恳地指出他们的不足。当时大夫宁戚、宾须无已先后去世，桓公问："鲍叔牙如何？"管仲答："鲍子是个正人君子，他善恶过于分明，如果仅仅是好善尚可，但他记人一恶，终身不忘，没有人能容忍得了。"桓公问："隰朋如何？"管仲答："隰朋不耻下问，过家门而不忘国事，是很好的人选。只可惜他与我形同喉舌，我一死，他恐怕也活不了多久的。"

齐桓公又问到几个佞臣，管仲以耿耿忠心，全部予以否定。桓公问："易牙如何？"易牙是宫廷厨师，饭菜做得很好，被后世厨师尊为祖师爷。他一次问齐桓公："大王还想吃什么？"吃尽了山珍海味的齐桓公说："唯有蒸小儿没吃过。"他就回去把自己的小儿蒸给齐桓公吃。管仲见齐桓公问易牙就答："易牙为了迎合君王的口味，不惜杀掉亲生的爱子，做成美食给你尝鲜。但，人情莫过于爱子，他对儿子如此，何况于国君呢。"桓公问："竖貂如何？"竖貂为了接近齐桓公把自己阉割了进宫当太监，管仲答："竖貂不惜阉割自己的身子，来尽心侍候君王。但，人情莫重于身，他对自己的身体如此，何况于国君呢。"桓公问："卫公子开方如何？"开方原来是卫国的侯爵。管仲答："开方舍弃卫国的侯爵，前来投奔齐国，其父母去世，也不回去奔丧。但，人情莫亲于父母，他舍弃千乘之国，其势必有超越千乘国的贪婪"。桓公不解地说："平日里，没见过他们有什么贪图呀？"管仲说："平日里，他们之所以不会张狂，是因为我等老臣在，而我等一旦去了，他们就会专权的。请国君务必疏远这三个人，宠信他们，国家必乱的。"

管仲说罢，见齐桓公面露难色，便向他推荐了为人忠厚，不耻下问、居家不忘公事的隰朋，说隰朋可以帮助国君管理国政。遗憾的是，齐桓公并没有听进管仲的话。易牙听说齐桓公与管仲的这段对话，便去挑拨鲍叔牙，说管仲阻止齐桓公任命鲍叔牙。鲍叔牙笑道："管仲荐隰朋，说明他一心为社稷宗庙考虑，不存私心偏爱友人。现在我做司寇，驱逐佞臣，正合我意。如果让我当政，哪里还会有你们容身之处？"易牙讨了个没趣，

管仲 法家鼻祖 千古一相

深觉管仲交友之密，知人之深，于是灰溜溜地走了。

不久管仲病逝，齐桓公不听管仲病榻前的忠言，隰朋去世后就重用了易牙等三人，结果酿成了一场大悲剧。二年后，齐桓公病重。易牙、竖貂见齐桓公已不久于人世，就开始堵塞宫门，假传君命，不许任何人进去。有二宫女乘人不备，越墙入宫，探望齐桓公。齐桓公正饿得发慌，索取食物。宫女便把易牙、竖貂作乱，堵塞宫门，无法供应饮食的情况告诉了齐桓公。桓公仰天长叹，懊悔地说："如死者有知，我有什么面目去见仲父？"说罢，用衣袖遮住脸，活活饿死了。齐桓公死后，宫中大乱。齐桓公的几个公子为争夺王位各自勾结其党羽，互相残杀，致使齐桓公的尸体停放在床上六、七十天无人收殓，尸体腐烂生蛆，从门窗爬了出来，惨不忍睹。第二年三月，宋襄公率领诸侯兵送太子昭回国，齐人又杀了作乱的公子无亏，立太子昭为君，即齐孝公。经过这场内乱，齐国的霸业开始衰落，中原霸业逐渐移到了晋国。

小　结

春秋战国时期，是个百花齐放、百家争鸣，没有思想禁锢的年代，人们的思想很活跃，产生了法、道、儒、墨、阴阳、纵横、名、杂、农、小说的九流十家。春秋初期的管仲是法家的开山鼻祖，是我国历史上少有的伟大的思想家、政治家、经济学家、军事家、外交家。管仲以民为本、依法治国的理念和诸多治国理政的思想、政策、方针、措施是博大精深的中华文化的精髓。孔子曾称赞管仲说："微管仲，吾其被发左衽矣。"意思是说：要是没有管仲，我们都会披散头发，左开衣襟，成为蛮人统治下的老百姓了。这话是很有道理的。管仲帮助齐桓公称霸，推进了社会政治经济的发展、人类的进步，功盖天下。没有管仲，社会还停留在奴隶制度的蛮人统治之下。管仲的著作，收入《国语·齐语》和《汉书·艺文志》。《管子》共24卷，85篇，今存76篇。《管子》虽名为管仲所撰，其实是管仲学派的一部学术论文汇编，非一人之笔，也非一时之作，既有管仲治国思想的记录和发挥，又有在不同历史时期的发展和运用，是一部经邦治国的百科全书。《管子》为齐文化最重要的经典作品，集中反映了齐文化务实、变革、开放、兼容的特色和精神风貌。此书内容丰富、全面，体系完整、繁复，内涵深刻、精辟，大凡经济、哲学、政治、法学、伦理、教育、人才、管理等社会科学方面的理论几乎无所不包，对自然科学和思维科学的某些内容也多有论述。像《管子》这样全面完整的著作，在先秦古籍中是罕见的，对研究先秦、特别是春秋时期齐国的社会政治、经济、军事、法律、文化等各个方面，有十分重要的资料价值。

　　钱文忠在讲《三字经》时讲到，不要把汉武帝独尊儒术理解成只是儒家；儒术包含两个方面·儒，是儒家，术，是法术。儒家学说，是修身安人的学说，其核心是"忠、孝、悌"，主要的是要忠于君王。汉武帝以及以后的历代君主都是推崇儒家文化，用以愚化人们的思想，统治人民。以管仲为鼻祖主张依法治国的法家文化，经战国时期的李悝、吴起、商鞅、申不害、韩非等诸多法家人物的发展，成为一个学派，主张社会变革，强化法制，富国强兵。历代统治者，大凡有作为的都运用法术来治理国家。汉武帝很聪明，罢黜百家，独尊儒术，两手抓，一手抓儒学，统治人民，一手抓法术，依法治国。学习管仲文化，古为今用，其一些最基本的思想观点很有现实借鉴意义。如，重视德治和法治并行的思想；以民为本、爱惜百姓、使老百姓过上富裕生活的富民思想；以农为本、五业并举、重视商业、大力发展市场经济的思想；选贤任能、不谢私恩的用人制度；尊王攘夷、交好近邻、经济战略，不战屈人的外交理念等等，今天仍有着十分鲜明的借鉴意义。人，孰能无过？管仲的污点是妻妾成群，"财可比公"，财富很多；体制改革不彻底，保留着世卿世禄制度，他的后代有封地，享受俸禄，十几代都是齐国的大夫。摒弃其污点和不足，吸取其精华，为现实服务，我们应该认真学习管仲文化，借鉴用好管仲文化。管仲的传记，载於《史记·管晏列传》。管仲墓在临淄区的南牛山北麓。

◇ 商鞅

商鞅，生于约公元前395年，死于公元前338年，汉族，卫国（今河南安阳市内黄梁庄镇一带）人。他是战国时期杰出的政治家、思想家，先秦法家代表人物，入秦变法，使秦大治，奠定了以后秦始皇统一中国的基础。

二、商鞅：锲而不舍 锐意变法

亡魏入秦 四见孝公

商鞅，姬姓，卫氏，与周王室同宗。周文王第九子康叔被封于卫（今河南洪县），接管旧殷都出朝歌七族遗民，建立卫国。商鞅的祖父是卫国的国君。商鞅是卫国人，又称卫鞅。"诸侯之子曰公子，诸侯之孙曰公孙，公孙之子以王父字为氏"，所以又称公孙鞅。他不是卫公子的正室夫人的儿子，属诸庶所出，是姬妾生的娃，是个没落贵族。商鞅是以他的封地"商"而得名。

战国初期李悝在魏国变法，使魏国变成了强国。李悝用吴起为将，占领了黄河以西秦国大片土地。李悝死后，受公叔痤排挤，吴起由魏国去了楚国，在楚国当了宰相，实行变法，也使楚国变得强大了起来。据说，商鞅生下来后，巫师说商鞅的生日不好，会伤害家庭。他父亲要处死他，母亲为了保护他，带着他躲逃到魏国生活。商鞅在魏国成长，"少好刑名之学"，即刑名法术之学，用现代的话说就是法律。这一学派，主张循名责实，慎赏明罚。他专门研究以法治国，受李悝、吴起等人的影响很大。他想在魏国一展宏图，做了宰相公叔痤家臣，当了一个很小的官"中庶子"。但是，他经常参与宰相的重大事情的研究，每有高见，常常言中，很受公叔痤器重。公叔痤病重时魏王去看他，他对魏惠王说："公孙鞅年少有奇才，可仕用为相。"他见魏惠王没有用商鞅的意思，又对惠王说："王既不用公孙鞅，必杀之，勿令出境。"魏王走后，他又对商鞅说："我给惠王推荐你为宰相，并说，如不用就杀了你，这是以公而论。以咱们私人的交情说，如果惠王不用你，你赶快逃走。"商鞅说："惠王如不用我，也就不会杀我。"果然如商鞅所言，公叔痤死后，魏惠王对公叔痤的嘱托不以为意，也就没有照着做了，既不用商鞅，也不杀商鞅。

秦人是华夏族西迁的一支。其国君是少昊氏（黄帝之子）之后，嬴姓。传说周孝王因秦的祖先善养马，因此将他们分封在秦，作为周朝的附庸。公元前770年，秦襄公护送周平王东迁有功，被封为诸侯，秦始建国，占领原周朝在陕西的领地。从公元前677年起，秦国在雍（今陕西宝鸡市凤翔县城东南）建都，历经19位国君，近300年。随着秦国疆域的东扩与国力的增强，秦国有与山东诸国争雄之心，所以国都一步步的往东迁徙。先从雍城迁都到泾阳。公元前384年秦献公即位后，下令废除人殉的恶习。次年在栎邑修筑了栎阳城，将国都迁到栎阳，决心改革，下令招贤。

秦国，在春秋时期，社会经济的发展落后于其他各大国。反映并加速井田制瓦解，土地私有制产生的赋税改革，也迟于其他各国很多。如鲁国"初税亩"是在公元前594年，秦国的"初租禾"是在公元前408年，落后186年。可是这时，秦国已使用铁制农具，社会经济发展较快，这不仅加速了井田制的瓦解和土地私有制的产生过程，而且还引起社会秩序的变动。秦献公搞过一些改革，但触动不大。公元前361年，秦献公去世，秦孝公即位。秦孝公即位之初，由于"周室微，诸侯力政，争相并"，通过互相吞并，周初分封的各诸侯国大的包括秦国在内只剩下七个了。当时虽然还有十来个小国，但已经无足轻重，中国的大地上出现了七雄争霸的局面。然而，由于秦国地处偏僻的雍州，地理位置在陕西西部凤翔、岐山及中、北部和甘、青一带，不与中国大地上中、东部的诸侯国会盟，燕韩赵魏齐楚等六国强大，视秦国为蛮夷，锁困秦国，使秦孝公深感羞耻。而秦国国内的阶级分裂和矛盾也日趋激烈，秦孝公不得不放弃秦献公征战得来的部分黄河以西的土地，远离战争，以换取国家安定，全力解决内政问题。

秦孝公下定决心，要改变这一落后面貌，富国强兵。他四下招贤令，许下重愿，令文说："昔我缪公自岐雍之间，修德行武，东平晋乱，以河为界。西霸戎翟，广地千里，天子致伯，诸侯毕贺，为后世开业，甚光美。会往者厉、躁、简公、出子之不宁，国家内忧，未遑（恐惧）外事，三晋攻夺我先君河西地，诸侯卑秦、丑莫大焉。献公即位，镇抚边境，徙治栎阳，且欲东伐，复缪公之故地，修缪公之政令。寡人思念先君之意，常痛於心。宾客群臣有能出奇计强秦者，吾且尊官，与之分土。"《求贤令》开篇回顾了祖上的光荣历史，讲了春秋五霸之一的秦缪公（即秦穆公）以岐山、凤翔一带为基地，修德行武，护送重耳回晋国，东平晋国之乱，和晋国以黄河为界，西边占领了戎翟这些民族的地方，扩充面积达到千里，周天子封为伯爵，诸侯都来祝贺，为后世开土立业，十分地荣耀。接着毫不客气地历数继位的秦厉公、秦躁公、秦简公不贤，国家内忧外患，从来没有不恐惧其他诸侯国的时候，三晋夺取了黄河西以西的土地，诸侯瞧不起，是最大的耻辱。到其父秦献公即位，才重视边防，迁都栎阳，想有一番作为，欲收复秦穆公时占领的河西地，实行秦穆公的政令。他秉承父志，常常很痛心。希冀求得治国贤士，不管是宾客和群臣，只要能出奇计使秦国富强的，我给予高官厚禄，不惜列土分疆。

一次偶然的机会商鞅听说秦孝公下求贤令，欲收复秦之失地，便携同李悝的《法经》，偷偷地逃离魏国，几经周折到了秦国。他先投到秦孝公的宠臣太监景监门下，通过景监的引荐求见秦孝公。孝公召见了商鞅。商鞅满腹希望，见了秦孝公，就滔滔不绝地从尧舜禹讲了起来。可秦孝公对那些事一点儿也没兴趣，对他根本不予理睬。听着听着，哈欠一个接一个，不一会儿，困得打起瞌睡来了。商鞅一见这情景，也没有办法再说下去了，只好悄悄退了出来。商鞅刚刚离开，秦孝公就生气地对景监说："你的客人是大言欺人的家伙，这种人怎么能任用呢！"景监又用孝公的话责备商鞅。商鞅说："我用尧、舜治国的方法劝说大王，他的心志不能领会"，求景监再推荐一次。过了几天，景监又请求孝公召见商鞅。秦孝公又召见了商鞅。商鞅再见孝公时，把治国之道说的淋漓尽致，可是还合不上孝公的心意。秦孝公听了一会儿，索性打起呼噜来了。事后，秦孝公又对景监发了一通脾气，景监也直埋怨商鞅。商鞅想了想说："我用禹、汤、文、武的治国方法劝说大王而他听不进去。我已经知道该说什么了，你就让我再见大王一次吧！"商鞅第三次被召见，讲了好些富国强兵的办法。秦孝公听完果然很高兴，对景监说："你这位朋友还不错，我可以跟他好好谈谈了，他对我国的发展一定会很有帮助。"景监告诉商鞅。商鞅说："我用春秋五霸的治国方法去说服大王，看他的心思是准备采纳了。果真再召见我一次，我就知道该说些什么啦。"于是，商鞅第四次见到了秦孝公。秦孝公诚恳地对他说："你前两次说的那些，办起来太慢了，根本不现实。你想，怎么能用几十年、上百年，才使秦国富强呢？"这时，商鞅就把心里话全掏了出来，说："大王要让秦国富强，必须注重农业，治理好军队，还要赏罚分明，一切按法令办事。"他接着提出变法的请求，说要改革已经不适用的旧制度和老办法，用新法令来治理国家。秦孝公觉得商鞅的办法能使秦国很快强盛起来，非常高兴。商鞅以变法强国之术说服了秦孝公。秦孝公也为这样的利国的事大喜。那时候还没有椅凳，都是坐在席上交谈。孝公跟他谈的非常投机，不知不觉地在垫席上向前移动膝盖，谈了好几天都不觉得厌倦。景监说："您凭什么能合上大王的心意呢？我们国君高兴极了。"商鞅回答说："我劝大王采用帝王治国的办法，建立夏、商、周那样的盛世，可是大王说：'时间太长了，我不能等，何况贤明的国君，谁不希望自己在位的时候名扬天下，怎么能叫我闷闷不乐地等上几十年、几百年才成就帝王大业呢？'所以，我用富国强兵的办法劝说他，他才特别高兴。然而，这样也就不能与殷、周的德行相媲美了。"强国之策得到秦王的赞许，公元前359年商鞅被任命为左庶长，一个中级官员，着手变法。

酝酿变法　舌战群臣

商鞅到秦国之后，对秦国进行了一些实地考察了解，清楚地认识到秦国落后于东方诸国的原因。春秋战国时期是奴隶制崩溃、封建制确立的大变革时期，在这一时期，铁制农具的使用和牛耕的逐步推广，导致奴隶主的土地国有制，逐步被封建土地私有制所代替。随着封建经济的发展，新兴地主阶级的经济和政治势力越来越大。新兴地主阶级纷纷要求在政治上进行改革，发展封建经济，建立地主阶级统治。各国纷纷掀起变法运动，如魏国的李悝变法、楚国的吴起变法等。商鞅变法正是在这种背景下发生的。这种社会变革、变法运动体现了生产关系必须适应生产力发展、上层建筑必须适应经济基础变化的规律。正当商鞅辅佐秦孝公酝酿变法时，旧贵族代表甘龙、杜挚起来反对变法。秦孝公也心有余悸，恐怕天下人议论自己，于是召集群臣，讨论变法。商鞅说："行动犹豫不决，就不会搞出名堂，办事犹豫不决就不会成功。况且超出常人的行为，本来就常被世俗非议；有独道见解的人，一定会被一般人嘲笑。愚蠢的人事成之后都弄不明白，聪明的人事先就能预见将要发生的事情，不能和百姓谋划新事物的创始而可以和他们共享成功的欢乐。探讨最高道德的人不与世俗合流，成就大业的人不与一般人共谋。因此，圣人只要能够使国家强盛，就不必沿用旧的成法；只要能够利于百姓，就不必遵循旧的礼制。"孝公说："讲的好。"甘龙说："法古无过，循礼无邪。遵照古代形成的法度办事没有什么过错，按照已经形成的礼乐去做也不是什么坏事。圣人不改变民俗而施以教化，聪明的人不改变成法而治理国家。顺应民风民俗而施教化，不费力就能成功；沿袭成法而治理国家，官吏习惯而百姓安定。"商鞅说："前世不同教，何古之法？帝王不相复，何礼之循？前世一朝和另一朝做法都不一样，哪里有固定不变的法度呢？帝王不会重复，一个和一个不一样，哪里来的一成不变的礼乐制度可以遵循呢？"并指出："甘龙所说的，是世俗的说法啊。一般人安于旧有的习俗，而读书人拘泥于书本上的见闻。这两种人奉公守法还可以，但不能和他们谈论成法以外的改革。夏殷周三代礼制不同而都能统一天下，五个诸侯的法制不一而都能各霸一方。聪明的人制定法度，愚蠢的人被法度制约；贤能的人变更礼制，寻常的人被礼制约束。"杜挚说："利不百不变法，功不十不易器。没有百倍的利益，就不能改变成法；没有十倍的功效，就不能更换旧的体制。仿效成法没有过失，遵循旧礼不会出偏差。"商鞅驳斥甘龙、杜挚等人的言论，指出："治理国家没有一成不变的办法，管理国家不能因循守旧，效法古代的方法，所以商汤与周武王不沿袭旧法度而能称王天下，夏殷王朝不更换旧礼制而灭亡。反对旧法的人不能非难，而沿袭旧礼的人不值得赞扬。要根据当时当地的实际建立法度，按照事物的不同情况制定礼乐制度。"孝公说："讲的好。"商鞅以历史进化的思想，舌战群儒，驳斥了旧贵族所谓"法古""循礼"的复古主张，为实行变法作了舆论准备。

立木取信　实行变法

秦时的都城栎阳不是现在的西安市临潼区栎阳镇。它距现在的栎阳镇东北约10余里地，已划归西安市阎良区管辖。旧栎阳城遗址位于西安市阎良区武屯镇东边400米之外的官庄村、西相村和御宝屯一带。商鞅开始变法时秦的国都就在这里。公元前356年，商鞅变法，他想测试一下民众对变法的态度，更为了取信于民，以便新法能顺利地贯彻、实施下去，就派人把一根三丈长的木头立在秦都栎阳南门闹市中，下令说："谁能把木头搬到北门去，就奖赏十金"。老百姓纷纷来看，但都抱着怀疑的态度，无人去搬。商鞅见状，把赏金增加到二十金，还是没人去搬，于是又把赏金增加到三十金、四十金，直到增加到五十金，大家更加猜疑。秦国可是从来没有出这么重的奖赏的。有一个人不信邪，抱着试试看的态度，心想：虽然没有这么多的奖金，但总有一些吧。他扛起木头，搬到北门，跟随的观众很多，都在看政府是否说话算数。商鞅如数地兑现了奖金，大家这才相信，商鞅令出必行！第二天，商鞅颁布新法。这是商鞅的第一次变法，变法的主要内容有以下几条。

（1）颁布法律，制定什伍连坐制度，轻罪用重刑。将李悝《法经》颁布实行，增加了连坐法。就是五家为伍，十家为什，互相告发，同罪连坐，告发"奸人"的与斩敌同赏，不告发的腰斩。一家藏"奸"，什、伍同罪连坐。客舍收留无官府凭证的旅客住宿，主人与"奸人"同罪。

（2）奖励军功，建立二十等军功爵制。从低到高，秦二十级军功爵位制度为：1公士 2上造 3簪袅 4不更 5大夫 6官大夫 7公大夫 8公乘 9五大夫 10左庶长 11右庶长 12左更 13中更 14右更 15少上造 16大上造 17驷车 18大庶长 19关内候 20列候。各级爵位都有一定的政治经济特权。规定斩敌甲士首级1颗赏爵1级，田1顷，宅9亩，服劳役的"庶子"1人。爵位越高，相应的政治、经济特权越大。宗室、贵戚凡是没有军功的，不得列入宗室的属籍，不能享受贵族特权。爵位高的还可以"税邑300家"，即给300家的封地，收300家的税收，也可以用爵抵罪或赎罪。

（3）重农抑商，奖励耕织，特别奖励垦荒。规定：尽力从事男耕女织的生产事业，生产粮食布帛多的，取消奴隶身份，恢复自由民，免除其本身的徭役；凡从事工商业和因不事生产而贫困破产的人，连同妻子、儿女没入官府为奴隶。

（4）强调"以法治国"要求国家官吏学法、明法，百姓学习法律者"以官吏为师"，官吏要教百姓法律。

（5）改法为律。强调法律的普遍性，具有"范天下不一而归于一"的功能。

（6）轻罪重罚，强化法律意识，不赦不宽容，不饶恕。主张凡是有罪者皆应受罚。

（7）鼓励告奸。

（8）用法律手段剥夺旧贵族特权。如废除世卿世禄制度；规定除国君的嫡系以外的宗室，没有军功就取消其贵族身份。

（9）强化中央对地方的全面控制，剥夺旧贵族对地方政权的垄断权。

（10）统一度量衡。

这次改革的精神是依法治国，轻罪重罚，重刑护法，主要做法是奖励耕战，废除寄生的世卿世禄制度，加强中央集权，全国实行一样的度量衡，几乎覆盖了秦国社会的方方面面，包括政治、外交、经济、军事、法律、民治、民俗等，而且每一个方面都牵涉到社会的各个阶层并延展出相关的律法制度为支撑。

在推行新法过程中，商鞅雷厉风行，毫不手软。新法在民间施行了整一年，秦国老百姓议论纷纷，到国都说新法不方便的人数以千计。正当这时，太子触犯了新法。商鞅说："新法不能顺利推行，是因为上层人触犯它。要使新法顺利推行，必须处罚违法的上层人士。"将要依新法处罚太子。太子是国君的继承人，又不能施以刑罚，于是就处罚了教他知识的老师公孙贾墨刑，又称黥刑、黥面。就是在犯人的脸上或额头上刺字或图案，再染上墨，作为受刑人的标志。还处罚了监督他行为的老师公子虔。第二天，秦国人就都遵照新法执行了。

秦人彪悍好武，普遍存在的大规模私斗导致了私怨盘结，社会动荡，民心涣散，出战不利，是秦国社会治安得不到保障的重要根源之一。为了戒绝私斗，使秦国的社会秩序能够从根本上扭转，据史记记载："卫鞅……一日临渭而论囚七百余人，渭水尽赤，号哭之声动于天地。"商鞅依法刑杀私斗犯法者，一日之内在渭河边杀了700多人，渭河的水都变成了红颜色，哭声惊天动地，以700余人的生命鲜血给了秦人一个极为沉重的教训，自此，秦人"勇于公战，怯于私斗"。秦国律法令行如山，百姓凛然遵守，不敢触犯，社会治安扭转，新法顺利推行。变法实行以后，秦国面貌大变：奸者不作，民安于居，人人奉法，政务畅通，奋勇杀敌，勤力农耕，市商有律，交易公平。这样的社会环境，体现出了最大的降低内耗，最高凝聚民力，最能富国强兵，最为讲求实效的整体特征。在这样的社会环境下，只有努力奋争，才能赢得社会地位和尊重。征战不畏死，农耕不畏苦，不务虚言，不思投机，全部的心思都用在农战、爵位方面，从而形成了整个社会的向上机制，有效地激发了国家潜力。

锲而不舍　二次变法

经过第一次变法，秦国已经渐渐地富强起来。商鞅不仅有突出的政治才干，而且有非凡的军事才能。公元前354年，商鞅领兵在今陕西澄城县南元里一带打败了魏国的军队，夺取少梁（今陕西韩城南）。公元前352年，秦孝公再拜商鞅为大良造，掌军政大权。同年，商鞅率军兵围魏国都城安邑，攻克之。公元前351年，商鞅再围魏国固阳（今内蒙古包头附近），迫其投降。三年之内，连胜强魏三次，秦国声威大震。这几次战争重在向山东各国立威，以攻为守，同时积蓄支持变法的力量。因为即将迎来的第二次变法，才是对秦国根本的触动，秦国需要一个安定的国内环境，迫使强大的魏国投降，短期内其他国家就不敢觊觎秦国，为第二次变法争取时间。同时由于秦国长期受到魏国的欺凌打压，此次兵围安邑使商鞅获得了空前的威信，也使很多将士得到了军功爵位。这群新法的受益者就成为拥护和支持变法的强大的力量。威信如日中天、集军政大权于一身的商鞅，有秦国军队的拥护，秦孝公的大力支持，都使即将触及秦国根本的变法有了锐不可当的势头。公元前350年，商鞅又实行了第二次改革，改革主要包括下述内容。

一、废井田，开阡陌

阡陌就是田间的大路。废除井田制，把宽阔的田间大路铲平，也种上庄稼，还把以前作为划分疆界用的土堆、荒地、树林、沟地等，也开垦起来。谁开垦荒地，就归谁所有。破除过去每一亩田的小田界—阡陌和每一顷田的大田界—封疆，把原来的"百步为亩"，开拓为240步为一亩，重新设置"阡陌"和"封疆"。国家承认地主和自耕农的土地私有权，在法律上公开允许土地买卖。这就彻底地铲除了奴隶制的基础。在管仲废井田制几百年之后，商鞅彻底坚决地废除了井田制。学术界对井田制的废除从何人开始有两种说法，有的说从管仲开始，有的说真正意义上的废除从商鞅开始。

二、废除分封制，实行郡县制

把秦国划为41个县；在未设县的地方，把许多乡、邑，都合并成县，共新建31县。设县令、县丞，由国君任免。废井田开阡陌是打破了奴隶主经济特权的基础，而废除分封制，实行郡县制则明确提出取缔贵族特权，将地方治权收归中央，加强中央集权。这是商鞅变法中最触及奴隶制根本的一项举措。这一举措重新构架了国家的政治框架，奠定了中国两千余年的国家统治体制，并一直沿用到今天。强大的国家中央集权使得政令畅通无阻直接贯彻到地方，保证了政府对国家全部人力物力的调配；将奴隶主贵族私家封地的很大一部分利益收归国有，相对于同时期的其他国家，秦国的综合实力得到了飞速提升。先进的政治体制、强大的中央集权、雄厚的国家实力，是秦国能够最终统一六国的根本基础。

三、迁都咸阳

秦都栎阳相对地讲离魏国的地盘较近，容易受到魏国的威胁，商鞅二次变法把国都从栎阳迁移到渭河北面的咸阳（今陕西咸阳市东北）。咸阳位于关中形胜之地，东望山东，西控本土，北拒匈奴，南指巴蜀，进可攻，退可守，无论向任何方向用兵，秦国政府都能做出迅速的反应，行军距离不至过分遥远，且有关中沃野作为后勤保障。迁都咸阳，最重要的意义还是有利于秦国的扩张，在此后100多年的时间里，咸阳作为秦国的政治、军事中心，牢牢掌控着秦国的内政外交，指挥着大秦铁军所向披靡，逐步扩张领土，最终统一了六国。而整合华夏文明的车同轨书同文、统一度量衡、推行郡县制等一系列政令也由咸阳发出，迅速在华夏大地上推广普及开来。在秦之后的1 000多年中，直至唐朝，咸阳（长安）一直是华夏大地上的政治、经济、文化中心，深厚的文化积淀令今日的西安市依然傲视全国。

这样大规模的改革，当然要引起激烈的斗争。许多贵族、大臣都反对新法。太子的师傅公子虔又犯了法，在商鞅的坚持下，公子虔被割掉了鼻子。公子虔是秦孝公同父异母的哥哥，公孙贾是前秦国国君的孙子，也是秦孝公的堂兄弟，都是王室十分重要的贵族，都先后受了刑，起到了极大地震慑作用，一些贵族、大臣都不敢触犯新法了。

这样过了10年，变法日久，秦民大悦，秦国道不拾遗，山无盗贼，秦国越来越富强，周天子打发使者送祭肉来给秦孝公，封他为"方伯"（一方诸侯的首领），中原的诸侯国也纷纷向秦国道贺。

收复失地　被封商君

孙庞斗智是商鞅同时代有名的历史故事。庞涓设计害孙膑，割了孙膑的膝盖。齐人偷带孙膑到齐国，用孙膑做军师带领军队在马陵打败魏军，俘虏了魏国的太子申，射杀魏国将军庞涓。天赐良机，大良造商鞅审时度势，于魏被齐打败的第二年，不失时机地言之于秦孝公："秦和魏的关系，就象人得了心腹疾病，不是魏兼并了秦国，就是秦国吞并了魏国。为什么要这样说呢？魏国地处山岭险要的西部，建都安邑，与秦国以黄河为界而独立据有崤山以东的地利。形势有利就向西进犯秦国，没利时就向东扩展领地。如今凭借大王圣明贤能，秦国才繁荣昌盛。而魏国去年被齐国打得大败，诸侯们都背叛了他，可以趁此良机攻打魏国。魏国抵挡不住秦国，必然要向东撤退。一向东撤退，秦国就占据了黄河和崤山险固的地势，向东就可以控制各国诸侯，这可是统一天下的帝王伟业啊！"此言可谓一语道破秦魏之间的利害关系。秦孝公认为说得很对。此时的秦国兵革强大，国家富足，有了充足的条件与魏一战。公元前340年，商鞅奉秦孝公命令攻打魏国。魏国派公子昂领兵迎击。商鞅在魏国时和公子昂关系不错。两军相拒对峙，商鞅派学生孟兰皋给魏将公子昂送来一封信，写道："我当初与公子相处的很快乐，如今你我成了敌对两国的将领，不忍心相互攻击，可以与公子当面相见，订立盟约，痛痛快快地喝几杯然后各自撤兵，让秦魏两国相安无事。"并把孟兰皋作为人质留在魏营。魏公子昂认为商鞅说的对，且有人质在。他以友情为重，毫不怀疑，来和商鞅谈判。商鞅在会谈地设下埋伏，正在会盟喝酒，商鞅埋伏下的士兵突然袭击，俘虏了魏公子昂，并趁机攻打魏国的军队，彻底打垮了魏军，押着公子昂班师回国。魏惠王的军队多次被齐、秦击溃，国内空虚，一天比一天消弱，害怕了，就派使者割让黄河以西的地区奉献给秦国作为媾和的条件。魏国还把国都由安邑（今山西夏县境内）迁到300公里以外的大梁（今河南开封）。梁惠王后悔地说："我真后悔当初没采纳公叔痤的意见啊。"商鞅打败魏军回来以后，秦孝公封商鞅为列侯，把於、商十五个邑封给了他，封号叫做商君。

商鞅　锲而不舍　锐意变法

❀ 被诬谋反 作法自毙 ❀

商鞅变法从本质上说是一次改变社会利益结构的变革，下层百姓得到的利益几乎全部是取自于奴隶主贵族。特权越大的阶层在变法中利益损失也就越大。这样的利益重新分配为变法派埋下了悲剧的种子，贵族阶层随时准备反扑变法之士。具体地说，商君之法轻罪重罚，太过刻薄寡恩，设连坐之法，制定严厉的法律，增加肉刑、大辟，有凿顶、抽肋、镬烹等酷刑。尤其是军功爵制度，使杀敌多有军功的人获取了一定的爵位，造成秦国贵族多怨。秦国公族（王室的族人）赵良通过商鞅的学生孟兰皋牵线夜访商鞅，劝说商鞅，放弃爵位，退居山野，有一段精彩的对话：

商鞅说："我能见到你，是由于孟兰皋的介绍，现在我们交个朋友，可以吗？"赵良回答说："鄙人不敢奢望。孔子说过：'推荐贤能，受到人民拥戴的人才会前来；聚集不肖之徒，即使能使成王业的人也会引退。'鄙人不才，所以不敢从命。鄙人听到过这样的说法：'不该占有的职位而占有它叫做贪位，不该享有的名声而享有它叫做贪名。'鄙人要是接受了您的情谊，恐怕那就是鄙人既贪位又贪名了。所以不敢从命。"商鞅说："您不高兴我对秦国的治理吗？"赵良说："能够听从别人的意见叫做聪，能够自我省察叫做明，能够自我克制叫做强。虞舜曾说过：'自我谦虚的人被人尊重。'您不如遵循虞舜的主张去做，无须问我了。"商鞅说："当初，秦国的习俗和戎狄一样，父子不分开，男女老少同居一室。如今我改变了秦国的教化，使他们男女有别，分居而住，大造宫廷城阙，把秦国营建得像鲁国、魏国一样。您看我治理秦国，与五羊大夫比，谁更有才干？"

商鞅在这里说的五羊大夫就是百里奚。百里奚本来是虞国人，聪明能干。他的妻子杜氏劝他出去闯一番事业，在妻子的怂恿下，带着家里用门闩煮的一只老母鸡出发了。先去了齐国，无人引荐，在齐国呆了好一阵都没见到国君。盘缠耗尽，最后只有乞讨，又去了宋国。蹇叔也是宋国一个有才能的人，一天看到一个乞丐气宇不凡，于是就资助并收留了他。他就是百里奚。他们一起辗转很多地方，最后两鬓斑白了，也一无所获。百里奚只得回国寻妻儿，没有找到，不知所踪。晋献公向虞国借道灭了虢国，回过头来就灭了虞国。他假道灭了虢和虞，想请百里奚辅佐他，遭到百里奚的拒绝。晋献公为了报复他，让他做了女儿的仆从。晋献公把女儿嫁给了秦穆公，百里奚自然成了嫁妆。在出嫁的半路，百里奚逃走了。秦穆公核对陪嫁的东西时发现少了百里奚，并听说他是个有本领的人才，就千方百计寻访。百里奚逃到楚国，被当地的农民抓住做了牧牛马的人。秦穆公想用很好的黑羊皮换回百里奚，有一个大臣劝他，这样做楚国就知道百里奚是个人才，不会给，会被楚国重用的。当时普通奴隶只值五张羊皮，所以秦穆公就用五张普通的羊皮把百里奚换了回来。秦穆公向他征询治国韬略，百里奚侃侃而谈。后来。百里奚又推荐了蹇叔。两个老朋友，终于在风烛残年之际施展了自己的抱负，把秦国治理得不错，使秦穆公成了五霸之一。因为百里奚是用五张羊皮换回来的，所以人们叫他五羊大夫。

赵良说："一千张羊皮比不上一领狐腋贵重，一千个随声附和的人比不上一个人正义直言。武王允许大臣们直言谏诤，国家就昌盛，纣王的大臣不敢讲话，因而灭亡。您如果不反对武王的做法，那么，请允许鄙人直言而不受责备，可以吗？"商君说："俗话说，外表上动听的话好比是花朵，真实至诚的话如同果实，苦口相劝、听来逆耳的话是治病的良药，献媚奉承的话是疾病。您果真肯正义直言，那就是我治病的良药了。我将拜您为师，您为什么又拒绝和我交朋友呢！"赵良说："那五羊大夫，是楚国偏僻的乡下人，穿着粗布短衣给人家喂牛。秦把他赎回，开始还喂牛，整整过了一年，秦穆公才用他，凌驾于万人之上，秦国人没有谁不满意。他出任秦相六、七年，向东讨伐过郑国，三次拥立晋国的国君，一次出兵救楚，在境内施行德化。巴国前来纳贡；施德政于诸侯，四方少数民族前来朝见。五羊大夫出任秦相，劳累不坐车，酷暑炎热不打伞，走遍国中，不用随从的车辆，不带武装防卫，他的功名载于史册，藏于府库，他的德行施教于后代。五羊大夫死时，秦国不论男女都痛哭流涕，连小孩子也不唱歌谣，正在舂米的人也因悲哀而不发出相应的呼声。这就是五羊大夫的德行啊！如今您得以见秦王，靠的是秦王宠臣景监推荐介绍，说不上什么名声了。身为秦国国相不为百姓造福而大规模地营建宫阙，也就说不上为国家建立功业了。惩治太子的师傅，用严刑酷法残害百姓，这是积累怨恨、聚积祸患啊！教化百姓比命令百姓更深入人心，百姓模仿上边的行为比命令百姓更为迅速。如今您却违情背理地建立权威变更法度，这不是对百姓施行教化啊！您又在商於封地南面称君，天天用新法来逼迫秦国的贵族子弟。《诗经》上说：'相鼠还懂得礼貌，人反而没有礼仪，人既然失去了礼仪，为什么不快快地死呢。'照这句诗看来，实在是不能恭维您了。公子虔闭门不出已经八年了，您又杀死祝欢（一直反对商鞅的朝臣，被商鞅处死），而用墨刑惩处公孙贾。《诗经》上说：'得到人心的振兴，失掉人心的灭亡。'这几件事，都不是得人心的呀！您一出门，后边跟着数以十计的车辆，车上都是顶盔贯甲的卫士，身强力壮的人做贴身警卫，持矛操戟的人紧靠您的车子奔随。这些防卫缺少一样，您必定不敢出门。《尚书》上说：'凭靠施德的昌盛，凭靠武力的灭亡。'您的处境就好象早晨的露水，很快就会消亡一样危险，您还打算要延年益寿吗？那为什么不把商於十五邑封地交还秦国，到偏僻荒远的地方浇园自耕，劝秦王重用那些隐居山林的贤才，赡养老人，抚育孤儿，使父兄相互敬重，依功序爵，尊崇有德之士，这样才可以稍保平安。您还要贪图商於的富有，以独揽秦国的政教为荣宠，聚集百姓的怨恨，秦王一旦舍弃宾客而不能当朝，秦国所要拘捕您的人难道能少吗？您丧身的日子就象抬起足来那样迅速地到来。"商君不以为然，没有听从赵良的劝告。

公元前338年，支持商鞅变法的秦孝公去世，秦惠义王即位。旧势力立即全面反扑，先是公子虔等诬告商鞅谋反，后有饶舌之徒向惠文王进谗言，说："大臣太重者国家危亡，左右太亲者后宫就会出现问题。今天秦国的妇女老幼都在说商君之法，没有人说大王之法。这是商君反而成为主人了，大王更为臣了。再说商君，本来就是大王的仇人，希望大王早早除掉他。"而秦惠文王本人正是当年触法遭到商鞅处罚的太子，几方意愿聚合，就注定了商鞅的悲剧结局。商鞅听到这个消息，急忙忙逃亡至边关，欲宿客舍，结果因拿不出政府发给的证件，店家害怕违反商鞅制定的"连坐"之罪，不敢留宿。这就是"作法自毙"这个典故的来源。商鞅又想逃往魏国，魏人因商鞅曾背弃和谈信义，捉了魏帅公子昂，攻破魏军，亦不愿收留。商鞅没办法，只好回到自己的封地商邑，发邑兵北出击郑国，想开辟一块栖身之地。秦国发兵讨之，杀商鞅于郑国黾池，死后被秦惠王处"车裂之刑"，灭商君之族，全族覆灭，祸及他的母亲。商鞅虽然被害，但新法并未被废除。新法适应时代的发展趋势，这是秦惠文王不废新法的主要原因。

小　结

　　处在战国时期的商鞅，面对诸侯争霸，怀着建功立业的大志，在秦国实行变法，可圈可点的：一是坚定的变法态度，锲而不舍的改革精神，雷厉风行的严格执法手段。二是体制改革的彻底性，不仅废除了奴隶制度的井田制，而且废除了上层的世卿世禄制度，奖励征战和农耕，把这两方面的成果作为晋升的必要条件。这一点比管仲来得彻底的多。三是建立了影响后世几千年的中央集权的郡县制。

　　商鞅和管仲相比，管仲有着贫苦生活和接地气的经商、作战经历，了解社情民情，具有浓厚的亲民、爱民、富民的民本思想；其法治理念是德法并重，刑罚适度，宽宥小过；其经济政策是以农为本，农工商并举，大力发展商业，是实行市场经济的代表人物。商鞅出身贵族，寄身于公叔痤之家，学的看的都是统治阶级统治人民的刑名之术，变法的目的是为统治阶级的争雄称霸，重法轻德，刑罚过重，杀人太多，重农抑商，是实行国家计划经济的代表人物。在我国数千年的封建社会里商鞅这种重农抑商的思想一直占着统治地位。

对于商鞅变法，历史上正负两方面的评价都有。正面评价，如王安石说：自古驱民在信诚，一言为重百金轻。今人未可非商鞅，商鞅能令政必行。面对着历朝历代对商鞅的诸多非议和污蔑，王安石毅然站出来呼喊：自古以来统治领导人民重要的在于诚信，一句话的承诺是很重的，100两金子是很轻的。今天的人，你们不应该批评商鞅，商鞅是个重诚信的人，令出必行，政令畅通呀！这是对商鞅很中肯很正确的评价，肯定了商鞅的治国方略。即使反对王安石变法的保守主义者司马光在资治通鉴中也赞扬商鞅："……处战攻之世，天下趋于诈力，犹且不敢忘信以畜其民……"说商鞅处于你攻我夺的战国乱世，天下尔虞我诈、斗智斗勇之时，尚且不敢忘记树立信誉以收服人民之心。梁启超和柏杨都把商鞅列为中国历史上最伟大的六个大政治家之一。毛主席对商鞅评价很高，说商鞅是"首屈一指的利国富民伟大的政治家，是一个具有宗教徒般笃诚和热情的理想主义者"。他认为商鞅之法"惩奸宄以保人民之权利，务耕织以增进国民之福力，尚军功以树国威，孥贪怠以绝消耗。此诚我国从来未有之大政策"。他还说商鞅"可以称为中国历史上第一个真正彻底的改革家，他的改革不仅限于当时，更影响了中国数千年"。在现代，尽管有少数不同声音，但大多数人承认商鞅是一个敢于触动旧势力、敢于改革的英雄。

负面评价，由于独尊儒术的缘故，历史上对于使用暴力手段进行快速改革的商鞅的评价并不是很好，以至于千百年后的人们还蔑称秦国为虎狼之国。太史公司马迁对商鞅进行了严厉的批评，说商鞅天性是个刻薄寡义的人，发迹于用帝王之道游说秦孝公，凭借着虚饰浮说，凭靠着国君宠臣太监的推荐被任用，刑罚公子虔，欺骗魏将公子昂，不听赵良的规劝，足以证明商鞅刻薄寡义。司马迁之后，有人也说·"卫鞅入秦，景监是因。王道不用，霸术见亲。政必改革，礼岂因循。既欺魏将，亦怨秦人。如何作法，逆旅不宾！"这段话，前面说的一大串和司马迁说的差不多，后面两句中的"逆旅"，古代指旅店。商鞅曾下过一个取消逆旅令，对住旅店作了严格的规定。如何作法，逆旅不宾，是说商鞅作法自毙：你是咋作法的呀，旅店都不敢收留你？这是对商鞅的讽刺话。

商鞅的变革，是中国历史由礼治向法治的转折点，奠定了中国2 000多年的政治文明框架和农耕文明基础。商鞅生前身后唯一流传至今的是一部《商君书》。《商君书》并不完全由商鞅本人完成，它涵盖了大量商鞅个人的篇章，上书、对话等档案资料及后人的补充，但是基本都秉承了商鞅的思想。《商君书》重点体现了农战、法治、集权、作壹、去强、弱民、兵法等方面的内容，是中国唯一一部全面论述治国之道并提出施政纲领及具体实施策略的著作，是历代帝王必读之书，是一本统治书。像这样的书，西方人到意大利文艺复兴时期，才由意大利人马基雅维利杜撰出来，书名：《君主论》。在《商君书》里所体现的公平的法治精神、变革精神以及对社会实际问题的某些处理方法，在今天依然值得我们借鉴和学习。但是，书中主张的："有道之国，在于弱民"；禁止粮食贸易，商人和农民都不得卖粮，甚至连为商业贸易的人口流动服务的旅店都要取消和限制；"百将、屯长在作战时如果得不到敌人的首级，就要杀头；如果得到敌人首级33颗以上，才能满达到朝廷规定的数目，可以升爵一级。""军队围攻敌国的城邑，能够斩敌首级8 000颗以上，或在野战中能够斩敌人首级2 000颗以上的，才能算达到朝廷规定的数目，所有各级将吏都可得到赏赐，升爵一级，军官旧爵是公士的升为上造"。从而鼓励将士杀敌，使秦军成为虎狼之师，以至于秦始皇统一中国22场大战，有据可查的数字斩敌首181万人。当时在中国大地上的人口还不足2 000万人，竟杀了1/10，不能不说是残忍。酷刑和暴政埋下了秦短命、二世而亡的种子。书中的这些弱民政策、抑商政策、以杀敌多少论功行赏、酷刑等政策都有许多负面的作用，值得批判。

商鞅变法是中国历史上最伟大、最成功、最彻底的一次变法。虽然商鞅最终不能免祸，但却没有出现人亡政息的悲剧局面。秦国后继的君臣传承了商鞅的秦法，力行法治，不仅推动了秦国社会的发展，而且推动了宗法分封制向中央集权制转型，为以后秦始皇建立大一统帝国奠定了基础。而后世两千年各朝各代都承袭的是秦制，仅仅是略作改良而已，所以后世有人说："百年犹得秦政法。"这足以证明，商鞅之法得到了最深彻的成功。

◇ 诸葛亮

三、诸葛亮：鞠躬尽瘁 依法治蜀

躬耕隆中 自比管仲

诸葛亮生于琅琊阳都的一个官吏家庭。诸葛氏是琅琊的望族，先祖诸葛丰曾在西汉元帝时做过司隶校尉，即卫戍京师的长官。他为人正直，秉公执法，见"不奉法度"者，即严惩不贷。他曾上书汉元帝，说自己"常常希望能贡献出残余的生命，随时砍下奸臣的头，悬挂在街市上，编写出他们的罪状"，并痛斥"苟且迎合，只求勾结党羽胡作非为，只知顾念私家的利益，忘记国家的政事"的小人之举。他不齿于阿谀奉迎、结党为私，为私人之利忘却国家大政的这种人品和

诸葛亮生于181年7月23日，死于234年8月28日，字孔明，号卧龙（也作伏龙），汉族，琅琊阳都（今山东临沂市沂南县）人，蜀汉丞相，三国时期杰出的政治家、战略家、发明家、军事家。一部脍炙人口的文学作品《三国演义》把诸葛亮描写得活灵活现，以其强大的文学功能，使"诸葛大名垂宇宙"，家喻户晓，妇孺皆知。诸葛亮兄弟三人，诸葛亮在蜀汉、兄诸葛瑾在东吴、弟诸葛均在曹魏，有龙、虎、狗之说，将诸葛亮比作"龙"。

气质，对诸葛氏家族影响很大。诸葛亮的父亲是诸葛珪，字君贡，在东汉末做过泰山郡丞。

诸葛亮生母章氏和父亲诸葛珪于汉灵帝中平六年（189年）和汉献帝初平三年（192年），先后去世。汉献帝兴平元年（194年），诸葛亮与弟诸葛均及妹妹由叔父诸葛玄收养，其兄诸葛谨同继母赴江东。汉献帝初平二年，即195年，诸葛亮叔父诸葛玄任豫章，今江西南昌太守，他及弟妹随叔父赴豫章。诸葛玄是袁术任命的豫章太守，后来东汉朝廷派朱皓替代诸葛玄，诸葛玄失掉官职。由于诸葛玄和荆州牧刘表是旧交，便去襄阳投奔刘表。

汉献帝建安二年（197年），诸葛玄病逝。诸葛亮和弟妹失去了生活依靠，便移居隆中，今襄阳县之西20里，靠耕田种地维持生计。建安四年（199年），19岁的诸葛亮与友人徐庶等从师于大名士水镜先生司马徽。诸葛亮读书与当时大多数人不一样，不是拘泥于一章一句，而是观其大略，并喜欢吟诵《梁父吟》这首古歌谣。通过潜心钻研，他不但熟知天文地理，而且精通战术兵法。他志向远大，以天下为己任，并常将自己比做管仲、乐毅，很想干一番大事业。旁人听后，都不以为然，只有博陵崔州平、颍川徐庶与诸葛亮交情甚好，知其所言不虚。此外，诸葛亮还十分注意观察和分析当时的社会，积累了丰富的治国用兵的知识。

三请诸葛　隆中对答

刘备在多年的军阀混战中，由于势单力薄，始终没有占据到一个固定的地盘。汉献帝建安十二年，刘备在屡遭挫折之后，被迫率军屯驻新野。这时徐庶拜见刘备，刘备很器重他。徐庶对刘备说："诸葛孔明这个人，就像一条潜卧的龙啊，将军您是否愿意见见他呢？"刘备说："你请他一块儿来吧！"徐庶说："这个人你只可以去亲近他，不能够强迫他来看你的，将军您应该委曲委曲大驾前去看他。"于是刘备遂亲自到诸葛亮的家中，前后三次，才见到诸葛亮。这就是中国历史上著名的"三顾茅庐"的故事。这时诸葛亮只有27岁。

47岁的刘备见到27岁的诸葛亮后，命随从人员退出去，十分诚恳地对诸葛亮说："汉室倾颓，奸臣窃命，主上蒙尘。孤不度德量力，欲信大义于天下；而智术浅短，遂用猖蹶，至于今日。然志犹未已，君谓计将安出？"翻译成白话文就是说："现今汉朝倾倒，奸臣弄权，天子蒙尘受难，我德行浅薄，不自量力，想要在普天之下伸张大义，可是智慧、德术比较差，就使得小人猖狂不已，直到今天。然而我的志向仍没打消，先生您能给我出些什么策略呢？"

诸葛亮回答说："自董卓已来，豪杰并起，跨州连郡者不可胜数。曹操比于袁绍，则名微而众寡。然操遂能克绍，以弱为强者，非惟天时，抑亦人谋也。今操已拥百万之众，挟天子而令诸侯，此诚不可与争锋。孙权据有江东，已历三世，国险而民附，贤能为之用，此可以为援而不可图也。荆州北据汉、沔，利尽南海，东连吴会，西通巴、蜀，此用武之国，而其主不能守，此殆天所以资将军，将军岂有意乎？益州险塞，沃野千里，天府之土，高祖因之以成帝业。刘璋暗弱，张鲁在北，民殷国富而不知存恤，智能之士思得明君。将军既帝室之胄，信义著于四海，总揽英雄，思贤如渴，若跨有荆、益，保其岩阻，西和诸戎，南抚夷越，外结好孙权，内修政理；天下有变，则命一上将将荆州之军以向宛、洛，将军身率益州之众出于秦川，百姓孰敢不箪食壶浆以迎将军者乎？诚如是，则霸业可成，汉室可兴矣。"这就是著名的隆中对，翻译成白话文就是说："自从董卓作乱以来，各地方的英雄豪杰同时兴起，占据好几个州郡的人多得数不清。曹操比起袁绍，名气小多了，人也少多了，然而曹操竟然能够战胜袁绍，地位转弱为强，这不仅仅是时运，也是人为的谋划造成的。现在曹操已经拥有百万大军，挟制天子，进而用天子的名义命令诸侯，这种情势，实在不能和他争强斗胜。孙权拥有江东，已经经过三代的经营，地方险要而百姓顺从，当地的贤才能人都被他任用了，这种情势是可以和

諸葛亮 鞠躬尽瘁 依法治蜀

他结为盟邦而不可以有打他的念头的。荆州北边据有汉水、沔水，享有南海的全部资源，往东可以连结吴、会二郡，往西可以通达巴、蜀二郡；这是个可以用兵的地方，但是刘表却不能好好守住它。这大概是老天用来帮助将军您的，将军您是否有意思把它夺取下来呢？益州地势险阻，拥有千里肥沃的田野，是个富庶的好地方，汉高祖（刘邦）就是凭藉这里而完成帝王的事业。刘璋个性懦弱，不明事理，张鲁横行北方（汉中）。益州百姓众多，国家富有，刘璋却不知道好好地抚恤安慰百姓。当地有智慧才能的人如张松、法正等人，很想能遇到贤明的君王。将军您既是汉朝王室的后代，守信重义名扬天下，又能够广泛地接纳各地方的英雄好汉，思得贤人好像口渴者急得想喝水一般。如果您能够同时拥有荆州、益州，保住这块险隘之地，往西通和各个戎族，往南安抚夷、越等族，对外和孙权交结和好，对内修好政治，天下局势一旦有了变化，就命令一位大将军，率领荆州的军队开向南阳洛阳，将军您自己带领军队从秦川出发，天下百姓谁不是拿着碗饭，提着壶浆，热烈地欢迎将军您的王者之师呢！果真如此，那么您的霸业就可以完成，而汉朝也可以复兴了。"

诸葛亮一番精辟透彻的分析，使刘备茅塞顿开，思想豁然开朗。他觉得诸葛亮人才难得，于是恳切地请诸葛亮出山，帮助他完成兴复汉室的大业。诸葛亮见刘备虚怀若谷，抱负宏大，当下就痛快地答应了刘备的请求。不久，刘备以隆重的礼节把诸葛亮接到了自己的驻地。经过一段时间的接触了解，刘备对诸葛亮更加佩服，他们之间的关系日益密切。关羽、张飞二人见诸葛亮寸功未立，就受到刘备如此的青睐和倚重，心中不悦。刘备向他们解释说："我有了孔明诸葛亮就像鱼儿有了水一样，希望大家都不要多言。"关、张二人见刘备对诸葛亮如此敬重，就停止了对诸葛亮不满的言论。

刘表长子刘琦也很器重诸葛亮。刘表听信后妻的话，喜欢幼子刘琮，不喜欢刘琦。刘琦常想让诸葛亮为自己出一个自保的方法，但诸葛亮每次都推辞。一次，刘琦带着诸葛亮游览后园，一同登上高楼。在喝酒时，刘琦叫人搬走楼梯，对诸葛亮说："今天我们两个在这里，上不着天，下不着地，说出的话出于先生的口，只能入于我的耳朵，先生可以说了吧？"

诸葛亮见楼上只有他们两人，刘琦又很恳切，不说不行了，脑子里想起了一个春秋故事：春秋时期，晋献公有三子，嫡子申生、两公子重耳、夷吾。公元前672年，晋献公讨伐骊戎，骊戎首领献其长女骊姬、次女少姬于献公，以此求和。献公欣然笑纳，率领大军载美人而归。献公自回国后，宠爱二女，对骊姬尤甚，一意孤行立骊姬为夫人，少姬为次妃。骊姬奸猾诡诈、献媚取怜，得献公专宠。公元前665年，姐妹俩皆有喜，骊姬生子名奚齐；少姬生子名卓子。子以母贵，二少子皆得献公喜爱。献公隐隐有废除储君申生而立奚齐之意。骊姬要为其子夺嫡，勾结朝中大臣梁五、东关五，欲分化申生、重耳、夷吾三公子。梁五、东关五向献公进言："曲沃，晋之宗庙所在，当派申生镇守。蒲城与屈为边防要塞，当以重耳、夷吾戍其地。"当时，还是分封制的时代，如果把王室成员外派，就是要将你分封到那里。分封则另立宗庙，为旁支，就基本丧失了对王室大宗的继承权。骊姬当然愿意献公分封三子。献公心里明白分封三子的用意，为了满足骊姬的要求，就一口答应了，决定分封三子。因为储君是申生，即便是将要分封的申生，骊姬仍不肯放过，她认为，申生的存在就注定是奚齐登上晋侯宝座的绊脚石。公元前661年，献公将部队分成上下二军，自己率领上军，命申生率领下军，其意更为明显。春秋非卿不领兵，献公命申生率领下军，欲立申生为卿，废立之心昭然若揭。申生领军出师作战，作战勇敢，战果辉煌，连灭耿、霍、魏三国，树立了很高的威信，众大臣皆对申生有依附之心。第二年，申生又率军攻破皋落氏。如此优秀的公子，国人交口称赞，对骊姬一党怨声载道。公元前656年，骊姬借口申生之母托梦，在申生供奉于献公的胙肉（祭福肉）中下毒。献公认定申生有弑父之心，申生逃亡曲沃。献公招三公子问罪，申生有口难辩，畏罪自缢。重耳、夷吾听闻申生惨遭奸人迫害，前往绛都询问。骊姬献谗说：重耳、夷吾与申生同谋。重耳、夷吾听说后妈又将要陷害他们，便不辞而别，悄悄返回封地，最终得全性命。后来两人分别都当上了晋国的国君。申生明知被陷害，却仍留在国内，选择愚孝，而不选择避祸国外以待昭雪，最终被害，于国于家均无益处。重耳在受到迫害时，远去他国避难，最终成就一翻伟业，成五霸之一。

诸葛亮想到这个故事，便借古说今，回答说："您不见申生在内而危亡，重耳在外而安吗？"刘琦明白了诸葛亮的用意。不久镇守江夏的黄祖死了，刘琦获得了外出的机会，就向刘表请求，出任江夏郡太守，保存了实力，成为后来刘备的栖身之地和一股力量。

说服孙权　联吴抗曹

诸葛亮到了刘备那里做的第一件事就是为刘备扩充军队。当时刘备的军队只有几千人，诸葛亮建议将荆州一带的游民选拔训练，从中选拔了不少丁壮，队伍扩充到数万人，想伺机夺取荆州。这时，曹操统一了北方，雄心勃勃，企图一举南下，统一全国。当时南方有江东的孙权、荆州的刘表和益州的刘璋三大势力。刘表割据的荆州，北据汉、沔，利尽南海，是一个非常富庶的地区。这里距离中原最近，曹操担忧刘备一旦夺取荆州，将刘表的七八万水陆军和数以千计的战船全部据为己有，必将构成对自己统一事业的威胁，于是决定先从荆州下手。

建安十三年（208年）八月，荆州牧刘表病逝，次子刘琮继任荆州牧。这一年，曹操趁机亲率大军进攻荆襄，刘琮遣使献城投降。刘备在樊城惊悉刘琮已降，仓皇向江陵南撤，诸葛亮和徐庶都随刘备南行。曹操亲率5 000精锐骑兵，疾驰追击，昼夜兼程300余里。刘备因不忍舍弃跟随南逃的10余万百姓，行军速度缓慢，一日只走10余里，行至当阳长坂坡，被曹军追及。双方激战，刘备的部队被击溃，徐庶母亲被俘。徐庶指着自己的心向刘备告辞说："我一心想和将军一起共同谋取王霸之业，可今天老母亲不见了，心已经乱了，难以与将军共谋大事，请让我从此告别吧！"

徐庶离开刘备，就投奔曹操去了。刘备继续南撤，途中与从水路南撤的关羽部会合，又遇刘表长子刘琦所率万余人接应，就退到夏口，即今湖北武汉，暂且栖身。

刘备到夏口后，诸葛亮对他说："现在事情很紧急，请将军派我去东吴向孙将军求援。"这时候，孙权拥军驻扎在柴桑，今江西九江西南，观望曹刘决战的成败。刘备派诸葛亮赴柴桑会见孙权。诸葛亮劝孙权说："天下大乱，将军您起兵占有了整个江东的地方。刘豫州也收服众人，聚集大军，同时和曹操争夺天下。现在曹操已消灭掉大敌，各外大都已经平定了，接着又攻下了荆州，声势震动全天下。在这种情况下，即便是英雄豪杰也难以施展自己的本领了，所以刘豫州才跑到这里来。将军您算算自己的军力看如何对待曹操？如果您能够凭着吴越的军队，去和中原的曹操对抗，那您倒不如早点和他决裂；如果不能够抵挡，那你何不解除武装，向他北面称臣来事奉他。现在将军您表面上假托是要服从的名声，可是实际上您内心却又犹豫不定。今天，事态很紧急，你却又不赶快决断，大灾人祸转眼间就要到来了！"

孙权说："假如真的像你说的话，刘豫州为什么不就去向曹操称臣事奉呢？"

田横，秦末群雄之一，原为齐国贵族。在陈胜吴广大泽乡起义后，田横与兄田儋、田荣也反秦自立，兄弟三人先后占据齐地为王。后来汉高祖刘邦统一天下，田横不肯称臣于汉，率500门客逃往海岛。刘邦派人招抚，田横被迫乘船赴洛阳，在途中距洛阳30里地自杀。海岛500部属闻田横死，亦全部自杀。诸葛亮用田横为道义而死的故事有意激孙权说："田横，也只不过是一名齐国的壮士罢了，仍然会为了守住道义而自杀，不辱自己的志节。何况刘豫州是堂堂汉朝王室的后代，英气才华举世无敌，众多士人仰慕他，就像流水归向大海一般。如果事情无法成功的话，这是天意啊！刘豫州又怎能再屈服自己去当曹操的部下呢！"

孙权闻后，勃然变色，说："刘豫州都不降曹，我怎能拿东吴所有的土地，人民，10万多军队降曹呢？我的计策已经决定了，联合刘豫州抵抗曹操。可是刘豫州刚打了败仗，怎能够抵抗得住曹操这个大敌人呢？"

诸葛亮见孙权这样回答，就给他分析说："刘豫州的军队虽然在长阪被打败，现在归来的战士和关羽的水军，合起来还有精兵锐卒一万人。刘琦会合江夏的战士，也不少于万人。曹操的军队，从老远的北方南下，都非常疲倦。听说他为追赶刘豫州，轻骑兵一天一夜走了300多里路，正是'强弩之末，势不能穿鲁缟'，这种情况必定会被打败的。况且北方人不习惯打水战，而且荆州投降曹操的百姓，只是被兵势所逼罢了，并不是心甘情愿的。现在将军您如果能够派遣猛将，统领数万军队，和刘豫州并力合谋，必定能够打败曹操。曹军战败，一定会回到北方去。这么一来，荆州、东吴的势力就会强大，天下三足鼎立之态势就会形成。成功失败的关键，就在今天了。"

当时，东吴文臣要投降武将却主战，孙权正在作难之时，听了诸葛亮的一番话大悦。加之周瑜力排众议，陈述利害和曹操的不利因素及东吴的有利因素，请缨带三万精兵破曹，使孙权坚定了抗曹的决心，拔刀斫前奏案说："诸位将军、官吏有谁敢再说投降曹操，就和这桌案一样。"周瑜又进内室单见孙权进一步分析了曹操的实际兵力，更加坚定了孙权的信心。孙权派周瑜、程普、鲁肃率领水军3万人，随诸葛亮赶到刘备那里，协同作战，抵抗曹操。老将黄盖诈降，火烧曹操的战船，赤壁大战，以少胜多，终于打败了曹军。曹操率领残部撤回了北方。刘备乘胜夺取江南各郡，以左将军领荆州牧占据了荆州，任命诸葛亮为军师中郎将，并派他督零陵、桂阳、长沙三郡的驻军。

三国鼎立　依法治蜀

建安十六年（211年），益州牧刘璋派法正向刘备借兵，抵抗汉中张鲁。法正，关中扶风县人，有名的谋士，和曹操的几个大谋士郭嘉、荀昱等齐名。刘备乘机留诸葛亮与关羽等留守荆州，与庞统率兵数万向益州进发。建安十七年（212年）十二月，刘备从葭萌折回返攻刘璋。不久，刘备包围雒（luo）城，即现今的德阳广汉一带。刘备围攻雒城一年未克，副军师庞统被箭射死。

建安十九年（214年），诸葛亮留关羽守荆州，与张飞、赵云率军溯江入蜀，增援刘备，一路攻城夺郡，比较顺利地和刘备会合，包围成都。当时，成都城内有精兵3万，粮秣可维持一年。刘璋不欲久战伤民，率部出降。刘备占领成都后，自领益州牧，三国鼎立之势形成。刘备升诸葛亮为军师将军，开代理左将军府的各项事务。此后，刘备东下荆州，北上夺取汉中，都是法正随军，出谋划策。诸葛亮则是坐镇成都，处理事务，做后勤保障工作，粮食、军备的供应始终得到充分的保证。不久，关羽大意失荆州之后，沉重打击了刘备集团，从根本上破坏了诸葛亮在隆中对中讲的两路北伐的战略意图。

建安二十五年（220年），曹操病死，曹丕代汉称帝，建立魏国。建安二十六年（221年），群臣劝刘备称帝，继承汉统，刘备不同意。诸葛亮规劝他说："东汉初，吴汉、耿弇等人劝世祖即位称帝，世祖辞谢推让，前後三、四次。耿纯进言说：'天下英雄豪杰仰慕您，追随您，就是希望能够封侯封土，如果您还不听从大家的建议，士大夫只好散去，各自回去另求主君了，他们就不想再追随您了。'"世祖有感於耿纯的话非常深切中肯，于是就答应了。现在曹氏篡夺了汉朝的君位，天下没了君主。大王您是刘氏的后代，继世兴起，现在登上帝位，才是应该的。士大夫们跟随大王您时间长了，又很勤苦，目的也是想立尺寸的功劳而得到封赏，一如耿纯所说的那样。在诸葛亮的劝说下，刘备在这年四月改元称帝，国号汉，也叫蜀或蜀汉，定年号为"章武"，任命诸葛亮为丞相。策书上说："朕遭逢家门不幸，奉承天命登上天子的地位，战战兢兢，小心谨慎，不敢稍稍懈怠，总挂念着如何安定百姓的生活，总怕做不到而无法安心啊！丞相诸葛亮，要明白朕的心意哪，不可懈怠！你好好帮助朕不足的地方，帮助朕宣扬汉朝累世的德业，来照福普天之下的老百姓！丞相你要好好努力啊！"

诸葛亮以丞相的身份兼管尚书诸政务，假节。刘备集团取得了西川以后，诸葛亮就开始治理西蜀。作为蜀汉丞相，他始终坚持依法治蜀，主持制定了《蜀科》的法典。很可惜《蜀科》已经失传。他执法严明，不避权贵，不徇私情，刑法有准，轻重适当。对于蜀中豪强坚决打击，对于破坏法纪的坚决镇压，毫不留情，雷厉风行；对于严明奉法、清廉自持的官吏大加褒扬、提拔。由于他执法如山，引起了地主豪强的不满和反对，攻击他"刑法峻急""废德量力"要他"缓刑弛禁"。当时，法正为蜀郡太守、扬威将军，地位很高，又是原刘璋的部下，蜀中老人，成为蜀中代表人物，也不理解，站出来为他们说话。法正书谏诸葛亮说："从前汉高祖进入关中，约法三章，实行宽民政策，放宽了秦朝的许多禁令，刑法也减了许多，秦人都感念高祖的恩德。今天你们凭借武力刚刚占据了一州的地方，初次建国，还没有安抚地方、带来什么恩惠，就严政立法，从严而治，这是不应该的；以客、主的关系而论，应该多施行恩惠，放宽刑法和禁令，以慰大家的期望。"诸葛亮毫不客气地回书答道："先生您只知其一不知其二。秦国无道，实行的是暴政，人民被压迫地喘不过气来，老百姓的怨气很大，一呼百应，揭竿而起，土崩瓦解。汉高祖针对这种情况，采取宽刑弛禁的政策，减轻人民的负担，是正确的。刘璋昏暗懦弱，从刘焉以来，几代都是宽待地方豪强官僚，典章法度松弛，互相吹捧逢迎，德政不举，威刑不肃。蜀地的豪强官僚，专权生事，君臣之道也逐渐破坏了。对他们宠信给以高官，反而不觉得高贵；顺从他们给予恩惠，恩惠达到极点，反而傲慢无礼。这就是弊政的来源。今天我依法治国，法行以后，就知道什么是恩德了；官爵不轻许于他们，官爵提升之后，就会知道官爵的尊贵；法和恩并行，恩威并举，上下的次序才能正常，政治才能清明。为政之要就是这样。"他毫不留情地批评了法正的片面性，拒绝了法正的建议，坚持依法治蜀，经过多年的努力，把蜀地治理的井然有序，人民安居乐业，经济有了长足的发展，为战争提供了保证。

临终托孤　忠心辅佐

章武元年（221年）七月，刘备不听赵云等一些文武大臣谏阻，下决心夺回荆州，为关羽报仇，被吴将陆逊火烧连营而大败。刘备取道逃往白帝城，今四川奉节县东，愧恨交加，加上军旅劳顿，积劳成疾，一病不起。章武三年（223年）春，刘备在永安宫病危，把诸葛亮从成都召来，托付后事，对诸葛亮说：“先生你的才能超过曹丕十倍，必定可以安定国家，最后完成统一天下的大业。如果嗣子可以辅佐的话，那就拜托你辅佐了；如果他不成才的话，你可以自己取而代之。”诸葛亮流着眼泪说：“臣一定会竭尽所有辅佐的力量，献上忠贞的节操，忠心辅佐，一直到死为止！”刘备又下诏教训后主刘禅说：“你和丞相一起做事情，要待他好像待老父一样。”史学家评论说：君臣相待如此，无人可比矣！不久，刘备在永安宫病逝，终年63岁。

刘备死后，太子刘禅即皇帝位，史称后主，改元建兴。后主封诸葛亮为武乡候，成立丞相府办事。不久，又兼任益州牧，政事事无巨细，都由他决定。诸葛亮成了西蜀实际的最高统治者，刘禅只是形式上的西蜀领袖。

诸葛亮辅政后的第一件大事是恢复和孙吴的联盟。刘备东征孙权失败，不但使蜀汉军事力量大为削弱，而且导致了内部政局的不稳。为了稳定政局，发展生产，恢复经济，全力对付曹魏，诸葛亮于223年派邓芝出使孙吴。双方经过谈判，孙权断绝同曹魏的关系，重新和蜀汉结成联盟。此后，吴蜀双方使臣往来不断，蜀汉减轻了东顾之忧。外交上的成功，为诸葛亮集中精力整顿内政、平定南中叛乱，提供了有利条件。

南抚夷越　巩固后方

后主刘禅建兴三年（225年）春，诸葛亮亲率大军南征。蜀汉的南部地区，包括今四川南部和云南、贵州，通称南中地区。当时这里居住着一些称之为"西南夷"的少数民族。诸葛亮在《隆中对》中曾设想"南抚夷越"，把这里建成刘备集团的统治后方。刘备占领益州后，诸葛亮选派善于处理民族关系的安远将军邓芝治理南中地区，取得了较好的成绩。

刘备东征失败后，南中四郡益州即今云南晋宁、永昌即今云南保山东北、牂牁（zāng kē）即今贵州贵阳一带、越巂即今四川西昌，除永昌外，相继发生了叛乱。刘备死后，南部益州，即今云南昆明滇池南，大姓雍闿、孟获等杀太守正昂，反蜀投吴。在其煽动下，胖柯即今贵州凯里西北，太守朱褒，越儁即今四川西昌东，夷王高定皆起兵响应。蜀汉处境艰难，诸葛亮让助手李严给叛乱首领、益州郡的汉族豪强地主雍闿写了一封信，劝他权衡利害，停止叛乱，以图"抚而不讨"，但遭到雍闿拒绝。雍闿回信说：天无二日，土无二王，现在天下分裂，三国鼎立，使我们不知所归。他企图自立一方。诸葛亮因蜀军夷陵新败，刘备刚刚去世，后主幼弱，正面临统治危急之际，对南中的叛乱分子采取了克制态度，暂不出兵。一面备农植谷、闭关息民，作好内部隐定及军需供应工作。

吴蜀联盟的恢复，内部政局的稳定，使平息叛乱的时机成熟。诸葛亮进军南中，兵分三路。诸葛亮率主力西路攻打越巂的高定；门下督马忠率东路军攻打牂牁的朱褒；庲降督李恢率中路军直指益州的雍闿。临行，参军马谡相送数10里。诸葛亮临行前向马谡问计。马谡提出用兵之道，攻心为上，攻城为下，心战为上，兵战为下，希望您能使他们心服就行了。诸葛亮采纳了马谡的意见。

诸葛亮和马忠率领的东西两翼很快打败叛军，先后收复越巂、牂牁。然后诸葛亮指挥三路大军会合，集中围攻叛乱中心益州。这时，叛军内部发生分裂，由益州来援高定的雍闿，为高定部属杀死，孟获代其为王。诸葛亮乘其内部矛盾，一举攻下越巂，杀高定，孟获南逃。马忠击灭朱褒后，与诸葛亮军会合。五月间，诸葛亮渡过泸水，即今川滇交界处雅砻江口以下金沙江，跟踪追击。

孟获勇猛顽强，在当地少数民族中威信很高，但有勇无谋。诸葛亮采用马谡提出"攻心为上"的策略，俘虏孟获后，又复纵之，再战再俘，传说七擒七纵。孟获慑于诸葛亮的天威，说："公，天威也，南人不复反矣！"答应不再反了，终使其诚心归降。于是，南中益州、永昌即今云南保山东北、越巂、牂柯四郡俱平。秋天，蜀军于滇池会师。诸葛亮欲任命孟获等首领为官，有人认为不妥。诸葛亮说："如果留人管理，就要留兵，留下兵没有吃的，一切用度都很困难，这是第一件不容易做的事；南中的叛军刚被打败，战场上死了不少当地夷族的父兄，正在悲痛的丧服期，留外人管理而不留兵，他们一定会寻隙闹事，必起祸端，这是第二件不容易办好的事；南中的夷人承受着多次被废除封号、官职，被剿杀之罪，他们自卑内心里怀着不满情绪，留外人管理，永远不会相信你，这是第三件不容易做好的事。今天，我们不留兵，也不运粮食，只从大的方面制定一些纲常制度，夷人和蜀汉从此相安就行了。"诸葛亮说服了不同意见者，于是任命孟获等当地少数民族首领为官吏。诸葛亮七擒七纵孟获的故事后来广为流传。诸葛亮班师后，并没留驻大批军队，而是继续采取拉拢安抚的政策。为了改变南中地区的落后面貌，诸葛亮派人在这里推广汉族地区先进的农业生产技术，提倡兴修水利，发展生产。后来南中发展成为蜀汉政权比较稳定的后方和财政收入来源地。那里的金、银、丹漆、耕牛、战马以及其他物资，被大量地运送出来，补充了蜀汉政权的财政和军事之需，并征调善弩勇士为军。诸葛亮在世时，南中地区一直比较安定，这都是诸葛亮善于处理民族关系的功绩。

准备北伐　进尽忠言

北伐曹魏，统一中国，是诸葛亮《隆中对》中的既定目标。荆州丧失后，两路出兵北伐的条件已经不具备了，但诸葛亮并没放弃北伐的计划。诸葛亮南抚夷越，平定叛乱之后，就开始整顿军备，练兵习武，等待时机准备北伐。建兴四年（226），魏文帝曹丕病死，其子曹叡即位。消息传来，诸葛亮认为这是进攻曹魏的一个好时机。于建兴五年（227年）春，领兵20万进驻汉中，准备攻魏。随行的有老将赵云、魏延、吴懿等，还有年轻的参军马谡。临行前，诸葛亮虽然对朝堂人员作了细致的调整安排，但他对成都的政治还是不放心，尤其是对庸碌无能的后主刘禅不放心，因此给刘禅上了一个奏章，这就是流传千古的名篇《出师表》。这是一篇很有名的文章，原文是："先帝创业未半而中道崩殂，今天下三分，益州疲弊，此诚危急存亡之秋也。然侍卫之臣不懈于内，忠志之士忘身于外者，盖追先帝之殊遇，欲报之于陛下也。诚宜开张圣听，以光先帝遗德，恢弘志士之气，不宜妄自菲薄，引喻失义，以塞忠谏之路也。

宫中府中俱为一体，陟罚臧否，不宜异同。若有作奸犯科及为忠善者，宜付有司论其刑赏，以昭陛下平明之理，不宜偏私，使内外异法也。侍中、侍郎郭攸之、费祎、董允等，此皆良实，志虑忠纯，是以先帝简拔以遗陛下。愚以为宫中之事，事无大小，悉以咨之，然后施行，必能裨补阙漏，有所广益。将军向宠，性行淑均，晓畅军事，试用于昔日，先帝称之曰能，是以众议举宠为督。愚以为营中之事，悉以咨之，必能使行陈和睦，优劣得所。亲贤臣，远小人，此先汉所以兴隆也；亲小人，远贤臣，此后汉所以倾颓也。先帝在时，每与臣论此事，未尝不叹息痛恨于桓、灵也。侍中、尚书、长史、参军，此悉贞良死节之臣，愿陛下亲之信之，则汉室之隆，可计日而待也。

臣本布衣，躬耕于南阳，苟全性命于乱世，不求闻达于诸侯。先帝不以臣卑鄙，猥自枉屈，三顾臣于草庐之中，咨臣以当世之事，由是感激，遂许先帝以驱驰。后值倾覆，受任于败军之际，奉命于危难之闲，尔来二十有一年矣。先帝知臣谨慎，故临崩寄臣以大事也。受命以来，夙夜忧叹，恐托付不效，以伤先帝之明，故五月渡泸，深入不毛。今南方已定，兵甲已足，当奖率三军，北定中原，庶竭驽钝，攘除奸凶，兴复汉室，还于旧都。此臣所以报先帝，而忠陛下之职分也。

至于斟酌损益，进尽忠言，则攸之、祎、允之任也。愿陛下托臣以讨贼兴复之效；不效，则治臣之罪，以告先帝之灵。若无兴德之言，则责攸之、祎、允等之慢，以彰其咎。陛下亦宜自谋，以咨诹善道，察纳雅言，深追先帝遗诏。臣不胜受恩感激，今当远离，临表涕零，不知所言"。

将《出师表》翻译成白话文是："先帝创立基业，未及一半，就崩逝了。现在天下成了三分的局面，我们的重要据点益州，却又疲困不堪，这真是到了危急存亡的紧要关头。然而，朝廷里边侍卫的臣子，一点也不懈怠，外边忠心勇敢的将士，早把生死置之度外，这都是因为追念先帝特殊的待遇，而想要报答在陛下的身上啊！陛下真应该多听各方不同的意见，来光大先帝遗留下来的各种美德，并扩大加强志士们的勇气和信心；不应该随便把自己看轻，引用一些不合义理的借口，把忠臣劝谏的路子给堵塞住了。

皇帝的宫廷、宰相的府中，是同样在一个行政体系下，赏善罚恶，不应该有所不同。要是有做坏事，犯了法令的和尽忠做好事的，都应该交给主管其事的部门，公开讨论如何刑罚和奖赏，以表明陛下公平英明的政治；不应该存有偏私的心，使得里外有不同的法令标准。侍中郭攸之、费祎，侍郎董允这些人都善良诚实，思虑详密，尽忠为国，所以先帝精选出来留给陛下用。我以为宫里的事，不分大小，都要先问问他们的意见，然后才付诸实行；一定能够补救缺点漏洞，有所增益。向宠将军性情和善，做事公平，对军事很精通，以前试用的时候，先帝就夸他能干，也因此经过大家的讨论，推举他当禁卫军的都督。我以为军营里的事，大大小小最

诸葛亮

鞠躬尽瘁 依法治蜀

好都能先问他一下，一定能使军队和睦，好人坏人都能得到恰当的安置。亲近贤良的臣子，疏远坏心思的小人，这是汉朝初年兴盛的原因；亲近小人，疏远良臣，更是汉朝末年衰败的原因。先帝在世的时候，常常和我谈论这些事，没有一次不是对桓帝、灵帝的作为深深叹息痛恨的。侍中郭攸之和费祎、尚书陈震、长史张裔、参军蒋琬，这些都是忠贞贤良有气节的臣子，希望陛下能亲近他们，并且信任他们，那么汉朝的兴盛，也就可以数着日子等待了。

我本出身平民，在南阳以耕种维生，只想在乱世里苟全性命，不愿追求名利结识达官贵人。先帝不计较我身份微贱，而撇开自己的尊贵，前后三次到草庐来找我，向我询问如何挽救时局。因此我很感激，便答应一定为他尽力效忠。以后遇到当阳、长阪战役的失败，接受任命在军队溃散的时刻，奉命令于危难的时局，到现在也有21年了。先帝知道我为人处世的态度很谨慎，所以在临死前将国家大事托付给我。自从我受命以来，早晚都在忧虑中勤勉尽职，深恐没有做好他托付的事，而辜负了先帝知人之明。所以在五月间渡过泸水，深入寸草不生的地方，现在南方乱事已大略平定，军队的装备还算充足，我理当奖励三军，率领他们尽早收复中原，愿竭尽我微薄的能力，铲除这些扰乱天下的奸凶，复兴汉室，回到旧日的京城。这是我用来报答先帝，而且尽忠于陛下的职分啊！

至于斟酌国情民意，在施政上哪些该增哪些该减，而随时进献好的意见，这就是郭攸之、费祎和董允的责任所在了。希望陛下把讨贼兴复的任务托付给我，没有成效的话，就治我的罪，来告诉先帝在天的英灵。要是没有增进德政的建议，就责备郭攸之、费祎和董允等人的过失，来表明他们的怠慢职守。陛下也应该自己想一想，时常去探求好的道理，明察事情的真相，采纳正直的言论，深思追念先帝临死的诏书。我受了这么大的恩宠和任命，内心非常感激。现在我就要远离陛下去北伐了，面对着这份奏表，不禁落泪，也不知道自己讲了些什么。"

一些文集将此篇《出师表》命名为《前出师表》，另收录一篇《后出师表》。其实，《后出师表》乃后世无名氏伪托诸葛亮所作，并非诸葛亮所为。

《出师表》除了陈述北伐目的，表明统一中原的壮志外，主要是劝说刘禅认清蜀汉在三国中所处的不利地位，希望他能励精图治，从执法、用人、纳谏等方面交待刘禅应当做什么，不应当作什么。实际上，它比较集中地反映了诸葛亮自己的政治和思想主张。诸葛亮希望这些思想和主张，能够在他北伐时得到贯彻执行。诸葛亮上表进尽忠言之后，率领军队离开汉中北进，驻军于沔阳。

北伐曹魏　五出祁山

建兴六年（228年）春，诸葛亮第一次北伐，派镇东将军赵云、扬武将军邓芝占据箕谷，即今陕西宝鸡南，佯从斜谷道，即今陕西眉县西南，攻郿，即今陕西眉县北，以牵制魏军主力。魏明帝曹叡派曹真率关右诸军，在郿重兵设防，而诸葛亮亲自率领诸军攻打祁山，今甘肃东南部山地。蜀军队伍整齐，赏罚严格，号令分明。南安，即今甘肃陇西、天水，即今甘肃甘谷、安定，即今甘肃镇原，三郡相继降蜀，天水将领姜维也向诸葛亮投降。诸葛亮的进攻，使魏国朝野震恐。

于是魏明帝曹叡集步骑5万，亲自坐镇长安督师，并派左将军张郃领兵迎战蜀军。诸葛亮闻张郃率大军西来，即派马谡为先锋，扼守咽喉要地街亭，即今甘肃庄浪东南陇城镇，一说今天水东南。马谡自幼熟读兵法，才器过人，好论军计，很是被诸葛亮所器重。但刘备觉得马谡言过其实，临终时曾对诸葛亮说："马谡言过其实，不可大用，您要注意呀？"早已告诫诸葛亮马谡说得好，可实际本领不行，不要大用。可诸葛亮却不以为然，经常同他谈论兵法，有时通宵达旦，很受重视。

马谡到街亭后，自恃兵法稔熟，既不遵守诸葛亮对整个战役的作战部署，又不听裨将军王平的劝阻，擅自放弃街亭，依山立寨，以为据高临下

诸葛亮　鞠躬尽瘁　依法治蜀

击魏军势如破竹。张郃乘机猛攻蜀寨，断绝其水源。蜀军因为缺水，军心离散，被魏军杀得大败。马谡丧失街亭，使诸葛亮的主力侧翼受威胁，整个作战计划遭到破坏。蜀军自街亭溃败，唯王平约束部众相互掩护撤退，使魏军不敢追击。与此同时，赵云、邓芝也出师不利。诸葛亮见整个战略部署被打乱，不宜再战，只好放弃到手的陇西三郡，强行迁徙西县1 000余家，撤军回到汉中。

诸葛亮回到汉中，挥泪斩马谡，杀将军李胜，罢免将军黄袭，提升王平为讨寇将军、封亭侯。诸葛亮认为自己错用马谡也有责任，于是给后主上书说："我以薄弱的才能，占据了这么重要的职位，亲自带着军旗兵器，砥砺三军，却不能宣明军令告诫军士，面临危急反而恐惧，以至于马谡在街亭战役因违反命令而失败，而箕谷也因警戒不足而沦入敌人手中，这些罪过全在我身上。因着我的授任不当，明明不知道用人，处事尤其昏昧，如同《春秋经》在战败时责备统帅一样，这当然是我的职责所在了。我希望贬职三等，来惩罚我的过错。"于是后主把诸葛亮贬为右将军、仍行丞相职权，原来的所有兼职一律不变。诸葛亮并不甘心这次北伐的失败，而是抓紧励兵讲武，准备新的北伐。

同年十二月，诸葛亮乘吴、魏在石亭交战，魏军主力东进，关中兵力薄弱之机，第二次出兵北伐，出散关，即今陕西宝鸡西南，围陈仓，即今陕西宝鸡东。陈仓地势险要，易守难攻，魏守将郝昭也已有准备，蜀军攻城不克。诸葛亮遣郝昭同乡靳祥劝降，遭拒绝。诸葛亮以蜀军数万而陈仓守军仅1 000余人，且判断东线魏军来援需时，就实施强攻，以云梯、冲车攻城。魏军用火箭射云梯，用绳连石磨砸击冲车，梯、车俱被焚毁击坏。蜀军又构百尺高的井栏（木楼）向城中射箭，掩护士兵以土填壕，准备直接攀城，魏军于城内再筑重墙。蜀军又挖地道攻城，魏军以地道反地道，在城内横挖地道，实施堵击。双方昼夜攻守相拒20余日。魏大将军曹真遣部将费耀救援陈仓。魏明帝也遣左将军张郃前往阻击蜀军。张郃日夜兼程，未到陈仓时，诸葛亮已因粮尽撤退。魏将王双率骑兵追击，诸葛回军与之交战，大败魏军，斩王双。

建兴七年（229年），诸葛亮第三次北伐。诸葛亮为巩固汉中，开拓疆域，充实军资来源，遣陈式进攻祁山以南前已归蜀、街亭战后又被魏军收复的武都，即今甘肃成县西、阴平，即今甘肃文县西北二郡。魏雍州刺史郭淮率兵救援，诸葛亮自率主力至建威，今甘肃成县西阻击，郭淮被迫退走。蜀军攻占武都、阴平二郡。诸葛亮留兵据守，自己返回汉中。

后主给诸葛亮下诏书，说："街亭战败，全是马谡的罪过，而先生你引咎自责，深深地贬损自己，当时朕很难违逆你的心意，所以就勉强地听从了你的意见。前年你宣耀军威，斩杀了魏将王双。今年你再度北征，使得魏将郭淮逃走。你降服了氐、羌蛮族，收复了两郡，威势震动了凶暴的敌人，功勋显扬於天下。如今天下骚扰动荡，首恶尚未斩首示众，你承受着国家的大任，担当着国家的重责，却久久地贬损自己，这并不是表扬大功勋的办法呀！现在恢复你丞相的职位，你就不要推辞了！"

建兴八年（230年），魏明帝见武都、阴平二郡为蜀军所占，决定兴师伐蜀。八月，命大司马曹真率主力由长安入子午谷，左将军张郃出斜谷，大将军司马懿自荆州溯汉水出西城，即今陕西安康西北，将兵分三路会攻汉中。诸葛亮率军至城固，即今城固县、赤坂，即今陕西洋县东，令骠骑将军李严率军2万增援汉中，镇北将军魏延及关中都督吴懿率轻骑兵出祁山，今甘肃东南部山地，西入羌中，今甘肃临夏及青海循化、贵德一带，连结诸戎，扰魏后方，牵制魏军。蜀军在阳溪，今甘肃渭源东北，击败魏后将军费曜及雍州刺史郭淮部。魏军进军途中，天降大雨，持续30多天，各处山洪暴发，道路阻绝，兵士死亡甚重，军资大量损失，诸军前进受阻。谋臣华歆、杨阜、王肃向魏明帝上书，建议知难而退，以图再举。九月，下诏令诸军还师，伐蜀之役遂告中止。

建兴九年（231年）二月，诸葛亮经过两年准备，第四次北伐，包围了祁山。诸葛亮为解决粮食运输问题，用木牛作为运输军事物资的工具，准备与魏军进行长期作战。魏明帝命大将军司马懿进驻长安，督左将军张部、雍州刺史郭淮等防御蜀军。司马懿留部将费曜、戴陵率4000人守上邽,即今甘肃天水,自率主力西救祁山。诸葛亮亦分兵一部继攻祁山,自率主力迎击司马懿。郭淮及费曜等部袭击蜀军,被诸葛亮击破,蜀军乘势抢先收割熟麦,获得军粮。司马懿依险防守,蜀军欲寻决战不成而后撤。司马懿率军尾随至卤城,今甘肃天水南,又登山筑营,与蜀军相持。五月,魏军诸将请求出战,司马懿乃命张郃包围祁山之蜀军何平部,攻而不克;自率军攻诸葛亮,诸葛亮遣魏延、高翔、吴班等将迎击,大破魏军,获甲首3 000级、玄铠5 000领,角弩3 000张,司马懿退保营垒。六月,连天阴雨,军粮运输困难,蜀都护李严为推脱责任,假传诏令,诸葛亮撤军。司马懿遣张郃追击,进至木门,今甘肃天水西南,蜀军于高处设下埋伏,弓弩齐发,射杀张郃,诸葛亮回师汉中。

诸葛亮第四次攻魏因军粮不继撤军后,在斜谷口设置粮站,积极进行战备,经三年整训。于建兴十二年(234年)二月,率军10万人出斜谷,第五次,也是最后一次北伐。同时遣使约吴协同攻魏。并以流马装运军事物资。四月,诸葛亮至郿,进驻渭水之南。魏大将军司马懿率军渡渭水,背水筑垒阻击。诸葛亮转进五丈原,今陕西眉县西南,司马懿遣雍州刺史郭淮抢占北原,蜀军攻而不克,两军遂相对峙。诸葛亮经常担心军粮供应不上,使自己统一中国的理想得不到实现。为解决此问题,诸葛亮遂分兵屯田,做长久屯驻之准备。

五月,吴军10万人三路攻魏,以配合蜀军作战。魏明帝派秦郎率2万人援司马懿,自率主力反攻吴军。七月,吴军撤走。八月,司马懿遵照魏明帝"坚壁拒守,以逸待劳"的指示,与诸葛亮相持百余日。其间,诸葛亮数番挑战,司马懿坚壁不出,欲待蜀军粮尽,相机反攻。诸葛亮便派人给司马懿送来"巾帼妇人之饰",就是女人的衣服首饰,羞辱司马懿,欲激司马懿出战,司马懿仍不出战。为平息部属不满情绪,故意上表请战,魏明帝派卫尉辛毗为军师制止之。以后,诸葛亮一来挑战,司马懿就要带兵出击,辛毗杖节立于军门,司马懿便不出兵。辛毗一到,姜维就对诸葛亮说："辛毗杖节到来,贼兵不再出来了。"诸葛亮说："司马懿本来就不想和我们作战,所以才上表请战,是做给他的手下诸将看的。将在外君命有所不受,怎么能限制住自己,哪里有千里请战的道理呀!"

不久,诸葛亮遣使求战,司马懿不谈军事,问使者:"诸葛公起居何如,食可几米?"问诸葛亮的饮食起居,吃多少?使者说:"三四升。"然后相互对答地问政事,使者说诸葛亮:"20军棍以上的处罚要自己亲自处理。"经过一番不经意的询问,司马懿知道诸葛亮这样做过于劳累,是不堪重负的,就对人说:"诸葛孔明怎么能长久呀!"预料到诸葛亮不久干人世。

当月,诸葛亮积劳成疾,一病不起。后主刘禅派尚书仆射李福探望病情,并询问了许多军国大事。几天后,李福去而又返,诸葛亮病情已经恶化。诸葛亮对李福说:"我知道您归来的意思,近些天我由于语言迟慢,要说的话没有说尽,向来已经有了决断了。先生所问的人,是蒋琬蒋公琰呀。"李福又问:"前面是我的过失没有问清,如果您百年之后谁可以担任重任,所以又回来了。今再请求先生告知蒋琬以后,谁可以担任重任?"诸葛亮说:"文伟(费祎)可以继之。"李福再问后面的接替者,诸葛亮不再回答。李福走后几天,诸葛亮病死在五丈原军中,终年54岁,历时七年的诸葛亮攻魏之战至此结束。待到蜀军退走,司马懿察看蜀军营地的各项工事,叹道:"天下奇才也!"

诸葛亮死后,军中大将姜维和杨仪依诸葛亮生前部署,秘不发丧,整军从容撤退。司马懿闻迅来追,姜维令杨仪返旗鸣鼓,做出回击的样子,司马懿以为中计,急忙收军退回,不敢逼近。于是蜀军安全而撤,百姓作谚语道:"死诸葛吓走生仲达"。蜀军从容进入斜谷后,才下令发丧。

死葬定军　三世忠贞

诸葛亮逝世的消息传到成都,官民哀恸,奔走哭泣。蜀汉北伐大军回到成都后，后主刘禅下诏祭奠，很恳切地说："先生兼备文才武略，聪明智慧，忠厚诚实，接受先帝临终的托付，匡正辅助我施政，延继兴复衰微的蜀汉，心中存着平定天下的志愿。整顿军备，几乎每年都出征，你的神态威武，震撼海内，将在后汉的尾声里建立起特殊的功勋，参与伊尹、周公巨大的勋业。怎么教我不伤感呢？在事情将要成功的时候，你却因病逝去，我的内心极为哀悼，心肝都要碎裂一般！崇扬你的品德，叙述你的功劳，记载你的言行，加上谥号给你，都是为了昭示给后来的人知道，使你的一切永垂不朽。现在我派遣左中郎将杜琼追赠给你丞相武乡侯的印信，谥封你为忠武侯。希望你的魂魄有灵性，好接受这恩宠荣耀啊！唉，真令人悲痛呀！"

诸葛亮遗言死后要葬在汉中的定军山，今陕西勉县南，依着山形建造坟墓，墓穴只要能容纳棺材就行，穿着平时的衣服，不必在中放置殉葬的器物。蜀国依照诸葛亮遗嘱将他安葬在汉中定军山，以提醒后人不要忘了北伐曹魏，统一中国。

当初，诸葛亮上书说："成都我家种了八百株桑树，不是太肥沃的田亩有十五顷，子孙们的衣食全赖这些供应，生活也还过得去，偶而还有微薄的剩余。至于我任职在外，没有额外的花费，随身所要的衣食，都靠官俸供给，我也不想另外营生，来增加什么财富。只望有一天我要是死了，不使我家里面有多余的布帛，外面流放多余的钱财，而辜负了陛下的爱护。"诸葛亮死后，果如其所言。足见诸葛亮身居相位，却能严格要求自己，十分的清正廉洁。

景耀六年春，后主下诏为诸葛亮立庙于沔阳。这一年的秋天，魏征西将军钟会征蜀，至汉川，祭祀了诸葛亮，下令军中不得在诸葛亮墓地周围放牧樵采。

诸葛亮仪表非常出众，《三国志·诸葛亮传》中说他"身长八尺"。《三国演义》描述诸葛亮说："面如冠玉，头戴纶巾，身披鹤氅，眉聚江山之秀，胸藏天地之机，飘飘然当世之神仙也"。《三国演义》的描写，出自于文学作品的需要，有夸张的成分，虽未必确实如此，却也说明诸葛亮的外表肯定不错。但相传他的夫人黄氏却相貌极丑，别号阿丑，但却非常有才。据《襄阳记》记载，黄承彦沔南名士，对诸葛亮说："闻君择妇；身有丑女，黄头黑色，而才堪相配。"诸葛亮同意，于是娶之。时人以此为笑，说："不要像孔明那样选择妇人，偏偏娶了黄承彦的丑女。"据说，诸葛亮的许多计谋都有其夫人的参赞。又说黄承彦是有意这样说自己的女儿，其实还长得不错。

　　诸葛亮早年无子，其兄诸葛瑾将儿子诸葛乔过继给他。诸葛乔后来虽然做了驸马都尉，诸葛亮对他依然管教很严，外出打仗时，常让他承担艰苦的运输任务，可惜诸葛乔25岁时就死了。诸葛亮晚年又得一子诸葛瞻。诸葛亮死时，诸葛瞻才8岁。后来，魏灭蜀时，诸葛瞻驻守涪城，今四川绵阳，与邓艾作战，以身殉职。其子诸葛尚，当时年仅10岁，闻父亲阵亡，也冲入敌阵战死。所以后人称赞诸葛亮祖孙三代是"三世忠贞"。

　　《三国志·诸葛亮传》记载诸葛氏集目录为：开府作牧第一、权制第二、南征第三、北出第四、计算第五、训厉第六、综核上第七、综核下第八、杂言上第九、杂言第十、贵和第十一、兵要第十二、传运第十三、与孙权书第十四、与诸葛瑾书第十五、与孟达书第十六、废李平第十七、法检上第十八、法检下第十九、科令上第二十、科令下第二十一、军令上第二十二、军令中第二十三、军令下第二十四，右二十四篇，凡十万四千一百一十二字。

　　原有文集廿五卷，多散佚，现有《诸葛亮集》。中华书局辑校的《诸葛亮集》中，汇有诸葛亮存世的一些军事著述。

应变将略　非其所长

　　陈寿在《三国志·诸葛亮传》中评价诸葛亮：作为一国的丞相，安抚百姓、遵守礼制、约束官员、慎用权利，对人开诚布公、胸怀坦诚。为国尽忠效力的即使是自己的仇人也加以赏赐，玩忽职守犯法的就算是自己的亲信也给予处罚，只要诚心认罪伏法就是再重的罪也给予宽大处理，巧言令色逃避责任就是再轻的过错也要从严治理，再小的善良和功劳都给予褒奖，再微不足道的过错都予以处罚。他处理事务简练实际，能从根本上解决问题，不计较虚名而重视实际，贪慕虚荣的事为他所不齿；终于使全国上下的人都害怕却敬仰他，使用严刑峻法却没有人有怨言，这是因为他用心端正坦诚而对人的劝戒又十分明确正当的缘故。可以说他是治理国家的优秀人才，其才能可以与管仲、萧何相媲美。在谈到用兵作战时指出"连年动众，未能成功，盖应变将略，非其所长欤！"说诸葛亮连年劳师动众对外征战，都未能取得成功，大概是因为率军作战随机应变，不是他的长处吧！陈寿对诸葛亮的评价公允而中肯。

诸葛亮未出世便知天下三分，他在《隆中对》中，对当时的形式分析可谓高瞻远瞩；而且善观大势，始终坚持联吴抗曹，致蜀汉得与魏、吴鼎立。他依法治蜀，把蜀汉治理的井井有条，南抚夷越，巩固后方，不失为一个杰出的政治家。

诸葛亮在军事上的功绩归纳起来有以下几点：（1）诸葛亮勤于思考，注重革新军械、装具。研制了一发十矢连弩和适应山区运输的木牛流马等作战工具。并改进钢刀，增强了蜀军战斗力。好兵法，推演阵法作"八阵图"，为后世传扬。（2）在治军方面，诸葛亮重视部队的节制和训练，主张以法治军，讲究为将之道。（3）作战时，诸葛亮用兵力主审时度势，谨慎从事；每战力求速决；重视后勤，常年派官兵千余整修都江堰，确保军粮生产；每次退却时都十分慎重，采取在山地设伏等手段，以掌握主动，保证安全。

然而，他在军事上虽有功绩，却过于谨慎，不敢出奇制胜，作为将才非其所长。"诸葛一生唯谨慎"，用兵谨慎，这是诸葛亮的优点，也是他的缺点。用兵应以慎为主，以奇为辅。奇正并用，并能建大功。魏延曾提出自率万人，出子午谷，直取长安，和诸葛亮在潼关会合，是一个很好的主意。诸葛亮却认为此举草率，连称"悬乎！悬乎！"，未同意。后邓艾灭蜀，正好是出子午谷用偷袭之策。司马懿在给其弟司马孚的信中说："亮志大而不见机，多谋而少决，好兵而无权，虽提卒十万，已堕吾画中，破之必矣。"说诸葛亮这个人，志向很大却不识机微，谋划很多却稀少决断，喜欢用兵却不知权变，别看他领了十余万兵卒，人多势众来势汹汹，已经陷入我的谋划之中，消灭他指日可待。此话虽有夸大，但也反映了一定的事实。北宋时期的兵法博士何去非也指出："孔明有立功之志，而无成功之量；有合众之仁，而无用众之智。"正像陈寿说的，应变将略，非其所长。

求全责备 蜀无大将

诸葛亮的谨慎表现在用人上主张七观，过于求全责备。所谓七观，一是"问之以是非而观其志"。向他提出矛盾的观点，看他的辨别能力；二是"穷之以辞辩而观其变"。同他反复辩讠一个问题，看他的辩讠和机智应变的能力；三是"咨之以计谋而观其识"。请他出谋划策，看他审时度势和分析问题的能力；四是"告之以难而观其勇"。把面临的危险告诉他，看他的能力和牺牲精神；五是"醉之以酒而观其性"。开怀畅饮的场合，看他的自制能力和醉酒以后所显示的本色；六是"临之以利而观其廉"。让他有利可图，看他是否廉洁奉公；七是"期之以事而观其信"。同他约定某种事情看他的信用。这七观可谓是面面俱到，条件十分的苛刻呀！金无足赤，人无完人，能过这七观的人世间少有？和曹操、刘备、孙权比，诸葛亮在用人上远不如他们。他没有曹操的气度，不像曹操那样广招人才，唯才是举，唯贤是用，谋士如云，猛将如雨。他没有刘备那样识人善人：刘备重用魏延，他打击魏延；刘备说马谡言过其实不可大用，他却委以重任。他没有孙权那样宽宏待人，一些能人被他扼杀。在他的苛刻要求下，人才难以脱颖而出，而且他还有嫉贤妒能之嫌。概括地说，诸葛亮用人上的失误主要有下述几点。

（1）是对魏延的态度。魏延有勇有谋，是三国少有的难得的文武全才。他投刘备后，勇冠三军，屡立战功，很受刘备器重。刘备攻下汉中之后，众人都以为要让张飞守汉中，张飞也自以为非他莫属。出乎大家所料，刘备任命小将魏延为督汉中镇远将军，领汉中太守，一军皆惊。刘备大会群臣，问魏延："今天委任您重要的任务，您在汉中准备怎么办呀？"魏延慨然答道："假若曹操带倾国人马而来，请让我为大王抗击阻挡他们；若偏将带10万人马来到。请让我为大王消灭他们。"何等的豪言壮语。果不然，曹操带领大军来夺汉中，一见魏延就十分惜才地在马上招降。魏延破口大骂，厮杀起来，假败而逃，曹操追之，魏延反身一箭将曹操射下马，折了门牙，大破曹军。这时的魏延，在蜀汉集团中，地位已在五虎将赵云、马超之上。马超以副职曾和魏延一起守过汉中。就是这样一个十分骁勇的大将，诸葛亮从正统的忠君思想、"忠臣不侍二主"的理念出发，认为魏延弃蔡瑁投韩玄、杀韩玄投刘备，骨子里有反叛意识，刘备一死就将魏延调回。从此魏延将兵不过万，出的奇计出子午谷取长安和诸葛亮会师潼关而不用，请守街亭而不许用其亲信马谡，却让街亭后驻扎，守去汉中的路口。街亭失守，魏延战败曹魏名将张郃，反夺街亭。他见大势已去，就想到了阳平关不守汉中难保，就主动回守阳平关，保住了汉中。魏延在历次战斗作战十分勇敢，引司马、败张郃、斩王双，功盖三军。就是这样的一员难得的战将，诸葛亮死也不依不饶，死前安排后事把魏延排除在外，致使魏延冤死于马岱的刀下。从《后主传》里看到，蜀汉后来已为魏延平了反，在汉中也发现了为魏延平反立的碑石。

（2）是让关羽镇守荆州。关羽性格高傲，刚而自矜，有勇无谋。关羽失荆州，使诸葛亮在《隆中对》中两路出兵北伐的设想变空，并使蜀国在今后的战争中始终处于被动地位。

（3）是用马谡守街亭。马谡自幼熟读兵法，好论军计，甚为诸葛亮所器重。但刘备觉得马谡言过其实，临终时曾对诸葛亮说："马谡言过其实，不可大用，君其察之？"诸葛亮却不以为然，还经常同他谈论兵法，有时通宵达旦。魏延请守街亭他不许，新降的姜文请守街亭他不放心，偏要用纸上谈兵的马谡，从而丧失街亭，使诸葛亮的主力侧翼受威胁，整个作战计划遭到破坏，被迫撤军。

（4）诸葛亮辅政后，事无巨细，都要亲自过问，如任免一个县官的小事，诸葛亮也要亲自处理；军中20军棍以上的处罚都要亲自过问，这是不放心别人，不放手别人，看上去很勤政，很令人钦佩，但却劳累了自己，不能发挥别人的主观能动性，限制了人才的发展。

（5）嫉妒贤才。彭羕是庞统、法正、刘备公认的奇才，也是诸葛亮最主要的竞争对手之一。诸葛亮向刘备打小报告，说彭羕有野心，导致刘备疏远了彭羕。后来诸葛亮还根据马超的检举材料，把彭羕下进入狱。尽管彭羕为自己百般辩护，诸葛亮还是不由分说，便将其无情诛死。西蜀校尉廖乞，自认为自己才只逊诸葛亮，有怀才不遇之怨。诸葛亮不问青红皂白，便撤职废为庶人。

诸葛亮对人才的苛求和态度，使本来地灵人杰、人才辈出的西蜀，在刘备死后却出现不了真正的治国之才，能统兵打仗的英才，以至西蜀无大将，平庸的廖化作先锋。人才是万事万物之至要，没有后继的栋梁之才，西蜀怎么能不被灭亡呢？

三国演义　神化诸葛

罗贯中写的《三国演义》，出于文学作品人物、情节等的需要，使用了小说写作的各种手法，有许多张冠李戴、移花接木之处，和历史事实有很大的区别。作为文学作品，这是无可厚非的。如：把刘备打督邮说成张飞怒打督邮；把孙坚斩华雄说成关羽温酒斩华雄；虚构了吕布戏貂蝉等等，举不胜举。

把别人的事安在诸葛亮头上的就更多了。如：曹操派夏侯惇、于禁进攻荆州，刘表让刘备在博望坡抗击曹军。"先主设伏兵，一旦自烧屯伪遁，惇等追之，为伏兵所破。"（见《三国志》先主传）很显然火烧博望坡是刘备烧了自己屯集的柴草，假装逃跑，夏侯惇追来，被刘备的伏兵打败，是刘备的杰作。小说为了表现诸葛亮到了刘备阵营受到重用，使有怨言的关羽、张飞服从，便把这件事绘声绘色地安在了诸葛亮头上。

刘备与曹操争夺汉中，曹操领兵到沔阳，沔阳长张翼"欲闭门拒守，而云入营，更大开门，偃旗息鼓。公军疑有伏兵，引去。云雷鼓震天，惟以戎弩于后射公军，公军惊骇，自相蹂践，堕汉水中死者甚多。先主明旦自来至云营围视昨战处，曰：'子龙一身都是胆也。'"（见《三国志》赵云传）说的是张翼要闭营门拒守，赵云来了，让大开营门，偃旗息鼓，赵云提枪上马单骑立于营门，曹操多疑，以为有伏兵，急退。赵云让兵士雷鼓震天，用弓箭在后面射曹军，曹军惊骇，自相践踏，掉到汉江死的人很多。第二天一早，刘备来赵云营中察看昨天作战的情况说："赵子龙一身是胆呀！"这一赵云大开营门，糊弄走了曹操的事实，在罗贯中笔下成了诸葛亮沔阳空城弄险退走司马懿。三国空城弄险有，那是曹操和吕布作战时，曹军大都出去收麦子，城中兵少，只有千人。吕布来攻城。曹操让军属站在城墙上，一小股部队在城旁的树林里荡起尘土，吕布见一群妇女在城墙上，怀疑旁边的树林有伏兵，急退兵。这样糊弄走了吕布，并非诸葛亮所为。

《魏略》曰："权乘大船来魏军，公（曹操）使弓弩乱发，箭着其船，船偏重将复，权因回船，复以一面受箭，箭均船平，乃还。"（见《三国志》孙权传）这一孙权领着几条船去窥探江北的曹营，曹操让军士射箭，孙权的船一边受满了射来的箭，又掉头让另一边受箭的故事，被罗贯中描写成诸葛亮草船借箭。

三国演义中为了表现诸葛亮，中伤周瑜的地方最多，头际上周瑜雄才大略、待人宽厚，是赤壁大战的主帅、大功臣，却被说成全是诸葛亮的计谋。在孙权斫案决定抗曹后，周瑜为了进一步坚定孙权的决心，他进内单独给孙权分析曹操的真实兵力说："诸位文臣一见曹操的战书上写有水步兵80万，心中恐惧，也不认真推测一下虚实，就提出了降敌的见解，这是没道理的。现在，我们可以认真地估算一下，曹操所带的中原士兵，最多十五六万，而且是经过长途跋涉、疲惫不堪之众；收降刘表的人马，最多不过七八万，而且这部分人尚心怀观望、怀疑，并未一心一德。曹操统御着这些疲惫病弱、狐疑观望的士兵，人数虽多，何足畏惧?我们只要有精兵五万就完全可以战胜他。请您不要迟疑，不要有所顾忌。"这件事也被说成是诸葛亮单独见孙权进一步陈述曹操的真实兵力。如此种种，不一一列举。

作者还臆造了锦囊妙计，在危难之时拿出诸葛亮的锦囊妙计一切问题就迎刃而解，将诸葛亮神化，正像鲁迅说的"状诸葛多智而似妖"。具体地说，如何"似妖"？洪钊先生在《诸葛亮十讲》中从以下三方面进行了讲述。

一是突出诸葛亮在刘备集团的关键地位和作用。诸葛亮在夺取荆州以后才封为军师中郎将，关羽早封汉寿亭侯，张飞封新亭侯，地位还低于关羽、张飞，只是在夺取益州以后才地位超过关、张，被写成是一开始就是一人之下万人之上、什么事也离不开的主导神等。

二是竭力宣传诸葛亮的智慧，特别是出神入化的军事谋略。火烧博望坡是在诸葛亮进入刘备集团以前的事，火烧新野是虚构的，赤壁大战的主要英雄是周瑜被写成了诸葛亮，火攻、借东风等情节都神化了诸葛。刘备死以前，其集团的主要战争，譬如夺取汉中，是法正随军出谋划策，可惜法正这样的大谋士死的很早。而诸葛亮大都是留守，做的是后勤保障工作，但都写成没有诸葛亮什么仗都打不赢，在战争中起着主导作用等。

三是多方面刻画诸葛亮的忠贞品质，实际上诸葛亮在刘备死后是蜀汉真正的领袖，刘禅只是个摆设。诸葛亮无疑是个伟大的政治家，但他是人，非神也！

小　结

　　诸葛亮处在东汉末年的三国时代。汉武帝罢黜百家，独尊儒术已经实行200多年。他所接受的教育主要是孔孟之道的儒家学说，同时也修依法治国的富国强兵之道。在他身上既有儒家教育的修己安人及忠君思想，也有法家的依法治国，安静天下的思想，怀着修身、齐家、治国平天下的大志。他可圈可点的：一是伟大的政治家，在没有出山就把天下形势分析得头头是道。二是鞠躬尽瘁，操劳成疾，从不敛财，对家人亲属要求极其严格，堪称勤政廉政的楷模。三是依法治蜀，将蜀地治理得井井有条，为战争提供了丰富的物质基础和人力。诸葛亮应变将略，非其所长，在用人上的求全责备，乃至嫉贤妒能等污点是儒家教育以及作为西蜀统治阶级一员的外在表现。

　　诸葛亮在世时被封为武乡侯，谥曰忠武侯。后来的东晋政权为了推崇诸葛亮的军事才能，特追封他为武兴王。他的代表作有《前出师表》《诫子书》等。发明木牛流马、孔明灯等。成都有武侯祠，汉中有武侯庙。另，大诗人杜甫有《蜀相》名篇传世。诗曰："丞相祠堂何处寻？锦官城外柏森森。映阶碧草自春色，隔叶黄鹂空好音。三顾频烦天下计，两朝开济老臣心。　出师未捷身先死，长使英雄泪满襟。"被小说《三国演义》神化了的诸葛亮的故事广布人口，后人特别推崇诸葛亮的运筹帷幄，神机妙算，将其视为智慧化身。其"鞠躬尽瘁，死而后已"的精神，已成为中华民族的宝贵财富。

◇ 王猛

四、王猛：文韬武略　胜过诸葛

胸怀大志　们风谈天下

王猛，字景略，汉族，东晋明帝司马绍太宁三年，即325年生于青州北海郡剧县,今山东寿光东南 ，死于375年6月。前秦苻坚的宰相,既是杰出的大政治家、军事家、改革家，又是武勇的战将，被誉为苻坚的管仲、诸葛亮、文韬武备的姜尚。

王猛出生的年代，正是中国历史上五胡乱华的时期。西晋初年的大封宗室，加上那个白痴得都让人觉得有些可爱的晋惠帝司马衷，他以说过两句白痴的话而载记于史册，其一是，天下灾荒，百姓饿死，司马衷竟然问："他们为什么不吃肉末粥呢？"；其二是，司马衷在华林园里游玩，听到虾蟆咕呱咕呱的叫声，就对侍从们说："这叫唤的东西是官家的还是私人的？"侍从们啼笑皆非，说："这叫唤的东西在官家地就是官家的，在私人地就是私人的。"再加上他那个同样著名的恶妇皇后贾南风，终于导致了"八王之乱"。诸侯王的攻杀，加上连年的灾荒，中原大地民不聊生，一片萧条。而边陲的少数民族则乘虚而入，311年，西晋永嘉五年，匈奴主刘聪遣石勒、刘曜等攻西晋，攻破洛阳、掳走晋怀帝，屠杀数万人。之后，北方战乱不断，原先富饶的中原沃土成为了各少数民族攻杀不止的猎场，中原的汉人数量一度锐减，是中华历史上一段黑暗的日子。而"正统"的东晋王朝偏安江左，无心也根本无力去拯救北方那些苦不堪言的百姓，北方的老百姓只好到处颠沛流离，等待着命运的安排。在王猛出生前二年，青州被羯人石勒建立的后赵政权攻破，东晋降卒三万人死于非命。到王猛出生时，后赵已席卷中原，兵锋南向，与东晋夹淮水对峙。继石勒称帝的石虎，是个穷兵黩武、嗜杀成性的暴君，后赵国无宁日，民不聊生。年幼的王猛，随家人颠沛流离，辗转来到魏郡（中国古代西汉至唐朝期间的一个郡级行政区划，最大范围包括今天河北省南部邯郸市以南，以及河南省北部安阳市一带，其中心在邺城。）住下。

王猛家贫如洗，为了糊口，他年纪轻轻，便以贩卖畚箕为业。有一回，王猛远到洛阳卖货，碰到一个要出高价买畚箕的人。那人说是身上没带钱，请王猛跟他到家里拿钱。王猛跟着那人走，结果走进深山，被带到一位须发皓然、侍者环立的老翁面前。王猛向老翁揖拜。老翁连忙说："王公，您怎么好拜我呀！"于是，老翁给了王猛十倍于常价的买畚箕钱，并派人送行。王猛出山回头细看，才认出原来是中岳嵩山。这段故事说明，少年王猛虽然身在泥途，却已被独具慧眼的有识之士发现了。那位老翁大概是个留心访察济世奇才而又有先见之明的隐士，就象张良当年遇到的黄石公一类的人物。

王猛没有被烽火硝烟吞噬，没有被生活重担压垮。在兵荒马乱中，他观察风云变幻；在凄风苦雨中，他手不释卷，刻苦学习，广泛汲取各种知识，特别是军事知识。年青王猛，相貌俊伟富于英气，气度更是与众不同。《晋书》记载他："瑰姿俊伟，博学好兵书，谨重严毅，气度雄远，细事不干其虑。自不参其神契，略不与交通，是以浮华之人咸轻而笑之，猛悠然自得，不以屑怀。"这里的"神契"应该是指神往，很密切地往来。这段话说王猛，长得英俊魁梧，博学多才，饱览兵书，为人性格稳重而志向远大。生活中细微小事不放在心上。不屑于结交那些庸俗之辈，也不与那些成天崇尚清谈的"高士"们一般见识，只与那些能于他谈得来的人交朋友，一副傲世绝俗的样子，招致了那些不识才的庸俗之辈的耻笑。王猛倒是不介意，依然我行我素，悠然自得，根本没有把这些人的讥笑放在心上。大志在胸的王猛自负有能辅佐帝王成就大业的才能，他四处游走之时，不免希望能遇到自己心怡的明主以建立功业，但是几乎没有人把这个特立独行的年青人当回事。一次，他游后赵国都邺城（今河北临漳西南），唯独一个"有知人之鉴"的徐统"见而奇之"。徐统在后赵国官至侍中，召请他做功曹。这是个郡守或县令的总务长官，掌人事并得参与政务。区区功曹，又如何能对得上王猛心中的远大抱负，他遁而不应。眼见还没有能够识才的明主，在感叹之际，王猛觉得自己出仕的机会还没有到，便跑到华山隐居，并拜师进一步增长自己的才干，以待其时，正像史书上说的："怀佐世之志，希龙颜之主，敛翼待时，候风云而后动。"就是说，抱怀济世的志向，期望能遇见造就帝业的君主，收敛自己的才能，静观时变，等待时机成熟后出山。

王猛25岁以后数年间，北方的战乱愈演愈烈，政局瞬息万变。东晋穆帝永和五年（349年），暴君石虎总算死了，而他的后代立即展开了凶狠的厮杀，直杀得"横尸相枕，流血成渠"，一年之内，帝位三易。大将冉闵乘机攻入邺城，屠戮羯人20余万，于穆帝永和六年（350年）灭赵建魏，遂"与羌胡相攻，无月不战"，立国不及二载便被从东北扑进华北的鲜卑慕容氏前燕政权灭掉。邺城落入燕帝慕容俊之手，而关中等地各族豪强则纷纷割据，北方称王称帝者比比皆是。在这个过程中，氐族首领苻洪崭露头角。

氐族属于西戎族，原居今甘肃东南端，东汉末年内迁关中地带，与汉人杂居，逐渐"汉化"。苻氏世为氐族酋长，石虎强徙苻洪及其部众10万至邺城以南。冉闵称帝后不久，苻洪自立为王，旋为部将毒死。其子苻健遵嘱率众西归，于穆帝永和七年（351年）占领关中，建都长安，称天王、大单于，国号秦，史称前秦，次年称帝，势力日强。穆帝永和十年（354年），东晋荆州镇将桓温北伐，击败苻健，驻军灞上，今西安市东灞桥一带，关中父老争以牛酒迎劳，男女夹路聚观。

王猛听到这个消息，身穿麻布短衣，投桓温大营求见。桓温请王猛谈谈对时局的看法，王猛在大庭广众之中，一面扪虱（捉掐虱子），一面纵谈天下大事，滔滔不绝，旁若无人。桓温见此情景，心中暗暗称奇，脱口问道："我奉天子之命，统率10万精兵仗义讨伐逆贼，为百姓除害，而关中豪杰却无人到我这里来效劳，这是什么缘故呢？"王猛直言不讳地回答："您不远千里深入寇境，长安城近在咫尺，而您却不渡过灞水去把它拿下，大家摸不透您的心思，所以不来。"桓温是东晋手握兵权的一个野心家。他的心思是什么呢？他盘算的是：自己恢复关中，只能得个虚名，而地盘却要落于朝廷；与其消耗实力，失去与朝廷较量的优势，为他人做嫁衣裳，不如留敌自重。王猛暗带机关的话，触及了他的心病，他默然久之，无言以对，同时越发认识到面前这位一边捉掐虱子一边高谈阔论的寒士非同凡响。过了好半天，桓温才抬起头来慢慢说道："江东没有一个人能比得上您的才干！秦国一定有很多奇士，不知像你这样的还有多少？我想请你们日后一起同我南归江左。"王猛向桓温推荐了薛强，被拜为军谋祭酒（军事参谋）。

后来，梁州，治所在陕西汉中，传来消息，桓温伐秦时受命出子午谷策应的司马勋军为秦苻雄所击败，桓温原来的夹攻计划化为乌有。桓温原打算麦熟后就地筹集军粮，不料秦军割尽麦苗，坚壁清野。眼见得军中乏食，士无斗志，他只得退兵。临行前，他赐给王猛华车良马，又授予高级官职都护，掌管边地军政和少数民族事务的长官，请王猛一起南下。王猛心想在士族盘踞的东晋朝廷里，自己很难有所作为；追随桓温则等于助其篡晋，势必玷污清名。他回到华山向老师请教，老师也表示反对南下。于是，他便继续隐居读书。

辅佐英主　禁暴锄奸

桓温退走的第二年，东晋穆帝永和十一年（355年），苻健去世。继位的苻生残忍酷虐，以杀人为儿戏，"群臣得保一日，如度十年"，昏暴胜过石虎。后赵的覆辙就在眼前，举国上下人心惶惶，苻健之侄苻坚更是忧心如焚，后来决计除掉苻生。

苻坚，生于338年，死于385年，字永固，一名文玉，是十六国时期杰出的政治家。据史书上记载，"其母苟氏尝游漳水，祈子于西门豹祠，其夜梦与神交，因而有孕，十二月而生坚焉。有神光自天烛其庭。背有赤文，隐起成字，曰'草付臣又土王咸阳'。臂垂过膝，目有紫光。"说苻坚的母亲苟氏曾经去游漳水，在西门豹祠求子，回到家夜里梦见与神交配，因而有了身孕，12个月生下苻坚。有神光从天而降照亮了他的家。苻坚的背上有红色的文字，隐含着的字是：草字头下面一个"付"字，另一个字是上面左边是"臣"字，右边是"又"字，下面是"土"字，隐藏着他的名字，要在咸阳当王。苻坚是双臂过膝盖，眼中有紫颜色的光。这段神乎其神的文字肯定是人为的神化吹捧，不足为信。但，苻坚从小就倾慕汉族的先进文化，少时即拜汉人学者为师，潜心研读经史典籍，很快就成了氐族贵胄中罕有的佼佼者。他博学强记，文武双全，而且立下了经世济民、统一天下的大志。他懂得"明政无大小，以得人为本"的道理，广招贤才，网络英豪，以图大举。当他向尚书吕婆楼请教除去苻生之计时，吕婆楼力荐王猛。苻坚即派吕婆楼恳请王猛出山。

苻坚与王猛一见面便如平生知交，谈及兴废大事，句句投机，苻坚觉得就象刘备当年遇到诸葛亮似的，如鱼得水。于是，王猛留在苻坚身边，为他出谋划策。晋升平元年（357年），苻坚发动政变，一举诛灭苻生及

101

其帮凶，自立为大秦天王，改元永兴，以王猛为中书侍郎，职掌军国机密。这一年，王猛33岁。

始平县，在今咸阳市西北，是京师的西北门户，地位极为重要。但长期以来，那里豪强横行，劫盗充斥，百姓叫苦连天。符坚派王猛担任始平县令。王猛一上任，便明法严刑，禁暴锄奸，雷厉风行。有个树大根深的奸吏，作恶多端，王猛把他当众鞭死。奸吏的狐群狗党起哄上告，上司逮捕了王猛，押送到长安。

符坚闻讯，亲自责问王猛："为政之体，德化为先。你莅任不久就杀掉那么多人，多么残酷啊！"王猛平静地回答说："我听说过这样的道理：治安定之国可以用礼，理混乱之邦必须用法。陛下不以臣为无能，让臣担任难治之地的长官，臣一心一意要为明君铲除凶暴奸猾之徒，才杀掉一个奸贼，还有成千上万的家伙尚未伏法。如果陛下因我不能除尽残暴、肃清枉法者而要惩罚我，臣岂敢不甘受严惩以谢辜负陛下之罪？但就现在的情况而论，加给我'为政残酷'的罪名而要惩罚，臣实在不敢接受。"符坚听罢，且叹且赞，向在场的文武大臣说："王景略可真是管仲、子产一类人物呀！"王猛治绩卓著，很快升为尚书左丞，就是尚书的副职。由于他执法不阿，精明强干，在36岁那年，接连升了5次官，直做到尚书左仆射，位列宰相之一、辅国将军、司隶校尉（包括京师在内的广大腹心地区的最高长官）等，"权倾内外"。那些皇亲国舅和元老旧臣无不妒火中烧，恨得咬牙切齿。氐族豪帅出身的姑臧侯樊世依仗自己帮助符健打天下的汗马功劳，最先跳了出来，当众侮辱王猛说："我们曾与先帝共兴大业，却不得参与机密。你无汗马之劳，凭什么专管大事？这不是我们种庄稼而你白拣粮食吗！"王猛冷笑道："不光是你种我收，还要你时常做好饭端给我吃呢！"樊世肺都气炸了，跺着脚咆哮："姓王的，迟早必叫你头悬长安城门，否则我不活在人世！"符坚得知此事，果断地说："必须杀此老氐，然后群臣方能整肃。"后来樊世进宫言事，符坚故意当着樊世的面问王猛："我想让杨璧做我的女婿，你觉得他这个人怎么样？"樊世大概以为是王猛给苻坚出的主意，当即火冒三丈，还没有等王猛说话，就大声对苻坚说："杨璧是我的女婿，都订婚很久了，陛下怎么能要他做女婿。"王猛当即就对答到："陛下贵有海内，你竟然敢和陛下争抢女婿，这不是要有两个天子吗？你这样做，尊卑贵贱之序又在哪里呢？"樊世听后气的当场就要打王猛，被左右制止。于是樊世用污秽的言语大骂王猛，这可把苻坚彻底激怒了，当即命人把樊世拉出去斩了。很多氐族豪强得知以后一片哗然。为了王猛，陛下居然二话不说把樊世给砍了？于是他们纷纷进言说王猛的坏话，但是苻坚仍然不为所动，反倒是把那些来说王猛坏话的轻则谩骂，重则在殿庭上鞭打。后来，朝臣权翼觉得尽管这些人说的都是谗言不值得听信，但苻坚这样谩骂殴打也不对。面对着权翼的批评，苻坚也只是笑着说："是我的过错"，信任王猛的劲头一点也没有衰退。看到苻坚如此信任王猛，那些要进谗言的朝臣终于明白王猛不可毁，"自是公卿以下无不惮猛焉"，所有的人没有不畏惧王猛的，再也不敢胡说八道了。

后来，王猛升至三公之位，苻坚还要加给他位居三公之上的录尚书事，尊称"录公"。王猛对此殊宠辞而不受。

主政前秦 力行改革

当时，前秦主要根据地在关中，地势险峻，易守难攻，自古称为"四塞之国"。所谓四塞，即东有函谷关、南有武关、西有散关和北有萧关四座关口。这四座关口控制着关中地区几个主要方向的出入通道。闭关可以自守，出关可进取。形势有利，就出关进取；形势不利，则闭关自守。但东面有鲜卑族慕容氏的前燕，北面有鲜卑族拓跋氏的代国，西面有汉族张氏的前凉，南面有公认为华夏正统所在的东晋，任何一方随时都可能对前秦构成威胁。国内也是危机四伏，矛盾重重。氐族原是带有浓厚奴隶制残余的部落，其部落贵族其实是掌握着极大权力的奴隶主贵族。前秦当时尚未真正进入封建社会，王权对部落贵族的控制软弱松散。苻坚既要巩固对国内的统治，又要对付境外的威胁，并图谋进一步的发展，所以面临许多问题。王猛主政前秦，在十六国纷争、南北对峙的历史舞台上大显身手，倾其文韬武略，为巩固前秦政权，革除积弊，统一北方，干出了一番轰轰烈烈的大事业。

一、首先，王猛"举异才，修废职"

杂草不除，良苗不秀；乱暴不禁，善政不行。王猛深明此义，执政以来，首先着力整顿吏治，严明赏罚，裁汰冗劣，擢拔贤能。当时朝廷内外有一批氐族显贵，仗恃与皇室同族或"有功于本朝"，身居要位，恣意妄为，无法无天。王猛的矛头首先对准他们。甘露元年（59年），王猛刚由咸阳内史调任侍中、中书令（皆为宰相之职），便听说贵族大臣强德酗酒行凶，抢男霸女，但谁也不敢"太岁头上动土"，因为他是皇太后的弟弟。王猛立即收捕强德，等不及奏报，便将他处死。待到苻坚因太后之故派人持赦书飞马赶到时，强德早已"陈尸于市"了！紧接着，王猛又与御史中丞邓羌通力合作，全面彻查害民乱政的公卿大夫，一鼓作气，无所顾忌，弹指之间即将横行不法的权贵20多人铲除干净。"于是，百僚震肃，豪右屏气，路不拾遗"，令行禁止。所有的官员都被震慑住了，豪门望族也都不敢胡作非为了，社会安宁。苻坚感叹道："直到今日我才知道天下是有法的，天子是尊贵的！"王猛又让苻坚下令挑选得力官员巡察四方及戎夷地区，查处地方长官刑罚失当和虐害百姓等劣行，整顿地方各级统治机构。在"有罪必罚"的同时，王猛还力求做到"有才必任"。他在接受司隶校尉等新职务之前，曾力荐在职官僚苻融、任群和处士朱彤等人，使他们各得要职。灭燕后，他又很快推荐房默、房旷、崔逞、韩胤、田勰等一批关东名士担任朝官或郡县官长。"堆出于岸，流必湍之；木秀于林，风必摧之；行高于人，众必非之"。王猛从自己的亲身经历中，对贤才遭嫉有着深刻的体会，所以他也像苻坚一样保护贤才，用才不疑。苻融为人聪辩明慧，文武出众，善断疑狱，见识远大。他曾因微过而局促不安，王猛赦而不问，信用如初。燕臣梁琛于亡国后仍然不屈其志，因而未得重用。王猛不避嫌疑，推荐他做了自己的重要僚属。反之，对居官不称职者，王猛弃之如腐鼠。

伯乐再高明，遇到的千里马毕竟有限。王猛懂得，吏治和用人问题只有从制度上去考虑，才能有出路。他帮助苻坚创立了荐举赏罚制度和官吏考核新标准。其主要内容是：地方长官分科荐举名为孝悌、廉直、义学、政事的人才，上报中央；朝廷对被荐者一一加以考核，合格者分授官职；凡所荐人才名实相符者，则荐举人受赏，否则受罚；凡年禄100石谷米以上的各级官吏，必须"学通　经，才成一艺"，其不通一经一艺者统统罢官为民。荐举赏罚制度和选官新标准的规定，沉重地打击了早已成为士族垄断政权工具的九品中正制。九品中正制也叫九品官人法，是曹魏创立、盛行于魏晋南北朝时期主要的选官制度，到晋朝主要看你的出身门第，使上品无寒门，下品无士族，极恶劣地限定了人才脱颖而出的范围，是个腐朽落后的制度。同时也否定了16国以来许多胡族军阀统治者迷信武力、蔑弃文化知识的落后观念；有效地提高了秦国各级官僚的智能素质，"才尽其用、官称其职"的新局面日益形成；社会风气和社会治安也为之一变，贿赂请托、恣意妄举的腐败现象逐渐消灭，而养廉知耻、劝业竞学之风日盛。

二、兴办教育，培养人才

在王猛的赞导下，前秦恢复了太学和地方各级学校，广修学宫，聘任学者执教，并强制公卿以下子孙入学。苻坚每月亲临太学一次，考问诸生经义，品评优劣，并与博士等教官讲论学问，以督察学校教育，扩大号召力和影响力。灭燕后，苻坚亲率太子、王侯公卿大夫、士人之长子祭祀孔子，宣扬儒教。这样，先进的汉族传统文化在北方很快得到复苏和振兴，而官僚后备队伍的培养工作也走上了正规化。

三、调整民族关系，促进民族融合

前秦是氐族建立的国家，氐族又是少数民族中较小的一个。前秦国内存在着氐汉之间的矛盾，也存在着氐与其他少数民族的矛盾。王猛作为汉人而能尽忠于前秦政权，与苻坚名为君臣，形同兄弟，为氐汉两族的团结做出了很好的榜样。前秦废除了胡汉分治之法，确立了"黎元（百姓）应抚，夷狄应和"爱惜百姓、各民族和睦相处的基本国策，诸族杂居，互相融合。有人别有用心地建议苻坚把西北氐族各部尽迁入京城，而将关中各族大户驱逐到边地，王猛劝苻坚将其人处死。边将贾雍所部攻掠匈奴，立即被罢官。于是，匈奴、鲜卑、乌桓、羌、羯诸族纷纷归服，有才干者皆被委以要职。史书记载的"四夷宾服，凑集关中，四方种人，皆奇貌异色"，说的就是四周的各少数民族都很乐意地服从了前秦，聚集在关中，人种很杂，不同的服饰色样，不同的面貌，一派民族和睦相处的欣欣景象。

四、兴修水利，奖励农桑，努力发展社会生产

为解决关中少雨易旱问题，前秦政府征调豪富僮仆3万人开泾水上游，凿山起堤，疏通沟渠，灌溉梯田及盐碱地，"百姓赖其利"，庄稼获得很好的收成。又通过召还流民、徙民入关等途径增加农业劳动力，并注意节约开支、降低官僚俸禄、减免部分租税，以减轻人民负担。前秦政府还经常派官员巡察地方，推广先进的生产技术，奖励努力种田的农民。于是，荒芜多年的田地重长五谷，空废多年的仓库又堆满丝绸和粮食，前秦立国的物质基础大大增强了。

在王猛的主持下，革新措施带来了一派崭新气象。史载，当时秦境安定清平，家给人足，"自长安至于诸州，皆夹路树槐柳，20里一亭，40里一驿，旅行者取给于途，工商贾贩于道"。百姓歌唱道："长安大街，杨

槐葱茏；下驰华车，上栖鸾凤；英才云集，诲我百姓。""兵强国富，垂及升平，（王）猛之力也。"这些话都很好理解，很形象地记载了当时的升平景象。王猛执政号称"公平"。他处事果断，办事讲究效率，从不拖泥带水。河北人麻思请假回故里葬母，王猛说："您可以马上收拾行李上路，今晚我即通知沿途郡县。"待到麻思刚出潼关，就发现沿途官府均已接到通知，并照章验看其路照（行路护照），安排食宿。

王猛执政，苻坚让他裁夺一切军国内外之事，自己则端坐拱手于朝堂之上，放手让王猛去干。他曾怀着十分感激的心情对王猛说："您日夜操劳，忧勤万机，我好像周文王得到了姜太公似的，可以优哉游哉享清福啦！"王猛说："没想到陛下对臣评价如此之高，臣哪里配得上，哪敢比拟古人呀！"苻坚说："据我看来，姜太公岂能比您强啊！"他经常嘱咐太子等皇家子弟说："你们敬事王公，要像奉事我一样！"

🌸 东征西讨　兵灭群雄 🌸

王猛治国，使前秦成为诸国中最有生气的国家，因而敢于与群雄角逐，并且愈战愈强。366—376年，10年之间便统一了北方。在这个过程中，王猛经常统兵征讨，攻必克，战必胜，表现出卓越的军事才干和大将风范，不仅能"运筹帷幄之中，决胜千里之外"，而且经常亲自统兵作战，苻坚将王猛比之于"文武足备"的姜尚。他既是封建社会时期杰出的军事家、政治家，也是武勇的战将。

苻坚和王猛都有志先扫除北方各个割据势力，而后再由北自南而下统一全国，混六合为一。为了实现这个目标，王猛和苻坚制订下了先稳定西北，而后扫荡关东，统一北方的战略构想。通过一系列的举措，很快，到东晋康帝司马岳建元二年的时候（366年），匈奴刘氏部、乌桓独孤部、鲜卑没奕干部和拓跋部的代国等都先后表示臣服。在决定扫荡关东前，王猛和苻坚还对东晋到底会对他们的行动持何态度抱有一点疑惑，毕竟，在这场大博弈中，要考虑的不止是他们东面的敌人鲜卑族慕容氏前燕国，还有南面正统的东晋。为了试探东晋王朝的态度，366年夏季（东晋废帝太和元年，前秦建元二年），前秦方面对东晋发动了一次小小的试探性攻势，王猛同前将军杨安、扬武将军姚苌等率2万人攻击荆州，对南乡郡发起攻击。东晋方面只是由荆州刺史桓豁出兵救南乡郡，建康并没有动作；八月，双方在新野交战，前秦军小胜，击退桓豁，掠安阳民万余户而还，结束了这次小的试探行动。而之后东晋王朝也没有派兵追击或是对前秦采取大规模的行动，这一切恰好证实了王猛的想法：东晋虽然貌似庞大，却鲜有人有经略中原之志，而是纠缠于内部不断的争权夺利的斗争中。这年的十月，苻坚正式任命王猛为三公之一的司徒丞相，录尚书事，其他职衔照旧。这等于赋予王猛总理军国大政的权力了。同时还赐王猛入朝不趋，赞拜不名，剑履上殿。王猛自己却谦称自己没有大功，坚辞不受。

这时，凉州方面的局势突然又起了一些变化，陇西的李俨本来是投降前秦的，竟又反复不定地与前凉主张天锡私通；366年12月，西北羌族敛岐部统帅的四千家反叛，投靠李俨。而李俨以为有了在乱世称雄的资本，于是设置牧守，狂妄地同时与前秦和前凉都断绝了关系，妄图割据一方。对于有心东略的苻坚来说，这是不能接受的。于是，他令王猛率陇西太守姜衡、南安太守邵羌、扬武将军姚苌等17 000兵讨伐李俨的敛岐部落。而前凉方面同时也怨恨李俨的背信弃义，也发兵攻打李俨。李俨部本是乌合之众，其手下的敛岐部落本来就是羌帅姚弋仲的所部，听到姚弋仲的儿子姚苌到了，一时间纷纷不是倒戈就是逃散而去。王猛遂率部猛攻李俨部。与此同时，前凉张天锡所部攻下李俨大夏、武始二郡，包围枹罕。两面受敌下，李俨才知道自己根本不是玩转乱世的那块料，于是慌忙派人向前秦谢罪表示愿意归顺，希望前秦派救兵抵御前凉的进攻。苻坚考虑后，鉴于李俨已经遭到沉重打击而如果放任前凉灭掉李俨所部，很可能不利于西北的局势，于是苻坚又令前将军杨安、建威将军王抚率骑2万人，会同王猛以救李俨。王猛一面做出稳定叛乱诸郡局势的部署，一面自率兵会同杨安所部去解枹罕之危，在枹罕之东，王猛大破张天锡部将杨遹，斩俘17000级，与张天锡部相持于枹罕城下。这时，部将邵羌也平定了敛岐部的余乱。正在诸将以为王猛必调动诸路人马与张天锡决战之时，王猛却做出了一个出人意料的决定。他派人送函于张天锡，函中说："我今天来这里是奉诏来救李俨的，不是和将军您作战的，所以我现在深壁高垒，以等待随后的诏令。我们两军这样旷日持久下去，怕是都要疲惫不堪，这样对我们都不利。不如将军徙民而退，我则押送李俨东归，这样可以吗？"张天锡在杨遹惨败于王猛后对王猛就怀有惧色，不愿意和王猛作战。他在看到王猛的书信后马上把书信拿给手下看，并说："我来这里本来就是讨伐叛逆李俨来的，不是与秦来交战的，为什么要和他们冲突呢？"，于是率兵西退。

王猛想到的不单是击破张天锡，他心中考虑的是整个西北的局势。如果逞一时之勇与前凉交战，西部的局势就会动荡不安，前秦出关中东略中原的战略构想也将成为泡影。两线作战从来就是兵家大忌。这一点，王猛十分清楚。所以，借着枹罕之战的余威，趁机找个台阶给前凉下，使得两家罢兵，好让前秦得以抽出精力，专心东略之策。

在前凉军退兵后，李俨又耍起了滑头，不想投降了，想借助坚城固守。部下贺肫看出了他的心思，给他出了个馊主意："以明公你的英明神武，将士剽悍，为什么要束手就擒于王猛？现在张天锡已经引兵西归，而王猛又是孤军而来，士卒疲惫，而且因为我们向他们求救必然不设防备，不如趁着他们松懈的时候偷袭他们，那就可以大功告成啦。"李俨还有点自知之明，觉得偷袭不一定能成功，拒绝了贺肫的建议，希望凭借坚城不战拖垮秦师。王猛早就看在眼里，识破了他们的阴谋。一天，他穿着白衣乘车而出，只带数十随从请与李俨相见。李俨见王猛只带数十随从，就没有防备，开门出见。可是还没等李俨反应过来，王猛埋伏在周围的精兵已经冲入城中，将他五花大绑地擒住。王猛痛斥李俨两面三刀玩阴谋把戏的做法。李俨是个老滑头，推说是部将贺肫的主

王猛

文韬武略　胜过诸葛

109

意，他是被逼的。王猛将贺肫斩首，把李俨押解回京。苻坚不计前嫌，封李俨为光禄勋，赐爵归安侯。

平定完李俨之乱不久，前燕那边突然传来消息，前燕太原王慕容恪病逝。这对于有心图燕的苻坚和王猛来说不啻是一个好消息。于是苻坚假意派人入邺都朝贡，实则去窥探前燕虚实。使者还报，"燕朝政无纲纪，实可图也"。

苻坚和王猛正在谋划东略中原的宏图，突然，前秦国内却爆发了一场叛乱。原来，苻生之弟晋公苻柳对苻坚杀其兄苻生夺取王位心怀不满，阴结赵公苻双、魏公苻廋、燕公苻武谋反。早在当年淮南公苻幼造反之时，苻柳苻双便暗地里与之勾结，但是苻坚不顾王猛"不去五公（指苻生的5个弟弟：汝南公苻誊，晋公苻柳、赵公苻双、魏公苻庾、燕公苻武）终必为患"的劝告，以此两人都是宗族至亲为念，当时并没有除去他们。可是苻柳苻双并没有因为苻坚的仁慈而放弃叛乱的想法，367年10月，苻柳据蒲阪造反，苻双据上邽，苻廋据陕城，苻武据安定，皆举兵响应。苻坚派使者去谕告："我对待你们各位，恩惠已尽，何苦要反叛！今天不发兵征讨你们，各位卿家应该罢兵了，各安其位，一切如故。"希望他们幡然悔悟。这几个铁了心要造反，不听苻坚的谕告。在此情况下，王猛再次肩负起替苻坚扫平叛乱的任务。368年春，王猛率军往蒲坂讨伐晋公苻柳。苻柳数次出城挑战，王猛皆深沟高垒不与之战。苻柳以为王猛是惧怕他不敢与他交锋，便狂妄地只留下自己的儿子留守城池，自己则亲率2万人马奔袭长安。王猛佯装不知，放苻柳出城去"偷袭"长安，却令骁将邓羌引精骑截杀。苻柳大败，只得引兵退回蒲坂，归途中又被王猛的伏兵一阵砍杀，苻柳2万人的精兵，只剩他自己和百余名随从逃回蒲阪。不久，王猛会同邓羌猛攻蒲坂，斩苻柳及其妻子。王猛自己坐镇蒲坂，遣邓羌会同王鉴攻陕城。

此时安定上邽方面的叛乱已经被平息，苻双苻武也身首异处，眼见叛乱的诸公一个个被击破，苻廋不由胆战心惊。当初他反叛之时就希望借前燕的力量做依靠，以陕城降燕，期望前燕能假以援手。奈何慕容恪死后，前燕政皆出于太傅慕容评。慕容评此人目光短浅，昏庸无能，在举国多有有识之士劝他经略关中的情况下不思进取，竟然说："我们能闭关保境就够了，平秦不是我们要做的事"。眼见局势的急转而下，苻柳苻双苻武俱已被杀，苻廆又修书给前燕朝中的俊杰吴王慕容垂和皇甫真，书中说："苻坚、王猛，都是人杰啊，他们早就想图燕，已经很久了，如果今不乘机取之，恐怕以后燕国的君臣后悔都来不及了。"希望他们能劝说前燕主能趁机入据关中。面对这样的情况，慕容垂和皇甫真却是有心无力，只能无奈地说：对着哩，是这个理，我们都知道是这样，但我们的话是不会被听的，没有办法呀！

　　苻廆没有能盼来前燕方面的援军，王猛会合诸路人马猛攻陕城，苻廆被生擒解送长安，后被赐死。至此，前秦的王公之乱被彻底平息。通过这次的平叛，王猛更加感觉到，前秦东边的前燕始终是前秦的头号大患，如果前燕国内有识之士掌权，此次的四公之乱到底将如何发展还真难以预料，所以必须尽快地消灭前燕。

　　东晋权臣大司马桓温对前两次北伐未获全功深感遗憾，369年（东晋太和四年，前秦建元五年）四月，这位一代枭雄再起大军，亲率步骑五万出兖州，北伐前燕，克复中原。桓温大军连败前燕诸将，至七月，已进至枋头，距前燕都城邺郡不过百里。前燕主慕容暐和太傅慕容评大惊失色，吓得准备要放弃国都远奔和龙（吉林省东南部）。这时候吴王慕容垂主动请缨，前燕主慕容暐如同抓到一根救命稻草，忙令慕容垂代替被桓温击败的安乐王慕容臧统率大军前往枋头抗拒晋军。同时，前燕主慕容暐仍然不放心，又派出使者向前秦求救兵，许诺只要击退晋军，前燕当割虎牢关以西之地给前秦做答谢。苻坚知道前燕使者的来意后，召集朝臣在东堂商议是否出兵救燕。前燕本是前秦的大敌，况且当年桓温伐前秦之时，前燕也没有发兵来救，满朝文武异口同声地说："当年桓温进攻我们的时候大军都到灞上了，也没见前燕的一兵一卒。今天他们被东晋攻打，我们干吗去

王猛 文韬武略 胜过诸葛

救他们？况且前燕又不向我们称藩，他们的事情我们才懒得管呢。"王猛充分显示了他卓越的战略家头脑和眼光，悄悄对苻坚说："燕国虽然强大，慕容评却不是桓温的对手。如果桓温进距山东，屯驻洛邑，击灭燕国，再具有燕国的物质和兵力，陛下的大事就成就不了啦。现在不如出兵救燕，击退了桓温，燕国也会大伤元气。然后我们就可以乘着燕国疲敝一举消灭他们，这样不是很好嘛？"苻坚一听觉得大有道理，于是采纳了王猛的建议，派兵援助前燕。同时任王猛为尚书令，总筹全局。

这年的九月，桓温大军粮草不济的情况为前燕与前秦探得，两国趁机夹击桓温大军。枋头一战，桓温被慕容垂击败，损兵折将，狼狈逃归。前秦助前燕击败东晋桓温的第三次北伐，对后来时局的发展产生了重大影响。前燕方面，桓温的北伐对前燕的力量形成了一次相当大的打击，但前燕主慕容暐和太傅慕容评在枋头之战后不是励精图治，反倒是自以为是，不修政务，国内政治日益腐败，"政以贿成，官非才举"，前燕还自恃晋军已退，出尔反尔地拒绝将虎牢关以西之地给前秦做答谢，为后来前秦的伐燕之战找到了一个绝好的借口。东晋方面，在这次失利后，主张苟安江左的政治势力便以此为借口要求停止北伐，以至一段时间内再也未能有人率军北上经略中原，而是忙于内部的争权夺利。而前秦方面，则通过助燕击晋，稳定了北方的局势，实现了王猛设想中的晋燕两伤而秦得其利的构想，为后来的伐燕乃至统一北方打下了良好的基础。同时，王猛充分利用两国外交上表面和好的机会，利用各自途径积极收集前燕的重要情报，充分了解前燕的情况，加紧秣兵厉马，积极准备灭燕之战。

这年十二月，王猛统兵3万人以前燕背约为名伐燕。面对着留守洛阳的前燕荆州刺史武威王慕容筑，王猛并不急于攻打，先礼后兵修书一份劝说慕容筑投降。慕容筑听说王猛亲率大军前来，急忙上表求救。前燕主慕容暐急派大将军乐安王慕容臧率军前往救援。王猛令杨猛为一路，梁成、邓羌为一路，夹击慕容臧。石门一战，慕容臧被梁成、邓羌联手一阵冲杀，损失数万，不得不据守石门不敢轻动。慕容筑得知慕容臧兵败石门的消息后，自知援军无望，只得开城投降。王猛又派梁成领一军偷袭慕容臧，慕容臧未加提防，又折一阵，被前秦军斩首数千，只得退据新乐，今河北省西南部。王猛留将镇守，洛阳一带被前秦控制，经洛阳北上邺城的门户被打开了。

这一年的二月，苻坚再授王猛为司徒，录尚书事，并封平阳郡侯。这一次王猛和上次一样仍然上表固辞，说："今天燕、吴两个国家还没有扫平，我刚带着部队作战，才得到了一城之地，就给了三个封赏，若果歼灭这两个国家，那时又用什么加赏呀！"苻坚说："假若不这样违背我的意见推辞，哪能彰显您谦虚光荣的美德！已经有了诏书就要照办；封官进爵酬谢辛劳，您就听从我的命令吧！"苻坚坚持要授王猛以赏，但是王猛以功业未建，又数次上表固辞。

夺取洛阳后，王猛没有沉醉于胜利之中，而是上表苻坚表示要乘势消灭前燕，以扫除统一北方的最大障碍，并提出了具体的计划：即以洛阳为前进基地，渡河直捣前燕都城。苻坚对王猛的想法非常赞同。东晋建元六年（370年）六月，王猛辞苻坚于灞上，赴军再伐前燕。苻坚表示他要亲率大军随后东进，王猛却胸有成竹地说："荡平残胡，如风扫叶，不劳陛下亲受风尘之苦，只请敕命有关部门给燕国被俘君臣预先造好住房就行了。"苻坚大喜。王猛统领杨安等十将，战士6万人伐燕。前燕执政慕容评率精兵30万人抵御秦军。面对着五倍于己的劲敌，王猛毫无惧色，取南路一举攻下壶关，今山西黎城东北太行山口，活捉燕南安王慕容越，所过郡县无不望风而降。北路杨安攻晋阳，今太原市南，因城固兵多，两月未下。王猛即率部分军队驰赴晋阳。到了晋阳，王猛马不停蹄，绕城察看，迅速弄清了症结所在，并想出了克敌妙策。他命令士卒连夜挖通地道，继派壮士数百人潜入城中，大呼而出，杀尽守门燕兵，打开城门，秦军蜂拥而入，转瞬间占夺了晋阳全城，又活捉了燕东海王慕容庄。慕容评闻报，魂飞胆丧。

十月，王猛挥师南下，直趋潞川，今山西东流入河北、河南交界的浊漳河一带，与慕容评对垒。这时，秦军有相当数量留戍新取之地，王猛所率部队与慕容评军相差悬殊。慕容评认为王猛孤军深入，粮草不济，想以"持久战"拖垮秦军。谁知尚未开战，王猛即派五千骑兵放火焚烧燕军辎重，火光冲天，连邺城官民都望见了！燕王慕容玮害了怕，派人严责慕容评。慕容评自小富贵，位高权重，是个贪官，爱财如命，平时巧取豪夺；大敌当前，他却在附近封山占水，向路过取水取柴的人收买路钱，以至财帛堆积如山，还嫌不够。主帅如此，将士哪来斗志。慕容玮严令他将卖水卖柴、敲诈勒索来的钱帛散给士兵，并促令出战。慕容评又是生气又是害怕，于是一咬牙，派人给王猛下了战书，约定甲子之日决一死战。于是，秦燕之间的一场大战开始了。

决战那天早上，王猛抓紧时机于阵前誓师。他慷慨激昂地说："我王景略受国厚恩，兼任内外要职，现在与诸君深入贼地，大家要竭力致死，有进无退，共立大功，以报答国家。在这次战斗中，如能克敌制胜，受赏拜爵于明君之朝，欢庆痛饮于父母之室，将士们，那该是多么荣耀、多么值得自豪啊！"王猛的话就像烈火一般把将士们的热血燃烧起来了，"众皆踊跃，破釜弃粮，大呼竞进"，锐不可当。

头一天傍晚，秦将徐成侦察敌营约定正午日中回营，却到黄昏才回，归来误期，王猛要以军法从事，将徐成斩首。邓羌替徐成求情，"今天敌众我寡，而且即将与敌交战，徐成大将，请法外施恩饶了他这一次。"王猛不准。邓羌再请，希望能和徐成一同日后杀敌以赎徐成之罪。王猛还是不同意。邓羌的牛脾气来了，便回营整队击鼓要攻王猛。王猛派人去问，邓羌气呼呼地说："我们受诏讨远贼（前燕），如今大敌当前，却有近贼（指王猛）要杀自己人，我要先除之。"王猛素知邓羌任意使气，忠义有勇，也不怪他，派人传话给邓羌："将军止，吾今赦之。"说将军你不要闹了，我今天赦了他就是了。徐成被赦，邓羌忙向王猛谢罪。王猛笑呵呵地拉着他的手，赞扬邓羌说："我不过是试探一下将军罢了。将军对同郡部将（徐与邓同郡）尚且如此仗义，何况对国家呢？我不再忧虑敌人了！"开战了，王猛命令邓羌冲闯敌人密集处，不料邓羌又讨价还价地说："如果答应给俺一顶司隶校尉的乌纱帽，那么您就放心吧！"王猛感到为难，说："这就不是我能许诺的了。我只能保证你破敌后当安定太守，封万户侯。"邓羌不高兴，便跑回营帐蒙头大睡。战争打起来以后，尽管前秦将士强悍勇猛，但前燕人数众多，杀退一批，又上一批，战场呈现出焦灼状态。王猛看到这种情况，就驰马入邓营，答应了他的条件。邓羌乐得折身跳起，捧起酒坛子"咕嘟咕嘟"大喝了一顿，然后跃马横枪，与猛将徐成、张蚝等直扑敌阵，往来冲杀，如入无人之境。战到中午，燕军大败，损失5万余人。王猛指挥部队乘胜追击，又歼灭敌军10万余人。慕容评单人匹马逃回邺城，残军四散逃尽。

邓羌循私求情，扰乱军法；欲攻主帅，目无上级；临战求位，等于要挟国君。三者有其一，便是该砍头之罪，何况王猛一向以执法如山闻名于世。但是，王猛全都吞了下去。他容忍了邓羌之短，调动了邓羌之长，结果大获全胜。在那种生死存亡一发千钧的紧要关头，如按常规办事，固执己见，错走半步也会全盘皆输。战后，王猛不食前言，上表为邓羌请封司隶校尉之职。只是苻坚以为"司隶校尉负责督察京城周围的地区，职责重大，不能用来优待名将"，改授邓羌为镇军将军，位特进。王猛在处理邓羌问题上表现出过人度量、通权达变和善于驭下等方面的高水平，北魏史学家崔鸿曾对此赞不绝口。

王猛率军长驱而东，包围了邺城。王猛号令严明，官兵无人敢犯百姓，法简政宽，燕民无不额手称庆，奔走相告。同年11月，苻坚亲率十万精兵前来会师，燕臣开城门投降，逃走的慕容暐、慕容评等全部被追拿回来，前燕灭亡了。苻坚给王猛加官晋爵，封为清河郡侯；又赐予美妾、歌舞美女共55人，良马百匹，华车10乘，王猛坚决不受。他镇守邺城，选贤举能，除旧布新，安定人心，发展生产，燕国旧地六州之民如同旱苗逢雨，欢欣雀跃。

后来，王猛入朝任丞相，都督中外诸军事，与苻坚回过头来解决残

王猛 文韬武略 胜过诸葛

存于西北等地的割据势力，先灭仇池，孤立了前凉。当初王猛大败张天锡时，曾俘获其将阴据及甲士5 000人，这时即派人送他们回去，并捎去王猛给张天锡亲笔信一封。王猛在信中引古论今，透辟地分析了天下大势和凉国的危险处境，劝张幡然悔过。张见信大惧，寝食不宁，终于向秦谢罪称藩。接着，陇西鲜卑乞伏、甘青之间的吐谷浑等也都臣服于秦。建元九年（373年）至十年（374年），秦定巴蜀及其以南地区。到王猛死前，秦已基本上统一了北方，前凉与代虽然保有一隅之地，但已臣服于秦。十分天下，秦居其七，东南地区的晋政权已感到巨大的压力，无人再敢"北伐"。

深谋远虑　金刀之计

话说回去，燕国方面慕容家族有个国之干臣慕容垂，在东晋桓温攻燕时和前秦合击，枋头一战，把纵横不可一世的桓温打得大败，使其赖以起家的精兵几乎损失殆尽。当政的慕容评早就对慕容垂的才华忌妒已久，慕容垂击败桓温，威名大震，慕容评更是嫉恨，不但没有给予其和参战诸将应有的赏赐，还勾结太后可足浑氏，手法狠毒，用巫蛊案处死了慕容垂深爱的王妃段氏等，意图谋害慕容垂。无奈之下，慕容垂不得不逃往前秦。苻坚早就听闻慕容垂英雄之名，听说慕容垂穷困来投，大喜过望，亲自到郊外迎接，拉着慕容垂的手说出了"当与卿共定天下"的话。苻坚爱才心切，王猛却很清楚，慕容垂并非是池中之物，哪里是能长久屈于人下之人？他数次规劝苻坚，说："慕容垂父子就跟龙和虎一样，不是可以驯服的动物，如果有风吹草动，时机来了，就会兴风作浪，将不可再制服，不如早早地杀了他们。"然而，苻坚是中国历史上数一数二的仁厚之主，任凭王猛劝谏过多次，苻坚也不肯除掉慕容垂，还拜慕容垂为冠军将军，封宾徒侯。关中百姓早听过慕容垂的名声，也都对慕容垂十分仰慕，对此王猛是看在眼里急在心中，害怕慕容垂终有一日会谋反。

在多次劝谏未果后，王猛并没有作罢，心生一计，决心除掉慕容垂。他知道，慕容垂素有英雄之名，绝对不是个安分的角色，今日他势孤来投，时机成熟之时必然会不可节制，成为前秦的大敌。王猛预料不错，早在前秦灭掉前燕后，慕容垂就酝酿着收买人心，开始交结人心，为复国作准备。只是此时王猛尚在，慕容垂还不敢太过张扬。

370年（东晋太和五年，前秦建元六年）前秦天王苻坚以前燕出尔反尔拒绝将虎牢关以西之地给前秦背约为借口，派王猛率军攻取洛阳一带。王猛领军出征前，特意向苻坚要求让慕容垂最爱的长子慕容令出任参军以为向导，出发前，慕容垂设宴为王猛饯行，也顺便有心想让王猛在军中多提拔提拔他的爱子。王猛自然满口答应。英雄对饮，自然投机，酒过三巡，王猛借机佯装很动情的样子对慕容垂说："我今天就要远行啦，您要用什么送给我，好让我在外面见到这个就如见到您一样啊！"慕容垂喝了点酒，一股英雄惜英雄的豪气涌上心头，看到王猛这样"真挚"，大受感动，于是二话没说就解下自己的金刀相赠。

得到了金刀后，王猛在出发后找来慕容垂身边的一名亲信小斤金熙，厚加收买，让他假做慕容垂的"密使"，带着慕容垂的金刀，跑到慕容令的帐中"偷偷"对慕容令说："老爷叫我给你捎密信来了，老爷要我对你说：'你我父子之所以投奔秦国，无非是避祸而已。如今王猛心胸狭隘，经常谗毁我们，而苻坚表面上对我们厚待，但其心难测。难保哪天就要找我们的麻烦啊，如果那样，大丈夫出奔避祸还是免不了一死的话岂不是会被天下人耻笑吗？古人云，狐死首丘，何况我最近听说燕国皇帝和太后在我们走后又颇有悔意。我现在决定逃回燕国去，已经在逃亡的路上了。你不走更待何时？事起仓促，来不及写信，特派人传口信，以金刀为证。'"慕容令听后，又惊又疑地踌躇了很久。慕容垂赠王猛金刀的事情他并没有听说，而父亲企图二次叛逃先前却没有任何征兆，也没有和他提过。但这位来传话的人又确实曾是慕容垂的亲兵，现在又有父亲的金刀为证。事发突然，又无法与千里之外的慕容垂取得联系，慕容令想来想去，相信这个金熙的话，决定逃回燕国。第二天，慕容令对王猛伪称说是去营地周边打猎，带上几个旧部，马不停蹄地朝石门方向而去，回燕国去和慕容垂"会合"。

王猛等慕容令一逃，马上派飞马送表章上报朝廷，说慕容令跑啦，慕容垂和他是同谋，意欲反叛云云。慕容垂闻听此事，如同一声霹雳，他没有想到会是这个样子。如今真是百口难辩，三十六计，走为上，跑之唯恐不及。可是，他没有跑出蓝田，就被追兵逮住了。慕容垂绝望了。没想到，苻坚居然赦免了慕容垂，还安慰他说："爱卿是因为家国失和委身投靠我的，如今你的儿子心存故国，也无可厚非，各有其志，不足深究。我只是为他遗憾而已，燕国就要灭亡了，不会因为他的归去而改变啊！况且你和你儿子的事情并不相关，我不会牵连你们的，你又何必害怕而如此狼狈呢？"苻坚放过了这个除掉慕容垂一家的好机会，以至日后淝水之战后慕容垂一族复叛而去，果如王猛所言。

王猛知道苻坚赦免了慕容垂之后，只能仰天长叹，感叹也许真是天意如此。慕容垂的大儿子慕容令回到前燕后，前燕对慕容令根本不信任，把他变相流放并加以监视，慕容令心有不甘发动叛乱未果被杀。慕容垂的这位最具有才华的公子就葬送在王猛的金刀之计下，以至慕容垂复国称帝后为接班人的问题困扰不已。慕容氏的败亡，就是败在后继者无能之上，其儿子中少了慕容令这样的领军人物，都是无能之辈，二世而亡。

临终遗言 一言九鼎

王猛留镇邺城，除旧布新，发展生产，燕国旧地六州之民如同旱苗逢雨，欢欣雀跃，很快，慕容暐慕容评留下的烂摊子就得以收拾。王猛还广纳贤能，为前秦政权增加新鲜血液，推举了崔逞、韩胤、阳陟、田勰、阳瑶、郝略等一批关东名士入朝参政。王猛不在身边之际，苻坚在长安却稀里糊涂地犯了昏，把慕容暐封为新兴侯，以慕容评为给事中，以慕容德为张掖太守。这时慕容垂都劝他杀掉慕容评，苻坚听不进去，还怕慕容垂对慕容评将有不利，忙把慕容评外放封为范阳太守，又把燕之诸王悉补边郡。之后又以慕容垂为京兆尹，管理京城，为前秦的统治埋下了巨大隐患。司马光以为，慕容评"蒙蔽君王，专政朝事，嫉妒贤能和他们的功劳，愚昧黑暗贪婪残虐，所以使他的国家灭亡，国亡没有死，逃跑时被抓。""不把他作为罪恶之首而杀，还宠信他封给官职，是爱一个人而不爱一国的人呀，这是很失去人心的事呀。给人恩惠人家不以为是恩惠，诚心待人人家不诚心。之所以苻坚功名不成，容身没有地方，就是这些原因造成的。"

王猛为前秦日夜操劳，积劳成疾，终于在建元十一年（375年）六月病倒了。苻坚亲为王猛祈祷，并派侍臣遍祷于名山大川。碰巧王猛病情好转，苻坚欣喜异常，下令特赦死罪以下的囚徒。王猛上疏说："想不到陛下因贱臣微命而亏损天地之德，自开天辟地以来绝无此事，这真使臣既感激又不安！臣听说报答恩德最好的办法是尽言直谏，请让我谨以垂危之命，敬献遗诚。陛下威烈震慑八方荒远之地，声望德化光照八合之内；九州百郡，十居其七；平燕定蜀，如拾草芥。然而善作者未必善成，善始者未必善终。所以，古来明君圣王深知创业守成之不易，无不战战兢兢，如临深渊。恳望陛下以他们为榜样，则天下幸甚！"苻坚读一行字，抹两行泪，悲恸欲绝。这年七月，苻坚见王猛病危，赶紧询问后事。王猛睁开双眼，望着苻坚说："晋朝虽然僻处江南，但为华夏正统，而且上下安和。臣死之后，陛下千万不可图灭晋朝。鲜卑、西羌降伏，贵族贼心不死，是我国的仇敌，迟早要成为祸害，应逐渐铲除他们，以利于国家。"说完便停止了呼吸。苻坚三次临棺祭奠恸哭，对太子苻宏说："老天爷是不想让我统一天下呀，怎么这样快就夺去了我的景略啊！"于是，按照汉朝安葬大司马大将军霍光那样的最高规格，隆重地安葬了王猛，并追谥王猛为"武侯"，如同蜀汉追谥诸葛亮为"忠武侯"（世人简称"武侯"）一样。秦国上下哭声震野，三日不绝。

诸葛亮死前表奏后主刘禅："成都有桑八百株，薄田十五顷，子孙衣食，自有余饶……"其余一无所求。王猛临死，嘱咐其子以10具牛（20头牛）耕田务农，其余亦一无所求，比诸葛亮还要清俭。苻坚常把自己与王猛的关系比为刘备与诸葛亮的关系，但刘备比孔明年长20，而苻坚却比王猛小13岁，所以尽管限于君臣名分，苻坚却始终把王猛当作兄长敬重，双方感情极为深厚。王猛51岁死时，苻坚才38岁。一旦失去这位兄长、老师和最得力的助手，苻坚顿时陷于极度悲痛之中，经常潸然泪下，不到半年便已须发斑白了。半年之中，苻坚恪遵王猛遗教，兢兢业业地处理国事，着重抓了扩大儒学教育和关心民间疾苦两件大事，并且都大有成效。其后，苻坚迅速灭掉前凉和代国，完全实现了北方的统一，东夷、西域62国和西南夷都遣使前来朝贡；原属东晋的南乡、襄阳等郡（辖境在今湖北）也被攻夺下来。至此，前秦达到了极盛。

遗憾的是，苻坚后来忘记了王猛的遗教，于王猛死后8年的建元十九年（383年）不顾群臣的普遍反对，悍然调集90余万大军进攻东晋，结果在淝水之战中一败涂地。而王猛叮嘱再三要苻坚除掉的鲜卑、羌族上层阴谋分子，如慕容垂、慕容冲、姚苌之流，因为未被除掉，这时便乘机举兵造反，纷纷割据自立。慕容家族先是慕容垂逃回前燕故地；羌族的姚苌等人也重新崛起；丁零、乌丸相续反秦。苻坚困守长安，把慕容暐叫到面前大骂："你们家族兄弟子侄布列上将，当时虽是灭国，其实我待你们像归家一样。现在慕容垂、慕容冲、慕容泓各个起兵，你们家族真是人面兽心，枉亏我以国士待你们。"长安城外，慕容暐之弟慕容冲率军歼灭秦军数万，占据阿房城，步步逼近。鲜卑大军进攻长安城，苻坚凭城观看，心里慨叹敌人之强，气得几乎吐血，大叫："后悔不用王景略和阳平公苻融之言，使白虏敢猖狂如此！"鲜卑族人皮肤白皙，故苻坚呼之为白虏。长安城内，犹有鲜卑数千人在大宅子里住着，慕容暐时刻不闲，秘密召集族人准备埋伏人马袭杀苻坚。消息泄露，苻坚诛杀慕容暐父子及其宗族，城中鲜卑不论少长及妇女全被杀光。慕容冲在长安城外围城日久，城中乏粮，以至于出现人吃人的惨剧。苻坚倾最后家底设宴款待群臣，打仗的将军也分不到几片肉吃，塞进嘴里不敢咽下，家里的妻儿还在嗷嗷待哺，回到家吐肉给妻、子吃。数月之间，烟尘四起，百姓死亡无数。慕容冲率众冲上长安城，苻坚全身甲胄，亲自督战，飞矢满身，血流遍体。最后，苻坚从长安出奔，只留太子苻宏守城。慕容冲纵兵大掠长安，死者不计其数。苻坚逃到五将山（今陕西岐山县），羌族首领姚苌派兵包围了他，秦兵溃奔，身边只剩下十余个侍卫。姚苌大将吴忠驰马赶到，把苻坚捆起来送到新平。姚苌派人把苻坚缢死在新平佛寺，时年48岁。又过了9年，前秦也终于灭亡了，其子苻诜、两女苻锦、苻宝以及夫人张氏等人皆自杀。大分裂的局面一直延续到南朝宋文帝元嘉十六年（439年），北魏统一北方才告一段落。

王猛临终遗言，寥寥数语，却都关系到前秦国家的兴衰存亡，可谓一言九鼎。他死后8年的历史结局完全证实了他非凡的远见。苻坚在淝水惨败后经常痛悔自己忘记王猛遗言的大错，但已悔之晚矣，终成千古之恨！历史学家范文澜曾说："苻坚在皇帝群中是个优秀的皇帝。他最亲信的辅佐王猛，在将相群中也是第一流的将相。"可惜，苻坚没有听取王猛的遗言。

❀ 小 结 ❀

王猛身处五胡乱华、战事频发的年代，出身贫苦，胸怀大志，习武修文，是个上马能打仗，下马能治国的出将入相的大能相、贤相。值得点赞的：一是王猛不畏强权，敢于禁暴锄奸。二是依法治国，实行了一套振兴前秦经济的措施。三是王猛不同于其他几个大名相的突出特点是统战工作搞得非常好，各民族一律平等，和睦相处，堪称民族融合的先驱典范。四是卓越的军事才能，东征西讨，以少胜多，统一北方。五是勤政廉政，十分的清廉，死后只有二十头牛留给儿子务农，比诸葛亮留给儿子的还少。

对于王猛的评价，史书多将他与管仲、诸葛亮并列，称赞他"王猛之经国，苻坚之管仲。""振起穷巷，驱驾豪杰，左指右顾，廓定霸图。"宋以历代名将七十二人列于武成王庙，四时祭祀，王猛就在其列。其实，在将略上王猛远盛于诸葛亮，其雄才大略堪比管仲。

◇ 姚崇

五、姚崇：唯物论者　救时宰相

出身名门　文武全才

姚崇，唐高宗永徽元年（650年）出生于陕州一个武将之家，是显赫的吴兴姚氏第二十一世孙。高祖姚宣业任南朝梁陈征东大将军，屡建奇功，武帝最倚重之。曾祖姚安仁任隋朝时任青、汾二州刺史，为官清廉，秉公无私，功绩卓著，享有盛名。祖父姚祥任怀州长史，检校函谷关都尉。父亲姚懿仕唐任巂州都督，赠幽州都督，吏部尚书，文献公。姚崇20岁时，父亲病故，随母亲迁回汝州梁县广成外婆家。广成泽在汝州西60里，是东都洛阳外围的一处名胜。东汉朝廷曾将

姚崇，生于650年，死于721年，本名元崇，字元之，避唐玄宗"开元"年号讳，改名姚崇。父姚懿，曾任硖石县令，祖籍江苏吴兴，因先辈世代任陕州为官，遂人唐陕州硖（xiá）石，今属河南陕县硖石乡。姚崇出身于官僚家庭，历任武则天、唐睿宗、唐玄宗三朝宰相，特别是在玄宗朝早期为相，对"开元之治"贡献尤多，影响极为深远，有"救时宰相"之称，是中国历史上杰出的政治家、著名的宰相。毛主席称赞其为："大政治家，唯物论者。"

这里辟为宫苑，供皇帝游猎娱乐。姚崇继承了父亲的尚武遗风，每日以习武为功课，经常同乡里少年一起到山野射猎比武。十数年坚持不懈的锻炼，练就一身强健的体魄和勇猛无畏的精神，诸般兵器无所不通。后来饱学之士张憬藏游学路经广成，落脚姚崇家，见姚崇气宇轩昂，眼神里透出一股灵气，非一般山村野夫可比，但与之交谈起来却感到他知识贫乏，文理欠通，力劝姚崇好好读书，增长识见，并鼓励说："广成是上古贤人广成子所居之地，黄帝曾问道于广成子。你将来当以文才显名，很可能作到宰相一级大官，不要自暴自弃，要好自为之！"从此，姚崇潜心修文，刻苦攻读，学业大进。

唐代入仕之途除了科举考试之外，还有门荫之制。门荫者，即以父祖官位，豪门世家的余荫而得官。唐荫任之制规定，三品以上大官可以荫及曾孙，五品以上荫孙。被荫之孙品阶降荫子一等，曾孙又降孙一等。唐高宗上元二年（675年）四月，皇太子李弘病死于东都洛阳，被高宗追谥为"孝敬皇帝。"自汉魏以来，皇帝驾崩，需选120名声名嘉美、富有才气的英俊少年作为挽郎。由于姚崇出身名门之后，仪表堂堂，风华正茂，被人举荐作了李弘的孝敬挽郎。姚崇本可以像当时的许多人一样，以挽郎入仕，去稳稳当当地作朝廷的官。但姚崇并不满足于此，他要靠自己的才学，通过科举考试来实现自己的抱负和理想。仪凤二年（677年），高宗皇帝李治在长安亲自主持制举考试，即"制科"，是临时设置的考试科目。从汉朝以来，皇帝常提出问题，亲自策问应举之士。姚崇以门荫参加制科考试。他文思敏捷，才华横溢，下笔千言，一挥而就，制举高第，中了"下笔成章科"，考中进士，成了天子门生。被朝廷授予濮州,今山东鄄城北旧城,司仓参军，是个从七品，外放做了地方官。

受武赏识　青云直上

武则天天授元年（690年），姚崇从郑州,今河南郑州市,司仓参军的位置上，被朝廷召回，在神都洛阳担任司刑寺的司刑丞之职。司刑寺，本称大理寺，主持刑狱，是国家的最高审判机关。司刑丞，官品为从六品上阶，其职责是裁决狱讼，判定量刑之轻重。天授之际，武则天为保障自己顺利登上大周皇帝宝座，大兴酷吏，残酷地镇压了有反抗言行的李唐宗室及元老大臣，同时也滥杀了大批无辜，引起了朝臣人人自危。姚崇就任司刑丞后，接受最多的案件就是所谓的"谋反案"。姚崇坚持从实际出发，公正执法，有"谋反"言行则按"谋反罪"惩办，没有"谋反"言行的则按没有发落。关押的"谋反案"中许多官员，经过姚崇审理，都被无罪释放而保全了性命。

后来，姚崇又被调任到夏官（即兵部）担任夏官员外郎，还是从六品上阶。万岁通天元年（696年），担任夏官郎中（正五品上阶）。这年五月，契丹首领松漠都督李尽忠与其内兄归诚州刺史孙万荣起兵造反，攻破了营州（今辽宁朝阳市），杀了节制契丹人的营州都督赵文翙，纵兵南下，进逼檀州（今北京密云一带），又连连击败了武则天派来的围剿大军。十月，攻入幽州，今北京市西南部。各地告急文书像雪片一样飞向神都洛阳。对付契丹进犯成为当时朝廷的头等大事。夏官衙门成了战事的参谋中心，事务特别繁忙。这使主管此事的夏官郎中姚崇才能得以充分施展。许多繁杂的事务，到了姚崇手中，都被处理得干净利落，井井有序。史称："剖析如流，皆有条贯。"女皇武则天惊奇地发现了姚崇的超群才干，破格提拔他做了夏官侍郎，正四品下。姚崇得到重用，更加勤勉用事。他参谋中枢，运筹帷幄，协助武则天调兵遣将，于神功元年（697年）七月，彻底平息了契丹叛乱。

神功元年九月二十日，武则天在神都通天宫里召见群臣，对朝臣们说："前些时候，周兴、来俊臣审理案件，多牵连到朝廷大臣，说是他们反叛；国家法律摆在这里，我怎么能够违反呢？其中有的我也怀疑有冤枉，是滥用刑罚造成的，就派近臣到监狱中去审问，及得到他们手写的状纸，都是自己承认有罪，我就不怀疑了。自从周兴、来俊臣死后，就听不到谋反的事了，然而以前被杀的人中，是不是有冤枉了的呢？"对于这一敏感话题，群臣皆以自保，不敢多言。姚崇曾在刑部任职，办案公道，保过不少人，故对这方面情况比较熟悉。他对武则天也比较了解，知道她也重用过一些坏人，滥杀无辜，然尚未完全被坏人控制，也任用一些正派人主管刑法，并在这个问题上能够听得进不同的意见。他审时度势，甘愿冒杀头之罪，针对武则天提的问题，直率而又诚恳地陈述了自己的看法，说："自垂拱（685—688年）以来，被告得家破人亡的，都是冤枉，都是自诬。告密的人因之而立功，天下都在罗织人罪，情况比汉朝的党锢之祸还要厉害。陛下派人到监中查问，被派去的人自身也难于保全，怎么敢去动摇原案呢？被问的人若要翻案，又怕遭到那些人的毒手，全靠老天保佑，皇上你醒悟过来，诛杀了坏人，朝廷才安定下来。从今以后，我以自身及全家百口人的性命担保，现在内外官员中再也没有谋反的人。恳求陛下，今后要是收到告状，只是把它收存起来，不要去追究就是了。假若以后发现证据，真的有人谋反，我甘愿承受知而不告之罪。"对于这一尖锐的批评和意见，武则天非但没有发怒，反而表现得很高兴。她说："以前宰相顺着既成的事实，害得我成了个滥行刑罚的君主。听了你所说的，很是符合我的心意。"当天，就派人送银千两赐给姚崇，并按姚崇的建议，废除了酷吏政治。

一年后，在内史狄仁杰的举荐下，姚崇又被任命为夏官侍郎加同凤阁鸾台平章事，第一次进入宰相行列。姚崇任相之后，成为武则天处理军国要务的得力助手。大足元年（701年）三月，姚崇被朝廷任命为凤阁侍郎，参与政事。四月，姚崇从洛阳出发，到并州，今山西太原市西南以北检校诸军州兵马，以整顿边防，加强战备，防御突厥侵略。六月，又被任命为夏官尚书，即兵部尚书，同凤阁鸾台三品。长安二年（702年）九月，担任并州道行军长史之职，协助并州道元帅相王李旦，讨伐突厥。长安二年正月，姚崇又赴蒲州，今山西永济县西，调查处理安邑、解县的盐池事务，解决了当时关系到长安、洛阳京城军民生活的盐供问题。

在神都洛阳，姚崇虽然尽心辅佐武则天，但对女皇的作为并不完全赞同。为此，他以侍奉老母为由，希望不再过问政事。长安四年（704年）六月，姚崇以母老多病，多次向女皇请求辞职，回家奉养母亲。武则天同姚母刘氏一样，同是81岁的老人，非常理解姚崇的孝心，同意了他的要求。但仅过了20多天，又下诏以"家有令弟，足慰母心；国有栋臣，安可暂缺"为由，重新召他回朝担任夏官尚书同凤阁鸾台三品。后来，明智的姚崇考虑到宫廷斗争的残酷性，向女皇建言："我侍奉过相王，不应该管兵部。"于是八月七日，免去他夏官尚书之职，又被任命为春官尚书，即礼部尚书同凤阁鸾台三品。

崇尚气节　不畏权贵

　　姚崇才干出众，胸怀大志，为人豪放，崇尚气节，进入政坛，入朝论政，答对如流，且下笔成章。他想的只是为国事和实现自己的政治理想及抱负而努力，决不为贪图高位而随波逐流，更不会为此而谄媚权贵。为此，他三次遭贬，"三起三落"，然正气永存，信念不移，一生宦途曲折，富有传奇色彩。

　　张宗昌、张易之是武则天的男宠。武则天称帝后张宗昌受太平公主举荐入宫，专侍武帝。张宗昌又推荐同父异母兄张易之，言其才过人，且善冶炼药石。武后见张易之体貌俊美，通晓音乐，留宫中。兄弟二人皆受幸于武帝。不久，张宗昌封云麾将军，行左千牛中郎将；张易之封司卫少卿，赐甲底，赏布帛，给奴婢，二人名声显赫，满朝文武皆惧之，连武帝的兄弟都争相结纳，讨好奉承，并称张易之为"五郎"，张宗昌为"六郎"。

　　圣历二年（699年）武则天有意使自己的特权制度化，让男女在相互压迫上处于她认为的平等的地位，诏建了一个颇似女皇"后宫"的名叫控鹤府的机构，由张易之做长官，里面任职的官员大多是女皇的男宠及轻薄文人。久视元年（700年），改控鹤府为奉宸府，又以张易之为奉宸令。

控鹤府的设置为前代绝无仅有，纯系武则天集聚美貌的男子，以娱晚年的宫制之一。这一府内的官员，除了向女皇提供"男性温存"之外，另一重要职能是曲宴供奉。"每因宴集，则令嘲戏公卿以为笑乐"。武后每次诏宴群臣，俱令张易之、张宗昌亲侍。一些人为讨好张宗昌，说他是王子晋转世。王子晋，即王子乔，周灵王的太子，被后人神话。晋是个非常聪明而有胆识的孩子。在他十二三岁的时候，正赶上连降大雨，洛邑附近的谷水和洛水合流，洪水漫过了堤岸，几乎要冲毁王宫。周灵王忙命人运土堵水，王子晋引经据典，讲了一套"川不可壅"，要疏而导之的大道理，是一个很有胆量、有智慧的孩子，名声很快传扬到各国诸侯，大家都很佩服。据说周灵王二十二年，王子晋游于伊水和洛水，遇到道士浮丘公，随上嵩山修道成仙。武帝便准张宗昌穿羽衣吹笛箫跨寓鹤，在厅中嬉耍，阿谀之辈争相献诗作赋，借以取媚武后。

久而久之，朝廷内外议论纷纷，武则天为避人口舌，诏令张宗昌于宫中著述，同李峤、张说等编纂一本将儒、道、佛三教精粹汇集起来的大书《三教珠英》，封张宗昌为司仆卿，张易之为麟台监。后封张宗昌春宫侍郎，邺国公，张易之恒国公。

二张依仗武帝，专横跋扈。御史大夫魏元忠劾奏张易之，反被其诬，罢官免职。邵王重润及永泰王私议二张，被赐死。御史台几次劾奏，武帝方诏命宗晋卿、李承嘉、袁恕已等查问。司刑正（官名）贾敬言知武则天本意，只言张宗昌强市，当赎罪。李承嘉等力主二张罪当免官。张宗昌强词狡辩，声称"臣有功于国，不应免官。"内史令杨再思为其开脱，武帝即下令赦免。此后，二张益愈肆行，满朝文武敢怒不敢言。武则天患病后，久居长生院，宰相亦不得进见，只许张宗昌侍奉。二张借此把持朝政，为所欲为。武帝病重，张宗昌恐其死后祸至，乃与私党日夜谋划，企图作乱。阴谋暴露后，左台御史宋璟奏请武后镇压，武帝佯装准奏，旋即下诏将宋璟外调幽州，改命司刑卿崔神庆办理，崔妄奏武帝，言二张应赦免。宋璟等直谏武帝，请求将二张依法斩首，武则天始终未准。

为永保富贵，张易之听信术士之言，准备在家乡定州私自建一佛寺，迁京城10名高僧主持。姚崇重视名节，从不和二张交往。他当时任宰相兼春官尚书（礼部尚书），兼管国家典礼及僧尼之事，就以违反国家法令为由制止了这件事。张易之几次找姚崇说情，都被姚崇拒之门外，不与见面。"二张"恼羞成怒，就在女皇耳边散布姚崇的坏话。这样，姚崇被夺去宰相实权，在一个风雪交加的日子里，到边关作灵武道安抚大使去了。这是姚崇第一次被贬。临行前，武则天要他推荐一位宰相，他就推荐了张柬之。以前，狄仁杰曾两次向武则天推荐张柬之，张柬之每被推荐一次，就升一次官，但始终未登上宰相的宝座。这一次姚崇再次推荐，张柬之很快就当上了宰相，时年已八十。神龙元年（705年），张柬之等率羽林军迎中宗李显复位，斩张宗昌、张易之于迎仙院。

拥立新主　不忘旧恩

705年，武则天病重，张柬之等相互串联，一举剪除了张易之、张昌宗兄弟，并迫使武则天交出政权，传位中宗。时姚崇任灵武道大总管，并挂有宰相的头衔，恰好回到了洛阳，参与了这一事变，并起了重要作用，因而受封为梁县侯。武则天既已退出政治舞台，被迁到上阳宫居住，中宗率文武百官去问安，大家都欢欣鼓舞，相互庆贺。可是姚崇见了武则天，却独自呜咽流涕，哭了起来。张柬之与桓彦范等人很是诧异，对他说："今天难道是哭的时候吗？你恐怕要从此招祸了。"姚崇很是坦然，他说道："事奉则天皇帝年代久了，突然离开她，发自内心的感情，实在控制不住啊！昨天参与你们组织的诛杀凶逆之举，是尽做臣子的常道，不敢说有什么功劳；今天与旧主告辞而悲泣，也是做臣子应有的节操，由此而犯罪，实乃心甘情愿。"当天，姚崇被调离朝廷，去做亳州（治所在今安徽亳州）刺史，这是第二次被贬。

后来有人认为，这正是姚崇的聪明之处。意思是说他预见到朝廷的这

姚崇　唯物论者　救时宰相

场斗争并没有结束，为了不致陷入更深的旋涡，就如此这般地玩了个脱身之计。当然，不排斥包含有这种可能。但是，不可否认的是，姚崇是武则天看重和一手提拔起来的，他的言谈和举动表明对武则天怀有深厚的感情。他虽然和张柬之他们一起铲除二张，拥立中宗，但不忘武则天赏识、提拔之恩，是性情中人，真丈夫。中宗继位，武家势力十分强大，姚崇出任亳州刺史之后，宫廷权力争斗十分激烈。张柬之等人因逼武则天退位被杀；武三思和韦后掌权，太子杀死武三思；韦后和安乐公主毒死中宗掌握朝中大权；李隆基发动政变杀死韦后拥李旦继位。姚崇幸免于难。

在武则天的时候，姚崇做过相王府长史。相王就是后来的睿宗李旦。李旦继位后，于公元710年，拜姚崇为兵部尚书、同中书门下三品，第二次当了宰相。姚崇和侍中宋璟，同心协力，改革弊政，朝政出现崭新局面。睿宗之妹太平公主以拥立皇帝有功，"权倾人主"，睿宗特别听信她的话，"宰相以下进退系其一言"。太平公主是武则天的亲生女儿，长得也特别象武则天，一贯深受武则天的宠爱。她也要走武则天的老路，要当女皇帝。她代表旧势力，反对改革，并企图废黜支持改革的太子李隆基，破坏朝廷稳定大局。如不搬去这块绊脚石，改革事业就会夭折，一场新的动乱将代替目前的安定局面。但如果行动，就有罢职、贬官甚至杀头的危险。姚崇、宋璟为国家着想，不顾自身的安危，毅然向睿宗上"安储三策"，"请出宋王及豳（bīn）王皆为刺史。罢歧、薛二王左右羽林，使为左右率以事太子。太平公主请与武攸暨皆于东都安置。"太子李隆基是储君，将来的皇上，"安储三策"就是要牢固地确保李隆基的地位，一是要将有可能觊觎皇位的两个王爷放到外地做官，二是将掌管御林军大权的两个王爷罢官让跟着太子干事，三是把野心勃勃的太平公主和他的丈夫请出京城长安让到洛阳居住，使其鞭长莫及，难以干预朝政。睿宗当然明白姚崇、宋璟的用心，勉强接受并执行了这三条建议。太平公主是睿宗的妹妹，昏庸无能的睿宗，竟如实地将这些话转告给了太平公主。太平公主大怒，太子李隆基慌了手脚，就争取主动，指控姚崇等挑拨皇上与妹妹太平公主兄妹之间的关系，应加惩处。于是，姚崇被贬为申州刺史，这任宰相在职还不到一年。这是姚崇第三次被贬。

姚崇三次被贬，中宗时期，做过好几任州刺史；睿宗时，他也做了好几个州的刺史或长史。在做地方官的时候，他政绩卓著，有的地方还树立碑刻，记载了他的功绩。

十事要说　击中时弊

太平公主的势力越来越膨胀，活动也越来越肆无忌惮。太子李隆基再也按捺不住了，瞒着睿宗，一举将太平公主及其党羽清除掉，睿宗让位于太子李隆基，即唐玄宗。先天二年（713年），十月，玄宗到新丰，今陕西临潼东北讲武，类似现代的军事检阅，参加的有20万军队，旗帜相连50余里，但军容不整，秩序紊乱。看到这种情况，玄宗大怒，下令把阅兵式总指挥宰相兼兵部尚书郭元振罢官流放，把负责礼仪的唐绍斩了，召姚崇速赴骊山行营。

按照传统，皇帝出巡，方圆300里内的州郡长官都得到行在（皇帝行营）去朝见。这时姚崇任同州（治所在今陕西大荔县）刺史，而且又得到玄宗的秘密召唤，是非去不可的。姚崇到的时候，玄宗正在打猎。玄宗问他会不会此道。他说，从小就会，到20岁时，常以呼鹰逐兽为乐，所以人虽老还能行，于是就参加了玄宗的打猎行列。他在猎场上驰逐自如，要快即快，要慢即慢，处处都使得玄宗满意、喜欢。

罢猎之后，玄宗征求他对国家大事的意见，他侃侃而谈，不知疲倦。玄宗听了，说道："你应当做我的宰相。"姚崇知道玄宗胸襟比较宽广，而且锐意图治，就故意激他一下，没有立即行礼谢恩。玄宗很是奇怪。姚崇洞察时势，深知自中宗以来，韦后专权、太平弄朝，已积弊很深，唐朝要振兴，就必须清除掉那些多年积存下来的流弊，这样国家繁荣才有希望，便说："我有十点意见要上奏，陛下考虑，如果做不到，那我这个宰相就不能做。"玄宗要他说出来看看。姚崇所说的十条，大意是：第一，自你当皇帝以来，朝廷以严刑峻法治理天下；我请求圣上，改成以仁义先行，可以吗？玄宗说："我衷心希望你这么做。"第二，朝廷自在青海被吐蕃（古藏族）战败以来，从来没有后悔之意；我请求在数十年内不求边功，可以吗？玄宗说："行。"第三，自从则天太后临朝称制以来，往往由宦官代表朝廷发言；我请求今后不要让宦官参与公事，可以吗？玄宗说："这个问题我考虑很久了。"第四，自从武氏诸亲窃据显官要职，继之以韦庶人（中宗的皇后，被清除后去掉皇后称号，废为庶人）、安乐公主（中宗、韦庶人的女儿，与韦庶人一起被铲除）、太平公主用事，官场秩序混乱；我请求以后不准国戚在朝廷要害部门做官，以前巧立名目任命的官吏一律撤销不算，可以吗？玄宗说："我老早就立志要这么做。"第五，近来，亲近佞幸之徒，触犯法律的，都因为是宠臣而免予惩处；我请求以后依法办事，可以吗？玄宗说："对于这种现象，我早就是切齿痛恨的。"第六，近年以来，那些豪家大族，凭着同乡的关系，向上送礼行贿，以至公卿、方镇们也这么干；我请求除租、庸、调等赋税而外，其它一切摊派都要杜绝，可以吗？玄宗说；"愿意这么做。"第七，武后造福先寺，中宗造圣善寺，上皇（睿宗）造金仙、玉真观，皆耗资巨万，坑害百姓；我请求禁止建造寺观宫殿，可以吗？玄宗说："我一看到这些现象，心里就不安，又怎么敢再这样干呢？"第八，前朝皇帝玩弄大臣，有损于君臣之间的常礼；我希望陛下对臣下以礼相待，可以吗？玄宗说："事情就应该这么办，有什么不可以的呢？"第九，前朝大臣直言进谏者，有的就丢了性命，从而忠臣都感到灰心；我请求，凡是做臣子的，都可以犯颜直谏，无所忌讳，可以吗？玄宗说："我不但能够容忍臣下这样对待我，而且还可以按照忠言去做。"第十，西汉与东汉，外戚乱政，后世感到寒心，而我们唐朝的外戚专政，则更加厉害；我请求陛下将我朝的这种事情写在史册上，永远作为前车之鉴，成为万世不能重犯之法，可以吗？玄宗听了，情绪久久不能平静，说道："此事诚可谓是刻肌铭骨之事啊！"

这十件事就是史称的"十事要说"。玄宗一一答应，第二天，就封姚崇为兵部尚书、同中书门下三品，正式任命为宰相，对姚崇十分倚重和信任。姚崇与庐怀慎同为宰相，他死了儿子，请假十多天，政事积压很多，副相庐怀慎处理不了，感到恐慌，去见玄宗作检讨。玄宗说："我以天下事委托于姚崇，你坐镇就行了。"暗示他不必担心。姚崇假满上班，很快就裁决了积压下来的政事。

为政以公　崇尚廉勤

姚崇生活在一个唐王朝上升阶段的时代。作为封建社会的士大夫，姚崇长期受数千年积淀的中华文化的一些进步思想的熏陶。刚刚过去的唐太宗贞观之治遗留下了治世的楷模。姚崇经历过人所称道的高宗永徽之治，又亲身参与了武则天的文治武功，还体验了中宗腐败政治给国家带来的巨大灾难。他以经世济民思想为己任，以一个政治家的敏锐眼光，总结了历史的经验和教训，提出了他的吏治思想。这集中反映在姚崇于开元二年（公元714年）撰写的《持秤诫》《弹琴诫》《持镜诫》《辞金诫》《冰壶诫》（合称"五诫"）中。《五诫》主要有下述内容。

（1）强调"为政以公"的吏治思想。姚崇主张为政者要像拿着"称"称东西一样，"志守公平，体兼正直"，"称物平施，为政以公，毫厘不差，轻重必得。""存信去诈，以公灭私。"只有这样，才会"心苟至公，人将大同。心能执一。政乃无失。"也就是我们今天所呼唤的中华民族传统美德"公平、公正、诚信"的原则。

（2）倡导官员勤政。姚崇批评"凡今之人，鲜务为德。纷纶谄媚，汩没忠直"，尖锐地批评当时的为官者无所作为，只知巴结讨好上司，毫无忠诚正直的不正之风。提出要学习"古之君子，策名委质，翼翼小心，乾乾终日"的精神,即学习古代的君子重视名节和个人品德的修养,小心翼翼做人,勤勤恳恳终日做事的精神,为官者"刑不可滥,政不可贼。"这里的"贼"应该理解为不作为、荒废。只有勤政为民,才能作到"如镜之明,断可以平;如镜之洁,断可以决。"就像镜子一样的明亮,断事自然就会公平;就像镜子一样的品德纯洁,断事自然会决断。这对今天提倡的"以德治国"颇有教育意义。

（3）倡导"廉慎"作风。姚崇痛恨腐败现象。他批评中宗以来"凡今之人,就列称臣。当官以害剥为务,在上以财贿为亲"的腐败风气,直言不讳地指出当时的人只要列朝为臣,当官的人整天想的就是害剥老百姓,在上面的则以送礼贿赂拉近关系结党为私,要求为官者要像盛冰的玉壶一样,冰清玉洁;要像子罕辞玉、杨震辞金一样,洁身自好。

子罕是2500年前、春秋时宋国的"司空",是主管建筑工程,制造车服器械,监督手工业奴隶的部级官,位列六卿。宋国有人得到一块宝玉,把它献给子罕。子罕不接受。献玉的人说:"拿给琢玉工匠看过,工匠认为是宝物,所以才敢进献。"子罕说:"我以不贪为宝,你以玉为宝;如果你把玉给我,我们两人都失去了各自的宝物,不如各人保留自己的宝物。"那人听后跪下磕头,说:"我是个小小老百姓,藏着这么贵重的宝物,实在不安全,弄不好招来杀身之祸,献给您也是为了自家的平安啊!"于是,子罕把玉留下,让玉人替其雕琢、加工,然后送给献玉者,让其卖掉,发财后才让他回去。

杨震是东汉时期的名儒,桃李满神州。杨震50岁时,做了荆州刺史。不久,调任东莱太守。他奉调到东莱上任,一日路过昌邑,见昌邑这地方物阜民丰,很繁华,便在一所客店里住下。昌邑县县令王密,是杨震的得意门生,品学兼优,为官廉洁清正。为了报答老师的教诲之恩,一天夜里,王密于捧黄金10斤来到杨震的住处。说:"年年桃李,岁岁芬芳,老师教导,永世难忘。这是学生的一点心意,请老师收下吧!"杨震听了拂袖而起,很不高兴地说:"我知道你的为人,你为什么不了解我呢?"王密说:"老师,这金子乃学生的俸禄,非贪污受贿所得,我特送来孝敬老师。况且深更半夜又没谁知道,您又何必这样认真啊!"杨震正色说:"你顶天而来,天知道,踏地而来,地知道,你怀金来,你知道,你把金子送给我,我知道。既然天知、地知,你知、我知,怎能说没人知道呐。你是一县的父母官,一举一动都要为人师表,一心一意都要为黎民百姓着想,执三尺法,勿枉三尺法,贪一缗,不值一缗钱啊!"接着,杨震就把自己如何为官为民的事,向王密讲了一遍。王密深受感动,向老师深深拜下,惭愧地说:"老师的教诲,学生深铭肺腑,永世不忘。"

姚崇谆谆告诫为官者,"尔以金玉为宝,吾以廉慎为师。尔以夜昏可纳,吾将暗室不欺。"只有自觉抵制"金玉"的诱惑,才能避免"象之有齿,以焚其身;鱼之贪饵,必曝其鳞"。因此"当官明白者","固当耸廉勤之节,塞贪竞之门。"自觉地做到"请谒者咸息,苞苴者必辞"。用白话文讲就是说,姚崇苦口婆心、一再告诉当官的人:你们以金和玉为宝贝,我以廉洁奉公、谨慎做事为老师,你们以为黑夜、暗地里就可以收纳贿赂,我将做到和杨震一样暗室不欺,拒收贿赂。只有自觉抵制各种贿赂,才能避免像大象因为有珍贵的牙齿、鱼因为贪吃鱼饵而丧命。所以,当官而明白的人,总是坚守着廉洁勤政的美德和品行,堵塞贪污行贿、跑官要官不正之风,自觉地做到没有人来走你的门子,对来行贿的一概拒绝。在当前趋利主义、一切向钱看、贪污腐化多发的时期,重温姚崇的这些话,有着极大的现实意义。

（4）注重治国中的"教化"作用。提出当政者要像弹琴一样,"君子抚之,以和人心","乐导至化,声感人情",达到"身不下堂,不言而理"的效果。还提出"善为国者如弹琴。宫君商臣,则治国之道。大急小缓,岂安人之心。"同时指出要根据实际"改张逾于立法",即及时调整政策法令。姚崇把执政比作弹琴。他讲的这些话,既包含着做事要和人心,注重教化,以情感人,也包含着依德化人,同时也包含着依法治人。

这些，类似于我们今天所要建的和谐社会和法治社会。当政者果真能做到这样，犹如高超的琴师弹琴，发出悦耳之声，人民各得其所，安居乐业，岂不就是和谐社会吗？

（5）强调为政者要以身作则。姚崇说："法者，天下公器；官者，庶人之师。其身既正，不令而行。在下无怨，唯上之平。故曰：上之所仰，人之所向。我之所教，人皆其效"，深刻地阐述了法律、官员的作用，指出：法律是治理国家的工具，当官的人是老百姓的表率。身正，不令而法行。毁法者，在上不在下，只要当官的人始终如一，按法办事，以身作则，公平处理每一件事，老百姓那里来的怨言？关键是看你做事公平不公平。所以说：上面提倡、倡导什么，人民就会向那个方向走；我们教什么，人民就会做什么。他提出做一个好的官员，要"凡所从政，当须正己。诚往修来，慎终如始。"就是说，要正人先正己，谨慎为政，始终如一。也就是习近平总书记说的，打铁必须本身硬。

姚崇的吏治思想影响了当时的皇帝和各级官员。唐玄宗和姚崇身体力行，开元之初基本上扭转了中宗以来的不良风气，为社会、经济的发展奠定了良好的基础。古为今用，姚崇的吏治思想，有着十分重要的现实意义。纵观天下，所有的恶性事件、群发事件追其源都是执法者有法不依、执法不公所造成的，概莫例外。从政者如能从姚崇的思想中吸取教益，履行于实际，国家幸，人民幸。

清除积弊　力行改革

宋朝宋祁在撰写《新唐书·姚崇传》后评论说："（姚）崇善应变以成天下之务。"变，就是变革，就是改革。姚崇的一生，可以说是一个以清除天下积弊为己任的伟人的改革家的一生。

武则天时，为使女皇彻底废除酷吏制度，姚崇以夏官侍郎之职，不顾官微言轻，冒着罢官、下狱甚至杀头的危险，动情地向女皇进言，申述酷吏制造冤狱的真情，并大义凛然以自己官职、性命及一门百口，担保朝中文武百官无人谋反。女皇深受感动，从而下决心废除严刑峻法，稳定了武周政局。

睿宗时，时任中书令的姚崇和侍中宋璟，着力革除中宗吏治弊病：一是顶着压力，罢免了几千名中宗皇帝亲自批准的、靠花钱买来的"斜封官"。二是"不畏强御，请托不行"，违抗皇上的御旨，顶住说情风，整顿了上万名超编的吏部候补官员，通过考试，选拔了不足2 000人录用，"人服其公"。虽然后来姚崇遭贬，改革事业夭折，但他们改革的魄力，至公之心，却给朝野上下留下了深刻的印象。当时流传过这样的民谣："姚、宋为相，邪不如政；太平用事，正不如邪。"太平指太平公主。

真正算上大手笔的，要算是姚崇开元初年大刀阔斧的改革。先天二年（713年），唐玄宗全面执政之后，求治心切，一心要复振贞观之风。姚崇向玄宗提出的十条政事改革建议，涉及国家的政治、经济、军事、宗教等大政方针，可谓切中时弊。"玄宗心益开，听之孜孜忘倦"，视为救世良方，全盘接受，宠信有加，放手让姚崇去干。唐玄宗任命姚崇为相，对姚崇和宋璟以极高的礼遇和信任，常常请他们到便殿谈论政事，听他们的意见，走时还要礼送一程。姚崇曾向玄宗请示郎吏等低级官员的任用问题，玄宗故意不回答，姚崇恐惧。宦官高力士认为玄宗这样做不妥。玄宗说："我既然任命姚崇管理国建的事务，大的事情他应该向我报告，我们一起商量决定。像任命郎吏这样的小官，姚崇自己就可以决定了，何必来烦我。"高力士将此意告诉姚崇，姚崇认真理解皇上的用意，心里很高兴。朝臣们都赞扬唐明皇很是大度，知人善任。从此姚崇没有后顾之忧，一心一意放在革除旧弊，振兴大唐的事业上。他按照"十事要说"的既定方针，大刀阔斧地进行改革，精简机构，裁减冗员；任用贤能，天下大理。禁营佛寺，沙汰僧侣。劝课农桑，赋役宽平。不贪边功，中外和平，改革取得决定性的胜利。概括地讲，开元初，他协助唐明皇做了以下几项改革：

一、维护皇权

（1）不用功臣执掌朝政。他建议"无任功臣以政"，因为功臣们比较好奇计，善于发动政变，所以治理国家时不要用功臣。（2）他和宋璟建议："诸王外刺"，保全皇权。就是将王爷派到外地当刺史，避免他们对皇权的觊觎，造成中央的混乱。这些王爷大都贪图享受，到外地之后终日酒色犬马，实权多在副职手中，结束了中宗以来政局八年动荡不安的历史，赢得了近五十年的太平光景。所以，中唐诗人和评论家杜牧称赞姚崇"首佐玄宗起中兴业。"奠定了大唐盛世的基础。（3）他建议，整顿禁军，防止祸变。玄宗之前基本上所有政变都是和禁军有关的，重新整顿，分人领导，不再让宗室王爷掌管禁军，避免他们利用禁军兵变。

二、仿照"贞观之治"

（1）任贤用能，下定决心整治科举，从中选拔真正的治世贤才。一次，为了测试新任县令的真实水平，姚崇和唐玄宗亲自监考，让新上任县令重新考试，结果只过了一个人。（2）求谏和容纳，恢复谏官监察制度。高宗时期基本废黜了谏官，玄宗听从了姚崇的意见，恢复这个制度，让皇上能听取更多的意见。（3）抑制奢靡，移风易俗。在姚崇崇尚勤俭的思想影响下，唐玄宗亲自从宫中拿出一些锦绣之类的东西焚烧掉，提倡民风节俭，对当时影响很大，以节俭为荣。

三、完善立法与行政法典

（1）以宽仁治国，消除武后时期带来的酷吏政治。（2）修撰格式律令，依法治国。（3）编撰《唐六典》。

四、括户与赋役改革

（1）重新给予逃户新的土地，减少逃匿人口数量，增加赋税。（2）恢复义仓，积极灭蝗。（3）禁止重征，重视救荒。

五、兴修水利，交通全国

六、兵制改革

开元前唐实行的是府兵制，兵农合一。府兵平时为耕种土地的农民，农闲时训练，战时从军打仗，参战武器和马匹自备。高宗之后战事频繁，地主富户常逃兵役，于是兵役全落到贫下户身上，且由于均田制的破坏，农民失去土地，无力自备衣粮，故出现逃散现象。开元改革，弃府兵制，中央禁卫军和边镇兵全由招募来的雇佣兵组成，开始采用雇佣兵制度。

求真务实　唯物论者

姚崇一生以天下为己任，作为政治家，他不是一个夸夸其谈、坐而论道的空谈家，而是一个从实际出发、脚踏实地的实干家。在实践中，唯以国家兴盛为重，以黎民冷暖为重，不管是儒家的"天人感应论"、还是佛教的"修福报应"之说，只要妨碍了人民的安危，统统不放在眼中。愈到后来，他对事物的认识愈接近唯物论者。

唐朝佛教盛行，其次还有道教及其它宗教。上自皇帝、皇后、达官贵人，下至豪绅富户，无不利用宗教捞取好处。因此，在宗教的旗帜下，不可避免地要产生许多社会流弊。对此，姚崇深为不满。在武则天时，张易之要将京城有名望的佛教高僧10名，调往定州（治所在今河北定县）去私建新寺，姚崇始终不同意，得罪了张易之，被调出京城。中宗时，公主、外戚得到批准，可度民为僧、为尼。有的人还私造寺庙。这样，一些富户强丁，纷纷出家。因为当时制度，凡出家人，即免除赋役。姚崇在做了玄宗的宰相之后，就提出要改变这种状况。他提出的理由是：对佛教的信仰，主要是在内心的虔诚，而不在于外表的形式；以往的一些信仰佛教的帝王权贵，都没有得到好的结果；真要心怀慈悲，做的事有利于人民，使人民得到安乐，就是符合于佛教的要旨，何必妄度坏人为僧尼，反而破坏了佛法呢？玄宗接受了他的意见，下令有关部门，暗中进行调查，将12 000多冒充和滥度的僧尼还俗为农。对于这种宗教流弊，姚崇直到死的时候，也还是持反对态度。他在遗嘱里用正反对比的方法，戳穿了有些佛教僧徒所宣扬的一些预言。他坚持佛即是觉的观点，信仰在乎内心，只要行善不行恶，就行了。他无情地揭露了那种将佛教僧侣的宣传当作事实的无知行径，那种抄经写像、破业倾家、施舍自身、为死人造像追福等愚昧风俗，指出，这都是"损众生之不足，厚豪僧之有余"。他嘲笑了那些所谓通才达识之士，也不免于流俗，成了上述种种怪现象的俘虏。他要他的子侄们警惕，在办他的丧事时，即使不能完全摆脱佛教陈规陋习的束缚，在斋祭、布施方面，也只能略事敷衍，不能铺张浪费。他也顺便提到了道教，指出道教是尚玄虚，不谈趣竞，只是由于受到佛教的影响而变了样。

开元四年（716年），华山以东之黄河流域蝗虫成灾。那时候，人们没有科学知识，认为蝗灾是天降给人们的灾难。再加上有些人有意搞迷信宣传，于是，各地为了消灾求福，都烧香求神。眼看庄稼被蝗虫糟蹋得很惨，人们拿它一点没有办法。姚崇上奏，引《诗经》及汉光武诏书，证明蝗虫是可以捕杀的；历代以来，有时候所以捕杀不尽，那是由于人不努力，只要齐心协力，就可以除尽。他说："蝗虫怕人，故易驱逐；苗稼有主人，故救护者必定卖力；蝗虫能飞，夜间见火，必定飞往；设火于田，火边挖坑，边焚边埋，定可除尽。"玄宗说："蝗是天灾，是由于德政不修所致，你要求捕杀，这不是背道而驰吗？"姚崇说："捕杀蝗虫，古人行之于前，陛下用之于后，安农除害，是国家的大事，请陛下认真考虑。"玄宗被说服。但当时朝廷内外，都说蝗虫不能捕杀，玄宗说："我同宰相讨论，已定捕蝗之事，谁再反对，即行处死。"于是派遣御史分道督促，指挥老百姓焚埋蝗虫。结果颇见成效，当年农业获得了较好的收成。

第二年，又发生蝗灾，姚崇按照老办法，派人到各地督促捕杀。朝廷议论又起，多以为蝗虫捕杀不得。玄宗也犹豫起来，又同姚崇进行商量。姚崇说："这些庸儒们死抠书本，不懂得变通之道。凡事有时要违反经典而顺乎潮流，有时要违反潮流而合权宜之计。"接着他列举了历史上一再出现的蝗灾，后果都很可怕。又说："今蝗虫孳生之处，遍地皆是，倘农田没有收成，则人民就要流移，事关国家安危，不可拘守成规。即使除之不尽，也比养了成灾好。陛下好生恶杀，此事不烦你下诏，请允许我下文处理。若除蝗不成，我所有的官、爵，一概削除。"又一次把玄宗说服了。

河南一带发生了特大的蝗灾，广阔的土地上，到处是成群结队的飞蝗。蝗群飞过的时候，黑压压的一大片，连太阳都被遮没了。蝗群落到哪里，哪个地方的庄稼都被啃得精光。灾情越来越严重，受灾的地区也越来越扩大。地方官吏不得不向朝廷告急。宰相姚崇征得玄宗的同意，下了一道命令，要百姓一到夜里就在田头点起火堆。等飞蝗看到火光飞下来，就集中扑杀；同时在田边掘个大坑，边打边埋。这个命令一下去，汴州（今河南开封）刺史倪若水拒不执行。他写了一道奏章，说蝗虫是天灾，人力是没法抗拒的，要消除蝗灾，只有积德修行。姚崇看到倪若水的奏章，十分恼火，专门发了一封信责备倪若水，并且严厉警告他说，如果眼看蝗灾流行，不采取救灾灭蝗措施，将来造成饥荒，要他负责。倪若水看宰相说得很硬，不敢不依。他发动各地官民，用姚崇规定的办法灭蝗，果然有效。光汴州一个地方就扑灭了蝗虫14万担，投入汴河不计其数，灾情缓和了下来。

可朝廷反对灭蝗虫的人不少，另一宰相卢怀慎也反对捕杀蝗虫。他对姚崇说："蝗虫是天灾，怎么可以用人力来制服呢？外面的议论，都认为捕杀蝗虫不对。而且杀虫太多，有伤和气。现在停止，还来得及，请你考虑。"姚崇力辩其谬，他列举古帝王及孔子为例，证明为了人的安全和生存，不违礼制，杀生是可行的。又说："现在蝗虫极多，只有驱除，才可消灭。若放纵蝗虫吃食禾苗，各处田地，都要空虚。我们如何能够看百姓饥饿而死呢？此事我已奏请皇上定夺，请你不要再说了。若是救人杀虫，因而得祸，我愿独自承受，与你无关。"并派人到各地去检查，看谁捕蝗勤快，谁捕蝗不力，列名上报。又有一个既耿直又迂腐的人韩思复反对姚崇捕杀蝗虫，他说，河南、河北蝗虫，近更猖獗，所到之处，苗稼都损，且更向西漫延，到达洛阳；使者往来，不敢声张，各州县，甚为恐慌。接着，他又是那一套天灾流行，土埋不容，只有悔过修德，以求上天保佑的陈词滥调。最后，他请求停止捕蝗使的工作，以收揽人心。玄宗又被他的话弄糊涂了，便将他的奏章交给姚崇处理。姚崇请求派韩思复调查河南蝗虫所造成的损失，让他去亲眼看看实际情况，并坚持灭蝗。由于姚崇力排众议，坚持捕杀蝗虫，故虽连年发生蝗灾，仍未造成严重的饥荒。

由于当时的认知所限，封建愚昧，由捕蝗而引起的轩然大波，一直平息不下来。姚崇的同时代人张鷟在其所著《朝野佥载》中对姚崇进行攻击，说什么蝗虫"埋一石则十石生，卵大如黍米，厚半寸盖地；上天要是不灵，则不至生蝗，上天要是降灾，蝗会越埋越多；对于蝗灾，应该修德慎刑，以报答上苍的惩罚，为什么不修福以免灾，而要逞杀以消祸呢！姚崇不为所动，捕蝗的决心、勇气、才干和坚持到底的精神，至死不移。

姚崇在众人的诽谤围攻中取得了捕蝗的胜利，但既未立功，也未受赏，而是在不久之后就从宰相的宝座上跌了下来。姚崇的儿子姚彝、姚异，喜与宾客往来，接受宾客馈赠，招致朝臣和社会人士的批评，影响姚崇的声誉。他的同僚中书赵诲，深得姚的信赖，在一次接待中私受"蕃人"珍贵礼品，遭到玄宗究问，下狱处死。姚崇一方面承认赵诲有罪，一面又设法营救，玄宗对此十分恼怒。姚崇自此忧惧不安。恰好遇到京师大赦，玄宗特意把赵诲排除在赦免之外。机智的姚崇发觉，玄宗此举，目的已不在这个罪犯，而是在他本人了，于是就请求辞去了宰相的职务。

开元五年（717年）正月，玄宗决定到东都洛阳去，这不完全是为了巡幸，而是因为关中收成不好，粮运要增加，皇帝到了东都，就可以减轻这方面的负担。正在这时，太庙的房屋倒塌，这在当时又是一件了不得的大事。玄宗召见宰相宋璟、苏颋，问他们这是什么缘故。他们解释说，太上皇死还不到一年，三年的丧服未满，不应该行幸；大凡灾异的发生，皆为上天的告诫，陛下应当遵守礼制，以答复上天，不要去东都了吧！玄宗听了大约有点不以为然，又把辞相告退了的姚崇找来，问道："我临近从京都出发时，太庙无故崩塌，这是不是神灵告诫我不要去东都呢？"其实，太庙殿本是前秦苻坚时建造，隋文帝创建新都，将北周宇文氏殿移到这里，建造此庙，唐朝又利用了隋朝的旧殿，积年累月，木朽虫腐，故而倒塌。姚崇先向玄宗介绍了这一实际情况，接着又说："高山含有朽土，尚且不免于崩塌，年久朽木，自应摧折。这次太庙倒塌恰好与陛下东幸的行期偶合，不是因为陛下要出行而太庙倒塌。而且皇帝以四海为家，东西两京，相距不远，关中收成不好，增加粮运，人民劳苦，故陛下出于对人民的爱护而行幸，并非无事笼络人民。何况东都各部门已都作好准备，不去将失信于天下。"最后他提出：（1）将神主移到太极殿；（2）重新建造太庙；（3）皇帝东行计划不变。玄宗听了，很是高兴，说道："你说的正合我意。"

开元九年（721年），姚崇以72岁高龄死去。临终前立下遗嘱，首先告诫子侄们，说他自己知止、知足，从宰相高位退下来之后，优游于田园之间，甚感满足；人总是要死的，他之死乃自然的归宿。其次，他将田园事先分好，子侄们各得一分。为什么要这么做呢？他说，他所"见到的一些达官贵人，身死之后，子孙失去庇荫，多至贫困，于是互相争夺起来，搞得水火不相容，不但本人有失体面，而且也玷污了先人，无论是曲是直，都要受到别人的讥笑与谴责；庄田水碾，既然是大家共有，于是互相推诿谁也不管，以致荒废。所以仿效前人，将遗产预先分好，以绝后争"。第三，要求薄葬，他指出，厚葬非但无益，甚至是会招祸，"死者无知，自同粪土，何烦厚葬，使伤素业"。第四，反对宗教迷信。他不但自己反对宗教迷信，也要求自己的子侄们及子孙后代也走他这一条路，其用心可谓深远。姚崇遗嘱说的虽都是个人及家庭私事，但针对的却是当时

姚崇 唯物论者 救时宰相

143

的社会风气，所以实际上也是篇针砭时弊的檄文。

综观姚崇的一生，有一点是非常突出的，这就是着眼于现实，一切从实际出发，实事求是。那些高居社会之上的什么儒家之经，佛教之经，道教之经，以及其它一些神圣不可侵犯的传统，在他眼里，都降居于次要地位，是个唯物论者。这在科学不发达的古代历史上是难能可贵的。

睿智机敏　应变迅速

在肯定姚崇的历史功绩的同时，史书上有人批评他品德不那么始终如一，不厚道，有"权谲"，就是玩弄权术，耍小动作的意思。纵观他们举的这些例子，在勾心斗角、尔虞我诈、争名于朝、复杂的官场里，为了保全自己，足见姚崇的聪明睿智，机敏过人，应变迅速，而且得饶人时且饶人。

在唐朝，张说（音yuè）也是个出类拔萃的人物。他前后三次为相，掌文学之任凡30年，为开元前期一代文宗，品评文苑，奖掖后进，深孚众望。他为文俊丽，用思精密，是朝廷的大手笔，多特承帝旨撰述，尤长于碑文墓志。唐朝中央实行三省六部制，三省六部的长官都可以称说是宰相。中书、门下两省是决策机构，尚书省是执行机构，真正的一人之下亿万人之上的宰相是同中书门下平章事。开元元年（713年），姚崇从同州到新丰见玄宗，玄宗打算任命他为宰相时，张说是现任宰相之一，知道此事，出于嫉妒，指使别人对姚崇进行弹劾，玄宗不听。张说又指使人向玄宗建议，派姚崇去当河东总管，又被玄宗识破，提建议的人差一点丢掉脑袋。姚崇当上宰相，张说恐慌起来，想走玄宗的一个弟弟岐王的后门。大臣结交亲王，这在历朝历代都是很忌讳的事情。姚崇知道了，没有直接向皇上反映。一天，已经罢朝，朝臣们都已离去，姚崇独自跛着脚做有病状，玄宗叫住他，问他是怎么回事。他说："我的脚坏了。"又问："不很痛吧？"答道："我心里有个忧虑，痛苦倒不是在脚上。"玄宗又问这是什么意思，他说道："岐王是陛下的爱弟，张说是辅佐大臣，他们秘密乘车出其家门，恐怕要坏事啊！所以我很担心。"玄宗一听，这还了得？张说的宰相当不下去了，被贬为相州（治所在今河北临漳县西南）刺史。应该说是报应，活该。先是张说小人做派，千方百计阻止姚崇为相，觉得姚崇为相挡了自己的仕途，是张说的不对，继而又交好亲王，更是错上加错。姚崇作为宰相知道张说走岐王的后门，结交岐王，是应该告诉玄宗的，只是他用跛脚的方法，正说明他的机敏。试想，他直接向皇上告张说的状，聪明的玄宗不怀疑他是在借机报复？正像人们常说的，一个槽上拴不了两个好叫驴。姚崇和张说，二人之间的关系始终是勾心斗角的。

　　姚崇逝世前叮嘱诸子："我任宰相多年，所言所行，多可传诵后世。死后的碑文，不是著名文家不写。当今文坛巨匠，首推张说。我和他素不相睦，若去特地求他为我撰写碑文，他必然不从其请。我留下一计，在我灵座之前，陈设珍贵玩物，候张说来吊奠，细察其情。他若见到这些珍玩，不屑一顾而去，是他记挂前仇，防他报复，汝等速离此地回归乡里。倘他逐件玩弄，有爱慕之意，汝等可传我遗命，悉数奉赠。即求他作一碑铭，以速为妙！待他碑文做就，随即刻于石碑，并将原稿进呈皇帝御览。我料张说性贪珍宝，使其利令智昏必然就范。切记照此办理，以快为妙。他必事后追悔索回文稿。果能如我所料想的那样，碑文中一定赞誉我的平生功业，后想寻隙报复，难免自陷矛盾之境，没法寻衅了。"姚崇之子彝、异等人谨记父命，遍讣丧文，设灵接受百官吊唁。张说入朝奏事闻姚已殁，顺道往吊。姚崇诸子依父命早已摆列珍玩，张说入吊后，双手扶摩诸物，极表爱慕之意。姚彝等人当即叩请说："先父曾有遗命，谓同僚密友肯为撰写碑文者，当以遗珍相赠。大人乃当代文坛耆宿（有名望或有学问的老年人），倘若不吝赐文，以记先父之履历，当以诸物相赠。"张说欣然允诺，彝等促其从速撰写。张说兴致极佳，当即撰文，为姚崇写了一篇淋漓尽致的颂德文章。文一落笔，姚家就送来珍玩，取走碑文，连夜雇请石工，刻之于石，并即日将原文进呈御览。玄宗看了铭文，连声称赞

"写得好，写得好。似此贤相，不可无此贤文。"过了一天，张说省悟过来，暗想自己与姚崇有隙，多年不睦，如何反去颂扬其德呢？连忙派人索还原稿，托言文字草率，须加工润色。不料使者回报已刻成碑文，并呈御览。张说连连顿足叹息说："这是姚崇的遗策，我一个活张说，反被死姚崇所算计，真觉着愧啊！"这一事例充分说明姚崇的聪明睿智。

史书说，姚崇对刘幽求是素怀嫉妒之心。在贬张说为相州刺史时，另一宰相刘幽求也被免职。刘幽求很是不服，有人告他的状，说他"有怨望语"，就是说在背后说怪话，发牢骚。玄宗下诏追查。姚崇等人以和解的姿态劝说玄宗道："刘幽求他们都是功臣，乍任闲职，稍微表现沮丧，也是人之常情。他们功业既大，地位又高，一旦被送进监狱，恐怕要引起很大的震动啊！"结果刘幽求被调出京城，去做睦州（治所在今浙江淳安县西南）刺史。姚崇等人的上述一席话，明明是保护了刘幽求，一片好心，攻击姚崇的人却说这是明为保护实际是坐实了"有怨望语"。"有怨望语"是秃子头上的虱明摆的事。难道要姚崇不说话、不求情，任由玄宗将刘幽求下狱就是对的？这是什么逻辑？看来姚崇还是心存善良，得饶人时且饶人。

魏知古也是当时的一个名人，其功劳、地位、身望也很高。他原是姚崇所引荐，后来与姚崇并列相位。姚崇渐渐地瞧不起他，把他排挤到东都洛阳去专管那里的吏部事务。魏知古心怀不满。姚崇有两个儿子在东都做官，知道魏知古是自己父亲提拔过的，就走魏知古的后门，谋取私利。魏知古到长安时，将他们的所作所为，都报告给了玄宗。有一天，玄宗与姚崇闲谈，顺便问道："你的儿子才能与品德怎样？现在做什么官？"姚崇十分机敏，一下子就猜透玄宗的话中有话，就采取主动，答道："我有三个儿子，两个在东都，为人贪欲而又不谨慎，必定会走魏知古的门路，不过我还没有来得及问他们。"玄宗原以为姚崇要为儿子隐瞒，在听了姚崇道出真情后，很是高兴。玄宗又问姚崇，他是怎么知道的。姚崇说："在魏知古社会地位很低时，我保护过他，提拔过他；我的儿子蠢得很，以为魏知古必定因为感激我而容忍他们为非作歹，故而去走他的门路。"玄宗听了，认为姚崇为人高尚，而鄙薄魏知古，觉得他有负于姚崇，要罢他的官。姚崇又请求玄宗说："我的儿子胡闹，犯了法，陛下赦免他们的罪已是很万幸了，若是因为这件事而罢魏知古的官，天下必定以为陛下出于对我的私人感情而这样做，这就会连累到陛下的声誉。"然而魏知古还是左迁为工部尚书。这个事例能说明什么？只能说明姚崇十分机敏，应变极快，而且心存良善，还劝说玄宗不要因此事罢魏知古的官。人谁无错，特别是历史人物，都有他的局限性。姚崇自然不是完人，在激烈的官场争斗中，玩心眼、有"权谲"，当是情理中事。

❧ 力荐宋璟　萧规曹随 ❧

　　姚崇辞相时，专门上表，极力向唐玄宗推荐与自己志同道合、曾协助自己一同革除时弊的宋璟为相。宋璟，生于663年，死于737年，字广平，河北邢台市南和县阎里乡宋台人，少年博学多才，擅长文学。年纪很轻就中了进士，官历上党尉、凤阁舍人、御史台中丞、吏部侍郎、吏部尚书、刑部尚书等职。唐开元十七年（729年）拜尚书右丞相，授府仪同三司，进爵广平郡开国公，经武、中宗、睿宗、殇帝、玄宗五帝，在任52年。他品德高尚，清正廉洁，为人耿直。朝野赞誉宋璟为"有脚阳春"。意思是说，宋璟如一缕春风，趟到哪里哪里似春风煦物，倍感温暖。宋璟在化岭（今广州）做官时，教南人制砖瓦，将茅草房改成瓦房，安成乐业。他还限制皇亲婚丧奢办；不为自己争名谋利；严以律己，宽以待人，均体现了宋璟爱民恤物的高尚品德。开元初协同姚崇铲除时弊，推行改革。开元四年（716年）召入为刑部尚书，不久代姚崇为相。宋璟居相位，萧规曹随，坚决执行了姚崇的改革路线，进一步革除弊病，并以择人为务，随才授任，使百官各称其职。他刑赏无私，敢犯颜直谏，玄宗所下诏令，他认为不合适就找玄宗说理，使其收回，为玄宗所敬悼。他先后废黜京城千名斜封官（用钱买的官），裁汰居功而傲的"铁骑军"，并查禁回收流行市场的伪币等。此外，宋璟还工于翰墨，著作颇丰，其中《梅花赋》为发迹传世名作。宋璟与姚崇并称贤相，号"姚、宋"，是我国唐代历史上著名政治重臣。唐朝三百年间，素有"前称房、杜，后称姚、宋"之说。史书上一向将姚宋并提，并有"崇善应变以成务，璟善守文以持正"的赞词。宋璟为相期间，广州吏民怀其惠政，请为宋璟立颂碑，宋璟坚决拒绝，并对玄宗说：臣之治不足纪。广州吏民由于臣当国为宰相，"故为溢辞，徒成谄谀者"，纠正阿谀之风，"请自臣始"，建议玄宗下令禁止。宋璟一生为振兴大唐励精图治，终于与姚崇同心协力，把一个充满内忧外患的唐朝，改变为政治、经济、文化、军事处于世界领先地位的大唐帝国，史称"开元盛世"。

开元八年（720年），玄宗授姚崇太师、太保（正一品）最高虚衔，他以年老多病辞而不受。开元九年（721年）姚崇病逝，终年72岁。姚崇一生不敬神，不信鬼，不以官高而凌下，不以位尊而专横。虽多次被贬斥，仍能赤胆忠心，敢言直谏，视天下为己任，勇于革除积弊，富国强兵，深受后人敬仰。当时有一个中书舍人叫做齐澣（huàn），对于跟职业有关的各种掌故无所不知，号称"解事舍人"，相当于我们今天所说的活字典。姚崇对他非常欣赏，两人私交不错。姚崇曾经因为丧子请了几天的假，卢怀慎独立处理不了政事，所以等他销假回来上班之后，公文已经堆积如山了。姚崇有本事，没多一会儿都处理完毕了。姚崇是个很自负的人，从办公室出来，他自己也很得意，就问齐澣说："你博古通今，说说看，我当宰相，可以和哪位古人相提并论啊？"意思很明显，让齐澣夸他。问题提得突然，齐澣还没想好呢，姚崇按捺不住，自己说了："我是不是和管仲、晏子差不多呀？"管仲和晏子都是春秋时期齐国著名的宰相。管仲辅佐齐桓公开创霸业，晏婴在齐国后期出使四方，不辱使命。这都是中国古代贤相的典范，所以，司马迁在《史记》之中还给这两个人合立了一个传，叫《管晏列传》。姚崇自比这两位，显然自视甚高。没想到齐澣说："您恐怕比不上他们吧。"姚崇问："我怎么就比不上呢？"齐澣说："管、乐之政，虽然不能施行到后世，还可以保到他们自己死的时候；你的政令，随时更改，似乎比不上他们。"姚崇又追问："如此说来，究竟可以与谁相比呢？"齐澣说："你可以算得上是个救时宰相。"对于这种评价，姚崇并不觉得是贬低了他，而是感到高兴，他将拿在手中的笔投下道："救时之相，难道容易得到吗？"从而，就有救时宰相姚崇之说。姚崇死，谥太子太保，葬汝州梁县。墓冢在今汝阳县境内。

小　结

姚崇出身名门，受家庭的影响，从小就有大志。他三次入相，皆兼兵部尚书，对于唐朝国力之强盛，开元政治之清明贡献巨大。他为政注意选人才、罢冗职、立制度、择百官、汰僧道、抑权贵、奖农桑、设屯戍等等政绩，无不为世称道。他与宋璟并称"姚宋"，同为后世称誉的良相。"开元之治"有他规划、经营之力，功不可没。他的突出特点：一是，在科学不发达、普遍信鬼神的封建社会，他不信鬼神，顶着压力，从实际出发，焚烧蝗虫，救灾救民，不投回报，唯物论者，难能可贵。二是，他聪明绝顶，十事要说，政治纲领，简明扼要，击中时弊；在复杂的官场斗争中，随机应变，化险为夷。三是，和后世的王安石一样，从政只为做大事，安社稷，利民生，不留恋高位。唐明皇让他做宰相，一般的人那是喜出望外，磕头谢恩如捣蒜，他不为所动，不答应改革积弊不当宰相；三次罢相，泰然处之，何等的高尚！后世赞姚崇之人比比皆是：大唐穆宗长庆年间（821—824年），与白居易齐名、号称"元白"之一的大诗人元稹写下了著名的长篇叙事诗《连昌宫词》，诗中写道：

我闻此语心骨悲，太平谁致乱者谁？

翁言野父何分别，耳闻言见为君说。

姚崇宋璟作相公，劝谏上皇言语切。

燮理阴阳禾黍丰，调和中外无兵戎。

长官清平太守好，拣选皆言由至公。

开元之末姚宋死，朝廷渐渐由妃子。

禄山宫里养作儿，虢国门前闹如市。

弄权宰相不记名，依稀记得杨与李。

庙谟颠倒四海摇，五十年来作疮痏。

诗中通过唐代皇帝在河南宜阳的行宫连昌宫的兴废，探究了唐代治乱的由因。诗中借一个老人的见闻经历，热情地歌颂了造就开元盛世的大唐名相姚崇、宋璟，无情地鞭挞了酿成天宝之乱的弄权奸相李林甫、杨国忠。表达了人民对清平盛世和政治家姚崇、宋璟的无比怀念！此时姚崇已逝世百年有余。

宋代编撰史学巨著《资治通鉴》的历史学家、文学家司马光评论唐代宰相时对姚崇给予了极高的评价。他说："姚（崇）宋（璟）相继为相，崇善应变成务，璟善守法持正。二人志操不同，然协心辅佐，使赋役宽平，刑法清省，百姓富庶。唐代贤相，前称房（玄龄）杜（如晦），后称姚（崇）宋（璟），他人莫得比焉。"肯定了姚崇为唐朝的四大贤相之一。在中国王朝史上，最称强大者莫过于大唐帝国。在唐朝288年中，最繁荣昌盛的时期莫过于"开元盛世"。而"开元盛世"最主要的奠基人，就是大唐贤相姚崇。毛主席对姚崇极为推崇，在阅读了《新唐书·姚崇传》之后，在传记的天头上批注道："大政治家、唯物论者姚崇。"在读到姚崇的"十事要说"时，批注赞扬道："如此简单明了的十条政治纲领，古今少见"，对姚崇评价很高。

◇ 李德裕

六、李德裕：忧国忧民 革新宰相

出身望族　志向高远

李德裕，出身于河北赵郡赞皇县李氏大家族。其祖父李栖筠，在唐肃宗、唐代宗两朝为官，官至工部侍郎、光禄大夫、御史大夫等，因功绩突出封赞皇县子（子爵），死后追赠吏部尚书，谥号文献。其父李吉甫，唐宪宗时名相，地理学家、政治家、思想家，以功封赞皇县侯（侯爵），徙赵国公。他深明时政，为政为相期间，筑塘修渠、精简冗员、废僧侣特权、减轻贫民负担、恢复废弃驿站、平定叛乱、力主削藩，多有建树；且著书丰厚，著有《元和国计簿》十卷

李德裕，生于公元787年，死于公元849年，字文饶，汉族，赵州（今河北赵县）人，唐朝中期杰出的政治家、文学家，两度为相，执政期间重视边防，力主削藩，巩固中央集权，对内平定藩镇，对外击破回纥，威震吐蕃、南诏，并进行了一些革新和改革，几乎使唐朝中兴。梁启超在《中国六大政治家》中，将其列为我国历史上最伟大的六大政治家之一，评价很高。

（已佚），汇总全国方镇、府、州、县之数与户口、赋税、兵员之状况；《百司举要》一卷（已佚），阐述职官源流职掌；《元和郡县图志》为地理名著，深为后世学者所称道。

李德裕生长在这样的家庭，严格的家教家学，熏陶感染，对他的成长影响很大。李德裕从小就很聪明机灵，爱读书。据说，宰相武元衡听说后，便叫人把李德裕抱来考问。武元衡弯下腰，笑眯眯地对站在地上的李德裕问道："你在家里欢喜读什么书呀？"李德裕睁着一对滴溜溜的眼睛，望着武元衡一声不响。再问，还是不言语。如此三次，李德裕就是不吭一声。武元衡很不高兴，命人送他回家。第二天，武元衡见了李吉甫，便把昨天考问的事说了一通。李吉甫一回家就把李德裕叫来责问。李德裕咯咯一笑，说："武大人身为宰相，是皇帝最重要的助手，应该首先考问我治国安邦的大事，咋能先问我读什么书。读书的事，是礼部和最高学府查问的，所以我拒不回答！"武元衡听说后，连声叫好，说："一语惊人，奇童、奇才！"

李德裕自幼即有壮志，苦心力学，尤精《汉书》、《左氏春秋》。成年后不久，就学识卓越而很有气节和操守。但他自负甚高，耻与其他考生一起参加科举乡试。元和初，李吉甫拜相，为了避嫌，尽管李德裕很有才能，但还是没有求得一官半职，只是在诸府中从事一些秘书工作。元和十一年（816年），河东人张弘靖罢相，出镇太原，李德裕被聘为掌书记。元和十四年（819年），府职结束后，李德裕随张弘靖入朝，拜监察御史。

元和十五年唐穆宗即位。穆宗还在东宫做太子的时候，就素闻李吉甫之名，因此特别器重李德裕，召入翰林充学士。《旧唐书·李德裕传》说，"禁中书诏，大手笔多诏德裕草之"。这就是说，朝政的号令和大典册都经他手起草。不仅如此，穆宗还多次召见李德裕，商讨国家大事，李德裕都能从容答对，受到穆宗的赞赏，对他的赏赐和奖励十分优厚。他在翰林学士任上才一个多月，就改升为屯田员外郎。穆宗对李德裕很是倚重。李德裕便以国事为重，大胆谏言。穆宗在位期间，游幸无常，好击球奏乐，沉于酒色，久不视朝，把国家政事忘在九霄云外，朝政腐败。许多与穆宗有亲戚关系的人，通过各种关系爬上高位，与朝臣相互盘结勾通，控制朝政。李德裕对这种现状深为忧虑，长庆元年（821年）正月上疏，向皇帝建议说："从前制度规定，禁止驸马都尉和朝廷要官往来。开元年间，更加强调。现在却公开地到宰相和大臣的家宅去，这些人没有其他才能，只会泄漏宫中机密，勾通宫廷内外。请他们今后有公事到中书省见宰相，不要总是去宰相私宅。"穆宗听后，十分赞同。李德裕又晋升为中书舍人。

被贬外任　政绩卓著

李德裕得到穆宗的器重，仕途顺畅，在他面前，似乎一片光明。但是，就在李德裕逐渐掌握朝廷权柄的时候，却卷进了党争的旋涡。事情的起因是这样：李吉甫辅佐宪宗时，主张以武力制裁藩镇，在直言科应试对策中，进士牛僧孺、李宗闵等人攻击李吉甫的削藩政策，考官却认为两个人符合选拔的条件，李吉甫向皇帝诉说，几乎落泪。主管官吏都因此获罪，便和他结了仇。他又奏请宪宗将竭力反对用兵于藩镇的宰相李逢吉罢相削职。因此，牛僧孺、李宗闵、李逢吉等人为了共同的政治利益，便互相结为朋党，竭力向李吉甫进行报复。李吉甫死后，他们又将积怨转移到了李德裕身上。穆宗长庆二年（822年），李逢吉因勾结当权宦官而再次入朝担任宰相，于是他便利用手中的权力，将李德裕从翰林学士贬为御史中丞。接着，牛僧孺在李逢吉的援引下入朝为相，于是李德裕又再次遭到他们的打击，贬为浙西观察使，被排挤出京。

李德裕并没有消沉，先后三度出任浙西观察使，在任上像他的父亲一样兴利除弊，关心民间疾苦。他接手的是一个烂摊子。当时，浙西地区几经兵乱，财用匮乏，民不聊生。李德裕到任后，便力行节俭，克己奉公，多方筹措经费以供给军士，并上奏抵制朝廷所下达的不合理摊派，逐渐扭转了财政枯竭的状况，稳定了军心，百姓的生活也有所改善。

当时浙西民众多信奉巫神鬼怪，纵然是父母染上瘟疫，子女也撇下他们不敢奉养。李德裕力倡移风易俗，从乡民中选择年岁大可以交谈的人，告诉他们孝敬父母的伦理道德观念和患难相收不可相弃的道理，让他们回到乡间宣传，违反者严厉处罚。下令拆毁一千余所淫祠神庙，禁止一切迷信活动，并将以迷信坑害百姓的妖僧逮捕法办。拆除私人封地山房一千四百座，使寇盗无处隐匿。数年之后，浙西一带民风渐趋淳朴，教化大行，百姓亦得以安居乐业。

当时亳州僧人欺编人们说有种"圣水"能治病，人们竞相传说，以至于这一带大致每10户人家中就雇一人前去取水。既饮此水，病人不敢吃荤，危重病人和年迈者大多因为喝了这种水而死亡。而水价每斗值3000文，取水的人兑入从其他地方取来的水沿路转卖，互相欺编，来来往往取水的人每天达数10乃至上百人。李德裕严厉强制渡口巡防者拘捕、断绝，并且上奏说："昔日吴国有圣水，宋、齐两朝有圣火，原本都是邪恶的祥瑞，为古人所禁止。请下令让观察使令狐楚加以阻止，以断绝这种荒诞之源。"皇帝听从了他的建议，下令禁止。

李德裕办案如神，在浙西流传着许多故事，比如：有个甘露寺的寺主，控诉前任知事僧移交时，吞没了黄金若干两，并引以前几任知事僧作证。他们一任接一任地往下移交，都有文书账簿。说新卸任的知事僧已经承认了盗取黄金之罪，就是还没有落实这些钱做什么用了。李德裕怀疑他说的不是实话，就重新审问新卸任的知事僧人，那僧人诉冤说："住在寺里的僧人，乐于做知事。多年以来，移交的分两个文书，都是空的，其实早就没有黄金了。众僧人因为我孤立，不亲近他们，想借此陷害我。"李德裕说："这事不难查明。"便备了几乘便轿，命令有关的僧人，到衙门来对质。让他们坐在便轿里，轿门都朝着墙壁，互相之间不得见面，各给一些黄泥令他们捏出先后交付下一任知事的黄金形状，用以做为凭证。结果，他们捏出的黄金形状都不一样。于是，揭明了他们都是在诬陷，众僧人一一认罪。

大和三年（830年），皇帝征召李德裕入朝任兵部侍郎。裴度推荐他有宰相才能，而李宗闵因为有宦官的辅助，先掌管了大权，又控制了皇帝，把李德裕调出任郑滑节度使。又过了一年，改迁剑南西川节度使。这年12月，李德裕抵达成都。此刻，摆在李德裕面前的是一个令人头痛的烂摊子。怎样尽快解除南诏、吐蕃的威胁，医治战争的创伤，安抚人心，恢复发展社会经济，是迫在眉睫的问题。他亲自了解西南地区错综复杂的边境形势，做到知己知彼，百战不殆。鉴于历任剑南西川节度使不重视设防，使武备废弛，边防空虚，导致蜀中丧乱的沉痛教训，李德裕下令在大渡河沿岸险要之地和蜀与南诏、吐蕃交界之处，修建大批军事要塞，设重兵防守。这样就形成一道抵御南诏与吐蕃侵犯的坚固屏障，改变了以往那种消极防御、被动挨打的局面。在修建边楼时，把剑南南面山河险要地势和南诏相接的地方，画在楼的左面墙上，把西面道路和吐蕃相接的地方画在右面墙上。将其部落的多少、粮运路途远近等全都记录下来。征召熟习边境事务的人，和他们一起谋划商议，全面了解了南诏、吐蕃的情况。针对边兵战斗力弱的现状及"蜀兵赢（瘦）疾老弱者，从来终身不简"的终身制，决定改革兵制，精简军队，一次就减去4 400余名老弱病残者。广泛征兵，从蜀地征召了1 000名年富力强、又适应瘴气环境的士兵，从北方招募了1 500名志愿兵。他把北兵与蜀兵混编，相互交叉着训练、学习，使其"日益精练"。经过精简、选拔、训练，蜀军的人数虽然减少了，但素质却得到提高，增强了军队的作战能力。他又从安定请来造甲的人，从河中请来造弓的人，从浙西请来造弩的人，制造兵器，从此蜀地的兵器都非常坚固锋利。他还编训民兵，每200户中抽取一人，习武练兵，宽免他们的其他事务，形势缓和时务农，急迫时就应战，总共编练十一军。从实际出发，李德裕改变军粮运送路线和时间。过去的制度是每年年底运输内地的粮食来供应黎州、嶲州。路线是从嘉州、眉州启程，取道阳山江，过大渡河，几经辗转，才运送到各个边防驻地。这样，常常因盛夏季节到来，瘴气毒害，运夫中很多人死去。李德裕下令改变运粮路线，转运邓州、雅州的粮食；又调整运粮时间，将水运时间由年底开始提前到十月，在夏季到来之前把粮食运到。这样，运粮的人避开了炎热的月份，比较凉爽，大大减少了死伤。

在加强边防的同时，李德裕也很重视对当地的民政管理。蜀地的百姓中有很多卖女作妾的现象，李德裕为此制定条例，明令禁止。蜀中的佛教势力也很大，寺庙往往占有肥沃的田地，僧人们不耕而食，而广大农民却乏田耕种。鉴于此，李德裕下令拆毁管辖内和尚的私宅数千处，把土地送给农民，使蜀地民风大变，农业生产得到发展。

经过李德裕一年多的惨淡经营，西川的形势明显好转，不仅社会经济有所发展，百姓安居乐业，而且边防也十分巩固。在这种情况下，李德裕便派人去南诏交涉，使南诏放还了先前所掳掠的工匠和僧道达4 000多人。唐文宗李昂大和五年（831年），吐蕃派驻于维州（今四川汶川西北）的守将悉怛谋主动向李德裕请降，使沦陷42年之久的维州城重新回归唐朝。维州是西川通往吐蕃的交通要道，地势险峻，具有重大的战略意义。因此，李德裕接受悉怛谋的请降后；立即派兵据守维州，并向朝廷上奏主张乘机出兵讨伐吐蕃。但是，宰相牛僧孺对李德裕心怀仇恨，竟然置国家利益于不顾，以唐朝刚与吐蕃结盟而不宜毁约失信为借口，强令李德裕将悉怛谋和维州城交还给吐蕃，结果悉怛谋及其所部将士皆被吐蕃杀害。对此，李德裕终生悔恨。正好监军使王践言入朝，向皇帝禀报了悉怛谋被处死和朝廷拒绝远方百姓归化之心，这时皇帝也有所悔悟，便召李德裕入朝，任为兵部尚书。大和七年（公元833年），李德裕又升任宰相，拜中书门下平章事，封爵为赞皇县伯。

远离朝堂　忧国忧民

李德裕拜相后本想干一番大事，重振朝纲，无奈当时唐文宗昏庸，李德裕无法施展其政治抱负。大和八年被再次贬出朝廷，任为镇海军节度使。后来，他又辗转历任袁州（今江西宜春）长史、滁州（今安徽滁县）刺史、浙西观察使、淮南节度使等地方官职，仕途中充满了坎坷。

李德裕从小就受到良好的文化教育和父亲的影响，有着强烈的"居庙堂之高，则忧其民，处江湖之远，则忧其君"，胸怀天下的精神境界，一刻不忘忧国忧民，被排挤出朝，远离朝堂，也时刻关心国政，关注着君王的言行举止，不时上书谏言。

宝历元年（825年），唐敬宗即位。当时唐敬宗因年幼无知，挥霍资财没有节制，下诏要求浙西制造化妆用具银盝子20件，进贡朝廷。在不得已的情况下，李德裕只制造了两件进献，并申奏说：制造这两件银盝子共花费1 300两银子，而浙西府库储备的银两也不过二三百两，其他不足的银两都是千方百计通过收税才凑齐的。连年遭受旱火，物力没有恢复。刚刚在三月壬子的赦令中规定'固定的上贡以外，所有进献一律停止'，这是陛下怕搜刮财货的官吏借此狡诈邪恶，使贫穷的人不能承受其苦。作为浙西观察使，我每年只有50万贯留使钱可供支配，即使处处节俭，尚有13万贯的亏空，军国费用非常紧张。现在所需上贡的化妆用具，估算要花费23 000千两银钱合130两金子，这些东西并非本土所产，虽然尽力搜寻，恐怕还是不能达到要求。希望陛下召集宰臣商议，如何才能使地方官员上不违君命，下不缺军需，既不劳烦百姓，也不招致怨恨，使先后颁布的诏敕（皇帝下的命令）都可以一贯遵行。唐敬宗将李德裕的劝告当成耳旁风，是年九月又下诏浙西织造可幅盘条缭绫1 000匹，李德裕又以太宗、玄宗两朝不纳地方方物进行劝谏，希望唐敬宗近效太宗、玄宗的宽容、纳谏，远思汉代文帝、元帝的谦逊、节俭，裁减节省。最终唐敬宗颁布诏令取消了进献。

自元和以后，全国各地禁止私度僧人。徐州人王智兴哄骗敬宗，在敬宗的诞月请求筑戒坛度人，为皇帝积福，敬宗下诏同意。于是就在江淮间大张旗鼓地召募，百姓成群奔走，集聚钱财无度。为此，李德裕弹劾说："王智兴在泗州筑戒坛，召募愿落发为僧的人纳钱二千，便不再勘验察问，统统予以剃度，自淮河以下，每户三个男丁中必有一人剃发，逃避徭役赋税，落发为僧的人无法计算。我察看每天渡江的有数百人，其中苏州、常州的平民就有十之八九，如果不加以禁止，等到诞月（满月）来临之时，江淮地区就要失去男丁60万人，这不能看成是小的变化。"使得唐敬宗颁诏徐州禁止。

唐敬宗终日纵情游乐，荒于政事，又宠信宦官而疏远贤能，故朝政十分腐败。李德裕得知这些情况后，就献上《丹扆六箴》，予以规劝。其一为《宵衣》，指出皇帝视朝次数少、时间晚；其二为《正服》，指出皇帝衣着不合制度；其三《罢献》，规谏皇帝停止征敛搜求奇珍异宝；其四称《纳诲》，指出皇帝轻慢和舍弃忠言的作法；其五称《辨邪》，指出皇帝任用小人的错误；其六称《防微》，讽谏皇帝不合制度的随意出游。李德裕言辞明直，委婉恳切。唐敬宗虽然不能采纳，还是让人代作诏书，对他的一番心意表示重谢。对于唐敬宗受佛道的迷惑，祈求降福和延年，僧人、道士往来出入于宫中的举动，李德裕也毫不保留地上疏劝谏。

入朝为相　励志革新

在唐文宗大和七年入朝为相时，李德裕就开始革除朝廷积弊。他对皇帝建议说："朝廷只有邪和正两种途径，正必去邪，邪必害正。然其正反言辞都可以接受，希望陛下慎审取舍。否则，两者并进，即使是由圣贤来治理国家也无法成功。"当初，门下、中书两省下发凭证给江淮大贾，让他们主掌堂厨食用的高利贷经营，因此造成他们挟资各地行走，所到州镇都把他们视为豪绅，富人们借此便自高自大起来。李德裕将这一切全部取消。

唐文宗开成五年（840年），唐武宗即位，征召李德裕任门下侍郎、同中书门下平章事，回朝复任宰相。他深受武宗的信重，其政治才能由此得到了充分的发挥。李德裕再次入朝，一如既往对皇帝直言进谏。当他被武宗征召进京，入朝谢恩后，随即便劝戒皇帝用忠臣，斥小人。他说："要分辨邪正，专一委任，而后朝廷才能太平。这些话我曾对先帝说过，但没被采用。正直人指出小人为非作歹之后，小人也指控正直人作恶，怎样辨别其真伪呢？请允许我借物来作说明，松柏之为树木，独立生长，强劲无比，无所依附。萝茑（niǎo，萝茑，一年生蔓草）则不然，柔弱不能独立，必然要依附其他树木，所以，正直的人一心事奉君主无需相助，邪恶的人必然结为党羽，互相遮蔽欺编。君主能根据这个道理来分辨正邪，就不会被迷惑住。"

武宗曾怀疑杨嗣复、李珏不忠，便派使臣诛杀他们。李德裕马上带着三位宰相到延英殿见皇帝，呜咽落泪，说："过去太宗、德宗诛杀大臣后，没有不后悔的，我希望陛下保全他们的性命，摒弃前嫌。等他们二人的罪恶暴露于世后，天下人会痛恨他们的。"皇帝不答应，李德裕便伏地不起。皇帝只好说："我为了你们，就赦免了他们吧。"李德裕于是致礼落坐。皇帝说："如果是谏官论争，纵使有千道上疏，我也不赦。"李德裕再次拜谢行礼，追回使者，杨嗣复等人才免于一死。

这时皇帝屡次出外打猎游赏，深夜才归。李德裕上奏说："人君的行动，应该以太阳的出没为准，所以，日出而临朝听政，日落而宴饮歇息。有文字记载说：'君主回房有固定的制度。'希望陛下能深刻体会古人的思想，不要连续夜归。听说现在五星失度，恐怕是上天以此来奖励勤勉、警戒违禁之人。《诗经》说：'尊重天体的改变，不敢肆意放纵。'希望陛下在狩猎上有所节例，接受天意。"从此唐武宗就很少深夜才归了，不久还册封李德裕为司空。

重视边防 击破回鹘

　　唐武宗对李德裕十分信任。李德裕充分发挥自己的才干，为唐武宗竭尽股肱之力（股：整条人腿，包括大腿和小腿，即从大腿根部到脚腕的部分。肱：整条手臂，包括上臂和下臂，即肩膀到手腕的部分）。李德裕就像唐武宗的臂和腿一样，竭尽全力，治理朝政。他注重革除治军弊端。

　　唐自德宗以后，军队出征设有监使，监使可以任意指挥军事，将帅不得自为进退。宦官作监使，选军中壮士为牙队（卫队）来保卫他们，出阵战斗的则多是老弱之兵。战时，监使率牙队骑马在阵后高处观望，见阵势稍有不利，便策马先跑，阵前兵士望见，跟着溃散。因此，出征总是失败。李德裕和枢密使杨钦义等上奏，一请监使不得干预军政，二请监使在每千兵中只抽10人充牙队，有功一体给赏。唐武宗准奏。监使不观战也同样得赏，而且牙队人少，监使自然不敢再去观战，从此，将帅得以施展所长，战争都获得胜利。

　　李德裕复任宰相后的第一件政事，首先是回鹘扰边的大事。回鹘原称回纥，唐玄宗时期兴起于漠北，后逐渐发展成为一个强大的游牧民族政权，安史之乱中曾出兵帮助唐朝平定叛乱。唐文宗开成五年（841年），回鹘被北方另一游牧民族黠戛斯击溃，部众分几支逃奔，其中一支由回鹘宰相腽没斯率领南下至天德军（今内蒙古乌拉特前旗北附近），有意归附唐朝。但天德军将领为求战功，竟想出兵消灭这支回鹘部众，而且朝中许多大臣也有同样的主张。李德裕力排众议。他认为回鹘对于唐朝是有功劳的，现在穷困来奔，又并未扰边，故不应轻意征伐，而应以粮草接济他们，进行安抚。最后，武宗听从了李德裕的主张，给回鹘送去3万斛粮食，并令天德军不得轻举妄动。唐武宗会昌二年（842年），腽没斯率部正式向唐朝投诚，武宗册封他为左金吾大将军、怀化郡王，一度紧张的塞北局势遂得以缓和下来。不久，另一支回鹘部众在乌介可汗的率领下又南下至天德、振武（今内蒙古和林格尔西北一带），并进而侵扰唐境，大肆劫掠，于是塞北局势又急剧紧张起来。针对这种情况，李德裕立即做出了反击的决策，迅速调集九路军队开赴前线，取得了反击回鹘的彻底胜利。这次战争的胜利是"安史之乱"后唐朝边区防御战中最为成功的一次，它既有力地维护了北部边区的安全，又壮大了唐朝的声威，因而具有重要的历史意义。李德裕在这次战争中起着主导的作用，他正确决策和统一调度，在整个战争前后，废寝忘食，时刻关注着前线动静，并亲笔草拟了《赐回鹘可汗书》《赐回鹘可汗并公主及九宰相诏书》《讨回鹘制》《授刘沔招抚回鹘制》等大量诏书和文告。

力主削藩 平定叛乱

另一件朝政大事是削藩。李德裕的父亲李吉甫在宪宗朝时，曾极力主张削弱藩镇势力，加强中央集权，维护国家统一。李德裕完全秉承了他父亲的这一政治主张。会昌三年四月，昭义军节度使（治今山西长治）刘从谏死，其侄刘稹秘不发丧，仿效河朔三镇之例自立为留后，擅自接管昭义镇。对此，武宗立即召集群臣商议对策，与会大臣多以当时对回鹘用兵尚未完全结束，国力不支为由，主张默认刘稹自立。但李德裕却认为昭义镇邻近首都，若任其割据，将对朝廷构成严重威胁；而且，昭义镇不同于河朔三镇，历来忠于朝廷，若任其割据，则各地藩镇都会群起效法，局势将难以收拾。因此，他主张对刘稹的分裂割据活动进行坚决打击。同时，李德裕还正确分析了当时的形势，指出刘稹之所以胆敢反叛朝廷，主要是想依靠河朔三镇的支持，但如果河朔三镇不与他合作，单凭刘稹一方之力是无法与朝廷抗衡的。最后，武宗完全采纳了李德裕的主张，并委托他全权主持征讨刘稹之事。于是李德裕就派专使前往河朔，说服三镇与朝廷分工合作，平定刘稹叛乱。之后，李德裕调集军队，从四面向刘稹展开围攻。在具体的征讨过程中，李德裕再次表现出极强的指挥调度能力。他首先取消了宦官监军之制，以求充分发挥前线指挥官的作用；同时又制定出明确的作战方案，赏罚严明，使前线指挥官进退有据。经过各路将士的奋勇作战，昭义镇所辖的邢（今河北邢台）铭（今河北永年）磁（今河北磁县三州）被相继攻克。会昌四年（844年）八月，刘稹被其部将郭谊、王协等人所杀，历时一年多的刘稹之乱被平定下去。这次平叛的军事胜利，是继宪宗朝平叛之后朝廷对藩镇所取的又一次重大胜利，对于维护国家统一具有重要的意义。事后，李德裕以功勋卓著受到武宗的褒奖，官拜太尉，进封赵国公。

太尉这个职位非常重要，是军队的最高长官，掌管全国的军队。李德裕坚决辞让，说："自唐兴以来，太尉只有七人，尚父郭子仪都不敢接受。近来王智兴、李载义都越级拜官太保、太傅而不任太尉，说明对此官尤其重视。裴度作了十年司徒，也不迁改太尉，我希望维持原来的品级就足够了。"武宗说："我只恨没有官职可以酬谢你，就不要拒绝了。"李德裕又要求能封在卫，于是加太尉进封为卫国公，给了一个"太尉"的虚衔。

拆毁寺院 勒令还俗

唐代，佛教盛行，以当和尚为荣，到后期，佛教势力极度膨胀，各地寺院控制着大量的土地和劳动力。寺院的土地不缴赋税，寺院的人不服徭役，严重地影响了国家的赋役来源，影响着国家的财政收入，削弱了国家的统治能力，是一大社会弊端。李德裕敏锐地看到了这个问题，当政后，为了解决当时国家财政紧张的问题，极力主张拆毁寺院，没收寺院的土地和财产，解放寺院所控制的劳动力。招提，是梵语四方的意思，四方之僧为招提僧，四方僧之施物为招提僧物，四方僧的住处为招提住处。魏太武造寺，以招提名之，由是招提便成为寺院的别名。兰若，是梵语阿兰若的简称，是指僧人所住的地方。因唐代有的佛教寺院得到官府正式认可，于是就把没有得到认可的民间私立的寺庙称为招提兰若。会昌五年（845年），在武宗的大力支持下，经过几个月的行动，全国共拆毁寺院、招提、兰若4万余所。现在我们国家有2 000个县，当时还有许多不毛之地，还没有这么多县，每县平均数10座和尚庙，泛滥成灾。这次行动被勒令还俗的僧尼达26万余人，释放寺院奴婢15万人，没收寺院土地10万余顷，消弱了佛教势力。因此，至会昌末年（847年），全国的纳税户数比宪宗时期增加了两倍多，国家的财政收入达到了"安史之乱"后的最高数额，极大地增强了中央集权的力量。

精简机构　改革流弊

李德裕当政期间，还十分重视政治改革。他曾大刀阔斧，精简机构，坚决"裁冗"。裁汰州县冗官达2 000多人，提高了办事效率，减轻了朝廷的财政负担，减少了对百姓的侵扰。同时，他还力图改革当时科举考试中存在的流弊，主张进士试议论而不试诗赋，又下令取消进士及第后的曲江大会，禁止进士与主考官互认"门生""座主"的关系，在一定程度上杜绝了朝廷官员利用科举朋比勾结、结党营私的恶习，使当时的政治风气渐趋好转。

唐朝后期，宦官内外勾结，形成了左右政局的强大势力。宪宗之后共九帝，其中八帝为宦官所立，两帝死于宦官之手。他们权倾朝野，有的甚至自称"定策国老"，以皇帝为"门生天子"。李德裕坚决协助武宗打击宦官势力，抑制宦官专权。宦官仇士良自顺宗得侍东宫开始，至武宗时被封为骠骑大将军、楚国公，接着又晋升为观军容使，兼统左右军。这样一个大权宦也惧怕李德裕，不得不退位还乡。明末清初思想家、哲学家王夫之对此高度评价："唐从肃宗以来，内竖之不得专政者，仅见于会昌。"，说唐朝从唐肃宗以来，宦官不能把持朝政的，仅仅只能在李德裕为相的唐武宗会昌年间才看到。

博学能文　擅长诏诰

李德裕不仅是一位杰出的政治家，而且也是晚唐时期著名的文学家，是一位博学能文之士。李德裕特别擅长诏诰制册，起草皇帝的命令、文告，曾享有朝廷"大手笔"的美誉。处理紧急事务时，全由李德裕起草诏书。常常是李德裕推辞多次，皇帝总是不许，说："学士不能表达出我的意思"，非要李德裕亲自起草不可。皇帝常常赞叹他的诏书能抓住本质，谈到点子上。清代文学家王士禛曾盛赞他的文章"骈偶之中，雄奇骏伟"。在他的家宅中，有起名为"起草"的院子和称作"精思"的亭子，每当筹划大事时，李德裕便呆在里面，左右侍奉的人都不能进入，静心思考。此外，李德裕还能吟诗作赋，并与当时的著名诗人元稹、刘禹锡等人多有唱和。李德裕一生创作了不少文学作品，一生中的论著很多都传播于世间，如《次柳氏旧闻》《会昌一品集》《李文饶文集》等。

李德裕品德高洁，不敛钱财，不好饮酒，后房也无声色行乐，就是喜欢饮茶。当时，有地位的人煮茶用水很讲究。号称茶仙的陆羽写的《茶经》中列举了排名在前二十位的煎茶水。张又新在《煎茶水记》中也列举了排位前七名的煎茶水。惠山寺泉水在陆羽和张又新的排行榜上都名列第二。用常州惠山寺的泉水冲茶是李德裕在浙西、淮南两地任职时养成的习惯。有个故事说，当李德裕回到京师长安当上宰相后，仍然用的是惠山寺泉水。长安离常州有数千里之遥，李德裕煎茶用的泉水通过驿站一站一站的接力递送，千里送水，人称水递。后来有一个僧人对李德裕说，你已经很了不起了，能够和古代的伊尹、皋陶这样有名的人物相提并论。但是在一些小事上没有处理好影响了你的声名，让人从千万里之外送水煎茶，有些劳师兴众了。僧人告诉他京城地下就有煎茶的好水，在城南保宁坊的昊天观中厨房的后面有一口井，这井下的水脉和常州惠山寺泉水的水脉是相通的。古人检验煎茶水时没有那么多仪器设备，全靠称量重量，同等体积的水重量越轻水质越好。李德裕派人取了十份水样暗自做了记号混在一起进行验证，结果有两种水样的重量是相等的，这两种水样分别是常州惠山寺泉水和京师长安昊天观的井水。验证之后，李德裕冲茶就改为就地取材。

被贬琼崖　神话传说

在李德裕的治理下，天下安宁，物产丰富，人民安居乐业，他多次要求辞官，皇帝都不答应。会昌六年（846年）三月，唐武宗死了，继位的唐宣宗一反武宗之所为，又重用牛党人士。牛、李党争一直伴随着这个时期的唐王朝，李德裕的厄运随即降临，被贬为荆南节度使。接着，不停地被贬，相继贬为东都留守、潮州司马、崖州（今海南琼山南）司户。

当时的海南主要居住的是黎族等少数民族，是朝廷流放犯人的地方，李德裕被贬到海南就等同于流放。他虽心情抑郁，精神不快，但在崖州办了不少好事，给黎族人民留下了良好的印象。李德裕死后，当地黎胞为他在山上建起了"李德裕庙"，刻了李德裕骑马的木像放在庙中，逢年过节，方圆数10里的黎胞杀鸡带酒前来凭吊，留下了许多神化般的故事。比如：传说李德裕一次到黎寨南加纳村，从崖州到那里，四面环山，只有一条通道，叫"长岗道"。过去，常有歹徒伏路抢劫行人财物，谋财害命，白天单身行人不敢通过。李德裕骑马经过那里时正值黄昏，有一群歹徒拦路打劫，歹徒向李德裕放箭。李德裕眼准手快，把箭一一接住折断，吓得歹徒们目瞪口呆，惊慌失措，认定他准是"名将"不敢挡道。李德裕进村后，拜过乡亲父老，家家捧出"山兰酒"，请他开怀痛饮，留他在村中下榻。李德裕见黎胞热情、坦率，同情他的不幸遭遇，欣然在黎寨住下，教黎民读书，传播中原文化，相处十分融洽。他看见黎族同胞身居深山，连食盐也有困难，便亲自骑马到崖州盐灶村买盐分发各家各户。李德裕还天天和父老们一起砍山种山兰、织鱼网捕鱼，非常勤劳。

传说，他还有许多神奇的本领。有一天，他来到长岗道旁的大榕树底下歇息，找不到可以垫坐的东西，便举手往大榕树一指。那粗大的榕树干一下子便弯了下来，横在大路口。于是他便舒舒服服地坐在树干上。这时，来了20名彪形大汉，他们见李德裕坐在树干上歇息，便也都坐了上去，用黎话和李德裕对起话来。好一会工夫，李德裕要放牛去了，对他们说："请你们赶快起来，我要走了，我一离身，树干就会竖立起来的。"那些汉子不相信说："别吹牛皮了，你才100多斤，我们这么多人压在上面怕什么！"李德裕再三劝说，他们还是不听。李德裕只好起身。这时树干猛地一下竖立起来，除二三个落在地上的人外，其余的人都被大树弹上了天空，不知飞落到何处了。没有被弹开的吓坏了，连忙跑回去报告头塘峒的头人。头人听了，很气愤，在崖州奸官的唆使下，准备攻打南加纳村，要李德裕赔钱赔命。李德裕闻讯，不声不响砍来了好多大木头，把村子围上了60多层栅栏，自己却唱着山歌上山砍柴去了。头塘峒头人率领大批人马来到村边，把栅栏一层层砍倒，砍至最后一层时，村寨里的人大叫不好。只听李德裕在山顶上喊了一声"不要怕！"那被砍倒的木栅又从地上一根根整整齐齐竖立起来。接着，只见他的手一挥，霎时从山里飞出无数的排蜂，把头人的人马咬得嗷嗷直叫，一个个鼻青眼肿，大败而逃。

头塘峒头人多次想抓李德裕，结果不但捉拿不到，反被戏弄一场，心里更是怀恨，一心要把李德裕除掉，便派人四处寻捕。有一天，几个歹徒在河边碰到一个打鱼的老头，便问道："你知道李德裕在哪里吗？"老头摇摇头，趁歹徒们不注意，他从身旁的树上捋了把树叶，扔进河里，霎时变成一群群肥鱼。歹徒们一见，马上跳进河里去捉鱼。老头子却背着鱼篓，唱着山歌回家去了。歹徒们把鱼捉到岸上一看，刚才活蹦乱跳的肥鱼，全变成皱巴巴的树叶，回头看时，老头子却不知去向了。这个老头，原来就是李德裕。

崖州知州把李德裕庙中的德裕骑马木像带回崖州去，但李德裕怀念南加纳村的黎族同胞乡亲，夜里又骑马归来。那天夜里南加纳村的黎族同胞听到马蹄声，天亮到李德裕庙一看，发现李德裕骑马的木像回到了庙中，黎胞在庙的前面用石块、泥土筑起了一条长约二三里的"蛇堤"，意思是：有大蛇为李德裕当保卫，谁敢伤害李德裕将会被大蛇咬死。这条"蛇堤"至今还在。这些神话般的故事有很大的虚构性，但充分说明黎族人民热爱李德裕、怀念李德裕。

唐宣宗大中三年十二月（850年初），李德裕含恨死于崖州贬所，终年63岁。直到唐懿宗时期，才诏追复李德裕为太子少保、卫国公，赠尚书左仆射，距离李德裕死时已经过了10年。

小　结

李德裕出身望族，名相之家，家学深厚，志存高远，忧国忧民，做官一任，造福一方。他入朝为相，面对大唐走向衰落的这个烂摊子，看准时弊，勇于改革，依法治国，功勋卓著。最难办的有两件事：一是拆毁寺庙，让和尚还俗。唐朝是个崇尚佛教、以僧为荣的国家，当和尚就像学生上学一样趋之若鹜。大家都去当和尚，谁来搞生产，谁来服徭役，谁当兵保家卫国？阿弥陀佛念不出生产力。李德裕看准了这个莫大的世俗时弊，进行改革，阻力之大非同一般。加上政敌的攻击、一些糊涂虫的不同看法，直至今天还有人说，拆庙灭佛，亵渎善缘。李德裕以后，唐又恢复了寺庙，可见除掉这个顽疾的艰难。李德裕以雷霆的手段，除了官办的重点大寺庙外，几乎拆完了全国所有的寺庙，没有坚强的毅力和决心是绝对办不到的。二是平定藩镇。唐朝安史之乱以后藩镇势力坐大，割据一方，常常不听中央号令，类似于小王朝。要平藩镇，没有超人的胆识和毅力也是不行的。李德裕做到了，成功了，功莫大焉！史书评价，李德裕一生不随流入俗，明辨而有风采，擅写文章，虽身居显位，仍手不释卷。他的谋议大多引经据典，衮衮不绝，颇为可喜。常以筹划治国之道为己任，武宗知人善用，对他言听计从，当时唐王室几乎达到了中兴的局面。

◇ 王安石

王安石，生于1021年，死于1086年5月21日，字介甫，号半山，封荆国公，汉族，临川人，即今江西省抚州市区荆公路邓家巷人，北宋杰出的政治家、思想家、改革家、卓越的文学家。列宁对其评价极高，誉为"中国十一世纪伟大的改革家"。梁启超赞誉其为夏商周三代以来唯一的完人。

七、王安石：三代完人　变法图强

少好读书　不同凡响

王安石出生于仕宦之家，其父王益是宋真宗大中祥符八年（1015年）进士，任建安，今福建建瓯主簿等地方官20多年，为人正直，执法严明，为百姓做了不少有益的事。其母吴氏从小好学强记，为人通情达理。王益任临江军，今樟树市判官时，王安石出生于此。王益调任江宁，今南京市通判，全家迁往江宁。

王安石的名字颇有些来历：传说王安石的祖父病重，王安石的父亲想待他百年后葬在一块风水好、有龙脉的地方，但始终没有找到。那时候信看风水，把看风水的人叫地仙。有一天，王安石的父亲找来一位地仙帮看风水。这个地仙在下马山连看了三年，都没有看准龙脉。明明在山下看山上有龙脉，可是一到山上看，就什么也看不出来了。山上有一个靠打柴为生的樵夫，每天都见地仙在山上转来转去，感到很奇怪，便问地仙在干什么。地仙不说实话，只说是玩一玩。有一天樵夫又问地仙："老人家，你长年在山上看，到底看什么？"这时地仙实在没办法，就跟樵夫说："远看这山确有龙脉，到近处看，怎么也找不到。"樵夫听后手一指，说："不用看，那棵大树下就是龙脉。"地仙端详了半天，觉得樵夫说得不错，立即告诉王安石的父亲。王安石的父亲按照地仙说的，在大树底下挖了一个坑。这个坑很是奇怪，大小刚刚能放下个棺材，坑的周围都是石头。安葬了王安石的祖父后，王安石的父亲因此就给儿子取名叫王安石。

　　王安石自幼聪颖，读书过目不忘。自百家诸子之书，及《难经》《素问》《本草》诸小说，无所不读，农夫女工，无所不问。相传他少年求学和聪明的故事很多，典型的有三个。第一个故事是寻求生花笔。王安石少有大志，曾挑着书箱行李，从家乡临川，来到宜黄鹿岗芗林书院求学。在名师杜子野先生指导下，他勤奋苦读，每至深夜。一日，王安石翻阅王仁裕《开元天宝遗事》，得知李白梦见自己所用的笔头上长了一朵美丽的花，因此，才思横溢，后来名闻天下。于是他拿着书问杜子野先生："先生，人世间难道真会有生花笔吗？"杜子野正色道："当然有啊！事实上有的笔头会长花，有的笔头不会长，只是我们的肉眼难以分辨罢了。"王安石见杜子野先生如此认真，便道："那么先生能给我一支生花笔吗？"于是，杜子野拿来一大捆毛笔，对王安石说："这里有九百九十九枝毛笔，其中有一枝是生花笔，究竟是哪一枝，连我也辨不清楚，还是你自己寻找吧。"王安石躬身俯首道："学生眼浅，请先生指教。"杜子野摸着胡须，沉思片刻，严肃地说："你只有用每枝笔去写文章，写秃一支再换一支，如此一直写下去，定能从中寻得生花笔。除此，没有别的办法了。"从此，王安石就按照杜子野先生的教导，每日苦读诗书，勤练文章，足足写秃了500枝毛笔。可是这些笔写出来的文章仍然一般，也就是说还没有从中找到"生花笔"。他有些泄气，于是又去问杜子野先生："先生，我怎么还没有找到那枝生花的笔呢？"杜子野没有说什么，饱蘸墨汁，挥笔写了"锲而不舍"四个大字送给他。又过了好久，王安石把先生送给他的998枝毛笔都写秃了，仅剩一枝。一天深夜，他提起第999枝毛笔写了一篇《策论》，突然，他觉得文思潮涌，行笔如云，一篇颇有见地的《策论》一挥而就。他高兴得直跳了起来，大声喊："找到了，我找到了生花笔了！"

第二个故事是智胜厨师。王安石小时候，住在临川城内的盐埠岭，离他家不远的街口有一家面馆。王安石每天上学都要从这家面馆门前经过，并经常在这里吃早点，久而久之，和面馆的老板伙计都相识了。有一天，王安石又到这家面馆吃面。进门后，拣了个座位坐下，老板、伙计有心考考他，故意不给他端面。王安石等了好久，看见后进门的人都吃上了面，便问跑堂的伙计："师傅，我的面做好了么？"伙计答道："就来。"不大一会儿，只见跑堂的伙计手中拿着一双筷子交给王安石道："伢仔，你的那碗面做好了，大师傅说要自己去端。"王安石也不计较，径直来到厨房，只见灶墩上放着一碗热气腾腾的肉丝面，滚烫的面汤快要溢流碗外。大师傅笑眯眯地对王安石说："伢仔，这碗面是我特意为你做的，味道格外好，肉也特别多，你能把它端到堂前去，不泼了一滴汤，算你白吃，不要钱。"王安石问："此话当真？"大师傅说："偌大的一个面馆，还出不起一碗面么？"好一个王安石，主意还真不少，只见他用筷子轻轻地往碗里一伸，把面条挑了起来，碗内自然只剩半碗汤了。就这样，王安石左手端起汤碗，右手拿着筷子挑起面，顺顺当当地把一碗满满的热面条端到店堂前，便津津有味地吃了起来。面馆里的人都翘起大拇指称赞道："王安石真神童啊！"

第三个故事是"害"爹挨雨淋。王安石从小聪明伶俐，邻居们都夸他心眼多，脑瓜灵。他爹听了，自然喜上眉梢，甜进心里。有一年秋天，正下着毛毛细雨，他爹穿着单衣，坐在屋里，于是把王安石叫到跟前说："安石啊，大家都说你聪明，我不信。如果我坐在屋里，你能叫得我站到院子里去挨雨淋，才算你真聪明。"王安石知道父亲在考自己，就笑着说："爹，落雨天当然是坐在屋里，我怎么能叫你站到院子里去淋雨呢？"他爹说："哪你不算聪明。"王安石接着说："爹，你要是站到院子里，我就能把你请到屋里来，你信不信？"他爹连声说着"不信"，就走到院子里去了。 王安石在屋里来回走着，就是不喊爹进屋来，让他爹挨淋雨。他爹等了好久好久，实在不耐烦了，催问他为什么还不开始？王安石说："爹，这不是'叫你站到院子里挨雨淋'了吗？"他爹这才恍然大悟，笑着说："还真有两下子。"王安石说："爹，快回屋里来，要不淋雨受凉会生病的。"他爹立即回来了，王安石又说："爹，又'把你请到屋里来'了。"说完，两人都哈哈大笑。

王安石年十七八，即以稷、契自命，表现出不同凡响的志趣。他写诗道：："才疏命贱不自揣，欲与稷、契遐相希"。稷，即教人类耕作、种庄家的谷神后稷；契，是殷人的祖先，都是古代的两个大贤人。王安石志气高远，立志要学做稷、契这样的古代贤人。由于他从小随父宦游南北各地，更增加了社会阅历，开阔了眼界，目睹了人民生活的艰辛，对宋王朝"积贫"、"积弱"的局面有了一定的感性认识，青年时期便立下了"矫世变俗"，革除社会积弊的大志。

进入仕途　上万言书

宋仁宗庆历二年（1042年）三月，王安石考中进士，高中第四名，即二甲第一名传胪。通常将一甲第一名叫状元，第二名叫榜眼，第三名叫探花，二甲第一名即第四名叫传胪。王安石中进士后，被授予淮南节度判官，庆历七年调任鄞县任县令，今浙江宁波。在任上，他组织民工修堤堰，挖陂塘，改善农田水利灌溉，便利交通。在青黄不接时，他将官库中

王安石 三代完人 变法图强

的储粮低息贷给农户，解决百姓度荒困难，在粮食收获时再收购粮食，使官粮得以以陈换新，施政才能初步显露。

这年，江南地区阴雨绵绵，从3月一直下到9月，田里的庄稼颗粒无收，受灾面积达127个县。米价接连上涨，到了10月，米价就由原来的每石400文涨到了1 500文，老百姓们苦不堪言。 江南各州府官员一面向朝廷请求援助，一面强力抑制米价惩办奸商，一旦发现有人哄抬米价，轻则没收家产发配充军，重则就地斩首。靠着这种雷霆般的手段，江南地区的米价终于稳定下来，维持在每石500文左右。 但是，在东南沿海，王安石任职的偏远小县鄞县（宁波），不但不抑制米价，反而发出公文，以政府的名义硬性规定：鄞县境内米价每石3 000文！ 一时间，宁波境内民怨沸腾，尤其是一些普通百姓骂得很厉害。因为米价太贵，不少人家只好举家食粥。米商们则欢呼雀跃，发了大财，纷纷知趣地给王安石送来金银。对此，王安石来者不拒，一一收下。偶尔有外地的商人忘了敬献金银，王安石就让师爷前去讨要。 时任杭州知府的吕向高，听说了这事，怒不可遏。只因碍着王家世代为官，实力强大，而王安石本人又是海内名士文人领袖，这才暂时没有追究。吕向高心想，等宁波闹得不可收拾，再去发落王安石，也免得自己落卜妒贤嫉能不能容人的骂名。 没想到，由于陕西一带连年大旱，朝廷已经赈济多年，国库空虚，对江南的雨灾，一时无力救助。到了第二年3月，江南市面上几乎已经无米可卖。黑市上，米价出到5 000文一石，还常常有价无市。大量饥民开始涌现，不少人举家外迁，每天都有许多人饥饿而死。昔日风景如画的江南，一时哀鸿遍野凄凉一片。 与此形成强烈对比的是，宁波境内却米粮充足，人民生活安定。原来，前一年王安石把米价定到3 000文时，全国各地的商人听说宁波米价高昂，有利可图，纷纷把米贩到宁波。宁波的米粮越积越多，渐渐供大于求。商人们已经把米运来，不好再运回去，只好就地降价销售。米价竟然慢慢降回到了1 500文一石。宁波的老百姓们，虽然一时间将多年的积蓄消耗殆尽，却几乎没有出现饥民。对于无力买粮的人家，王安石就发给银两救助。 同江南其他地方比起来，宁波简直就是个世外桃源。 再说，江南不同于陕甘等贫弱地区，这里历来富庶，不仅鱼米丰饶，而且商业十分发达，普通人家几十年下来，也小有积蓄。因此，乍遇荒年，人们需要的只是粮食，就算米价高，俭省一点，也能坚持一年半载。 吕向高这才发现，王安石真有一套，实在是高。他马上嘉奖王安石，并通令江南各地提高粮价，每石3 500文。 商人们一听，大受振奋，纷纷竭尽所能，马驮驴运水陆并行，从全国各地源源不断把米贩到江南来。江南民众家财散尽，却终于渡过了这一劫。经此一事，王安石名声大振，从此平步青云，成为北宋一代名臣。

宋仁宗皇祐三年（1051年），王安石任舒州通判，颇有政绩。宰相文彦博推荐他为群牧判官，出任常州知州、江东刑狱提典。多年的地方官经历，使王安石认识到宋代社会贫困化的根源在于兼并，宋封建统治所面临的危局是"内则不能无以社稷为忧，外则不能无惧于夷狄"，就是说：对内不能实现江山社稷安枕无忧；对外不能让周边蛮夷国家（指辽国、西夏）畏服惧怕。 嘉祐三年（1058年）王安石任度支判官时，毅然上宋仁宗赵祯万言书，对官制、科举以及奢靡无节的颓败风气作了深刻的揭露，请求改革政治，加强边防，提出了"收天下之财，以供天下之费"的理财原则，要求对宋初以来的法度进行全盘改革，扭转积贫积弱的局势。他以历史上晋武帝司马炎、唐玄宗李隆基等人只图安乐享受，不求改革，终于覆灭的事实为例，以古比今，惊示宋朝。王安石对改革抱有士大夫群中少见的紧迫感，大声疾呼："以古代的历史衡量今天，为了天下的安危，对乱世的治理还是可以有作为的，有作为的时期莫有比今天更紧迫的。"他要求立即实现对法度的变革；指出，如不改革，汉亡于黄巾，唐亡于黄巢的历史必将重演，宋王朝也必将走上覆灭的道路。当时的封建士大夫也大都把治国的厚望寄托于王安石，期待他能早日登台执政。

王安石向宋仁宗上的万言书，并未引起朝廷的重视。不久朝廷任命他入直集贤院，同修起居注。他不愿任此闲职，固辞不就，遂改任知制诰，替皇帝起草诏令文告，纠察在京刑狱。因言忤旨意，难以在朝为官，于宋仁宗嘉佑八年（1063年）八月，王安石以母病为由辞官回江宁守丧。宋英宗即位后（1063-1066年），屡召王安石赴京，均以服母丧和有病为由，恳辞入朝。

❀ 积贫积弱　酝酿变法 ❀

宋朝到了宋英宗、神宗时代已积累了众多的矛盾和问题，主要有三大矛盾：（1）阶级矛盾尖锐：北宋初年，宋朝统治者由于对土地兼并采取"不抑兼并"态度，导致三分之一的自耕农沦为佃户和豪强地主隐瞒土地，致使富者有田无税、贫者负担沉重，连年的自然灾害加剧了农民苦难，因而造成各地农民暴动频繁。（2）民族矛盾严重：北宋北有大辽，西有大夏，都是强敌，常与西夏和辽国发生战争。（3）统治集团内部矛盾突出：改革派与守旧派斗争激烈。同时，还存在着 "三冗"危机：（1）冗官，北宋政府采用分化事权的方式，集中皇权。比如，宰相职位一般有很多人担任，同时还设置了枢密使、参知政事、三司使来分割宰相的军、政、财权。官职也不断增加，导致北宋机构臃肿；还采用恩荫制，一个官僚一生当中可以推荐数十个亲属当官；又大兴科举，科举应试人数增加，取士人数也增加。一职多官是宋朝的一大弊政。（2）冗兵，政府为稳定社会秩序招收流民入军，军队数量增加，军费增加。（3）冗费、冗官、冗兵导致政府财政支出增加，北宋政府还要给西夏和辽"岁币"；与此同时由于土地兼并现象严重，富豪隐瞒土地，导致财政收入锐减，因而造成了北宋政府的财政危机。

在军事方面，军队涣散，指挥效率和战斗力较低，导致北宋在与辽国和西夏的斗争中常常失败。打败仗的原因主要有四点：（1）北宋政府为了防范武将，实行更戍法，频繁调动武将，导致兵无常帅，帅无常兵，并设立不同机构管辖军队，调兵权与领兵权分离，削弱军队战斗力。（2）为了稳定社会秩序，北宋政府荒年募兵，招募流民当兵，军队战斗力下降。（3）北宋以步兵为主，根本就打不过北方少数民族的骑兵。（4）武器生产管理混乱，影响军队战斗力。

宋英宗治平四年（1067年）正月，宋神宗赵顼（xū）即位。神宗立志革新，他向元老重臣富弼等人征询富国强兵和制胜辽与西夏之策。他们规劝神宗，在20年内不要提及用兵二字。宋神宗从此不再倚靠这班元老重臣，起用王安石为江宁知府。熙宁元年（1068年）四月，召"负天下大名30余年"的王安石入京。为摆脱宋王朝所面临的政治、经济危机以及辽、西夏不断侵扰的困境，神宗召王安石"越次入对"，并封为翰林学士兼侍讲。当时，按王安石的身份职衔尚不够问政资格，所以历史上称这次召见为越次入对。

宋神宗问王安石："当今治国之道，当以何为先？"王安石答："以择术为始。"王安石在这里说的术，是经理学术，实实在在的理财之术。神宗又问唐太宗何如，王安石则言当以尧舜为法，唐太宗不足为道。王安石劝神宗以尧舜为法，行先王之道，表明他要选择的经术不再是儒术，而是切实可行的先王之道，其实就是他所新创的新经学。

北宋神宗熙宁二年二月，王安石被任命为参知政事，要倚靠他来变法立制，富国强兵，改变积贫积弱的现状。皇上对他说："人们都不了解爱卿你的才能，都以为你只懂得经理学术，不懂得政治事务。"王安石回答说："经术学问正是用来处理政务世事的，但后来很多所谓"大儒"，大部分都是才能庸俗之人，因此世上俗人才都以为经学不能辅佐治世罢了。"皇上又问："既然这样那么你最先开始的施政措施是什么？"王安石答道："改变劣习风俗，树立法规，是现在最亟需的了。"皇上认为是这样的。当时王安石已成为众望所归的人物，士大夫们大都以为只要王安石登台执政，太平盛世会很快到来，人民都会获得益处。

王安石开始推行新法，采取一系列改革措施，但反对之声不绝于耳。

翰林学士范镇认为实行"青苗法"是变富人之多取而少取之，然"少取与多取，犹五十步与百步"，把抑豪强的"青苗法"简单地说成把富人多得的利润变少了，少得与多得就像五十步与百步一样。七八月间范纯仁上书皇上，公开指责王安石"掊（pǒu，抨击）克财利"，舍"尧舜知人安民之道"，攻击王安石一味地追求财和利，舍弃了尧舜的以德和礼治国安民的王道。御史中丞吕诲上书劾王安石巧诈，说他："置诸宰辅，天下必受其祸"，胡说什么王安石用的都是巧诈之术，让他当宰相，国家人民必然要受到祸害。

一次宋神宗和文彦博讨论变法之事，神宗说："变革旧的法律制度，对于士大夫来说固然多数人不高兴，然而对于老百姓有什么不便利的？"文彦博说："因为是与士大夫一起治理天下，不是与百姓治理天下。"第二年，司马光给王安石写了三封长信《与（王）介甫书》，多方责难王安石的变法，说王安石尽变祖宗之法，使先后、上下、右左颠倒，成规的东西毁了，抛弃的东西却用了。努力勤劳、日以继夜不遗余力，创建制置条例司，大讲财利的事情，在江淮实行均输法，尽夺商人的利益，实行青苗法向老百姓放钱收利息，增加了痛苦，搞得妻离子散；稍有不同意见王安石就发怒，辱骂斥责，或向皇上报告逐出京城，不待人家把话说完。明主这么宽容，而王安石拒绝听取不同意见一如既往，这样做恐怕不够宽宏大量呀！并列举实施新法"侵官""生事""征利""拒谏""致怨"等弊端，要求王安石废弃新法，恢复旧制。王安石则写了《答司马谏议书》回复，说："……我却认为从皇帝那里接受命令，议订法令制度，又在朝廷上修正，把它交给负有专责的官吏去执行，不能算是侵夺官权；实行古代贤明君主的政策，用它来兴办有利的事业、消除弊病，不能算是制造事端；为天下治理整顿财政，不能算是与百姓争夺财利；抨击不正确的言论，驳斥巧辩的坏人，不能算是拒绝接受他人的规劝。至于对我的那么多怨恨和诽谤，那是我本来早就料到会这样的。人们习惯于苟且偷安、得过且过不是一天了。士大夫们多数把不顾国家大事、附和世俗，向众人献媚讨好当做好事，因而皇上才要改变这种不良风气，那么我不去估量反对者的多少，想拿出力量帮助皇上来抵制这股势力，那些人又为什么不对我大吵大闹呢？盘庚迁都的时候，连老百姓都抱怨啊，并不只是朝廷上的士大夫反对；盘庚不因为有人怨恨的缘故就改变自己的计划，考虑到迁都合理性，然后坚决行动；认为对就看不出有什么可以后悔的缘故啊。如果君实（司马光字）您责备我是因为在位任职很久，没能帮助皇上干一番大事业，使老百姓得到好处，那么我承认是有罪的；如果说现在应该什么事都不去做，墨守前人的陈规旧法，那就不是我敢领教的了。没有机会见面，内心实在仰慕您到极点了。"后来两人完全绝裂，司马光跟皇帝辞职，隐居洛阳专心撰写《资治通鉴》。

　　不论反对派怎么样的攻击，王安石变法的决心不动摇。反对派攻击他"天变不足畏，祖宗不足法，人言不足恤"，王安石听到这句话之后深觉其符合自己的变法主旨，遂大加宣扬，并作为指导思想，鼓励改革派排除一切干扰，坚定不移地进行改革。为了给变法确立理论根据并反击守旧派，王安石指出，"尚变者，天道也"，用"新故相除"的进化观点驳斥了守旧派的"道不可变"的形而上学论调。同时又公然提出"祖宗之法，未必尽善，可革则革，不足循守"。在变法过程中，他更设置专局，使吕惠卿和他的儿子王芳及其他门人修撰《诗义》《书义》《周官礼义》，即三经新义，自己还亲自撰写了部分内容，对新政从理论上加以解释与阐发，反对空谈，提倡注重实际的经术，并通过政府力量作为学校诵习的定本，被称为"新学"，有效地统一了士论，使得经学教育能够更好地为推行新法服务。这些思想，具有一定的进步意义。

熙宁变法　富国强兵

　　由于深得宋神宗赏识，熙宁二年（1069年），王安石出任参知政事，熙宁三年十二月，又升任同中书门下平章事、史馆大学士，与韩锋并相，开始大力推行改革，进行变法。王安石变法的目的在于富国强兵，借以扭转北宋积贫积弱的局势，巩固地主阶级的统治。王安石明确提出理财是宰相要抓的头等大事。他说"今所以未举事者，凡以财不足故，故臣以理财为方今先急"，十分明确地指出：现在不能办好事，大都是财力不够，所以我把理财放在首位。更重要的是，王安石在执政前就认为，只有在发展生产的基础上，才能解决好国家财政问题。他提出"以天下之力生天下之财，取天下之财以供天下之费"，在改革中，旗帜鲜明地把发展生产作为当务之急摆在头等重要位置，类似于今天的以经济建设为中心。

王安石认为，要发展生产，首先是"去疾苦、抑兼并、便趣农"，要求去除劳动者的疾苦，抑制地主的土地兼并，政策便利使农民有兴趣从事农业生产，把劳动者的积极性调动起来，使那些游手好闲者也回到生产第一线，收成好坏决定于人而不决定于天。要达到这一目的，国家政权需制定相应的方针政策，在全国范围内进行从上到下的改革。

王安石虽然强调了国家政权在改革中的领导作用，但他并不赞成国家过多地干预社会生产和经济生活，反对搞过多的专利征榷。征榷，即专卖征收的税收。他提出和坚持"榷法不宜太多"的主张和做法。在王安石上述思想的指导下，变法派制订和实施了诸如农田水利、青苗、免役、均输、市易、免行钱、矿税抽分制等一系列的新法。从农业到手工业、商业，从乡村到城市，展开了广泛的社会改革。与此同时，王安石为首的变法派改革军事制度，以提高军队的素质和战斗力，强化对广大农村的控制。为培养更多的社会需要的人才，对科举、学校教育制度也进行了改革，把编写的《三经新义》，作为学校教育的新教材。变法有下述具体内容。

一、机构改革

（1）制置三司条例司。熙宁元年（1068年）二月，设"制置三司条例司"，是王安石推动变法第一个设立的机构。原本宋朝的财政由盐铁、户部、度支三司掌握，王安石设立置制三司条例司来作为三司的上级机构，统筹财政，是当时最高的财政机关。此机关除了研究变法的方案、规划财政改革外，亦制订国家一年内的收支，并将收入定其为定式。

（2）市易法。熙宁五年（1072年）三月，颁行市易法。由政府出资金100万贯，在开封设"市易务"（市易司），在平价时收购商贩滞销的货物，等到市场缺货的时候再卖出去。同时向商贩发放贷款，以财产作抵押，五人以上互保，每年纳息二分。用以达到"通有无、权贵贱，以平物价，所以抑兼并也。"市易法增加了财政收入。（3）保甲法。熙宁三年（1070年）司农寺制定《畿县保甲条例颁行》。乡村住户，每五家组一保，五保为一大保，十大保为一都保。凡有两丁以上的农户，选一人来当保丁。保丁平时耕种，闲时要接受军事训练，战时便征召入伍。以住户中最富有者担任保长、大保长、都保长。用以防止农民的反抗，并节省军费。

二、税赋改革

（1）方田均税。熙宁四年（1071年）八月由司农寺制定《方田均税条约》，分"方田"与"均税"两个部分。"方田"是每年九月由县长举办土地丈量，按土墥肥瘠定为五等；"均税"是以"方田"丈量的结果为依据，制定税数。方田均税法清出豪强地主隐瞒的土地，增加了国家财政收入，也减轻了农民负担，同时却严重损害了大官僚大地主的利益，遭到他们强烈反对。

（2）均输法。是调节物资供需关系、平抑物价以打击大商人的政策。此法起源于前文所讲的管仲，早在西汉桑弘羊时就推行，唐代以后各郡置均输官，达到不向人民增加税收开支也很充足。熙宁二年七月，为了供应京城皇室、百官的消费，又要避免商人屯积，在淮、浙、江、湖六路设置发运使，按照"徙贵就贱，用近易远"、"从便变易蓄买，以待上令"的原则，负责督运各地"上供"物质。徙，迁徙，"徙贵就贱，用近易远"是说，转移贵的商品到便宜的地方，用本处的丰富物产去换取远处的匮乏的物资。"从便变易蓄买，以待上令"是说，从方便容易的角度去采买所需的东西，积蓄起来，等待上面的指令。其用意在省劳费、去重敛，减少人民的负担。

（3）青苗法。熙宁二年九月，颁布青苗法。规定以各路常平、广惠这两个仓所积存的钱谷为本，其存粮遇粮价贵，即较市价降低出售，遇价贱，即较市价增贵收购。其所积现钱，每年分两期，即在需要播种和夏、秋未熟的正月和五月，按自愿原则，由农民向政府借贷钱物。收成后，随夏、秋两税，加息十分之二或十分之三归还谷物或现钱。青苗法使农民在新陈不接之际，不至受"兼并之家"高利贷的盘剥，使农民能够"赴时趋事"，但具体实施中出现强制借贷现象，是王安石变法措施中争议最大的内容。

（4）募役法，又称"免役法"。熙宁三年（1070年）十二月，由司农寺拟定，开封府界试行，同年十月颁布全国实施。免役法废除原来按户等轮流充当州县差役的办法，改由州县官府自行出钱雇人应役。雇员所需经费，由民户按户分摊。原来不用负担差役的女户、寺观，也要缴纳半数的役钱，称为"助役钱"。使得农民从劳役中解脱出来，保证了劳动时间，促进了生产发展，也增加了政府财政收入。

（5）熙宁六年（1073年）七月颁行免行法。免行法规定，各行商铺依据赢利的多寡，每月向市易务交纳免行钱，不再轮流以实物或人力供应官府

三、新修水利

规定各地兴修水利工程，用工的材料由当地居民按照每户的经济情况分高下等级分派。只要是靠民力不能兴修的，其不足部分可向政府贷款，取息一分，如一州一县不能胜任的，可联合若干州县共同负责。

四、军队改革

（1）裁兵法。整顿厢军及禁军：禁军的任务是守京师，备征战；厢军是诸州之镇兵，主要任务是役使，维持当地治安。一是规定士兵50岁后必须退役。二是测试士兵，禁军不合格者改为厢军，厢军不合格者改为民籍（民兵）。

（2）将兵法。又叫"置将法"。废除北宋初年定立的更戍法。用逐渐推广的办法，把各路的驻军分为若干单位，每单位置将与副将一人，专门负责操练军队，以提高军队素质。

（3）保马法。神宗时，宋朝战马只有15万余匹，政府鼓励西北边疆人民代养官马。凡是愿意养马的，由政府供给马匹，或政府出钱让人民购买，每户一匹，富户两匹。马有生病死亡的，就得负责赔偿。但遭遇到瘟疫流行，死了不少马匹，徒增民扰，不久废止，改行民牧制度。

（4）军器监法。熙宁六年八月广设军器监，负责监督制造武器；并且招募工匠，致力改良武器。

五、科举改革

科举考试的流程是：1）院试，考秀才；2）乡试，考举人，第一名叫解元；3）会试，礼部考试，合格者称贡士，然后才能参加殿试；4）殿试，皇帝亲自主持考试，考中的发皇榜公布，称"金榜"，分三甲：第一甲三名，第一名称状元，第二名称榜眼，第三名称探花，皆赐进士及第；第二甲若干名，赐进士出身；第三甲若干名，赐同进士出身。改革实行下述办法。

（1）三舍法。希望以学校的平日考核来取代科举考试，选拔真正的人才。"三舍法"，即把太学分为外舍、内舍、上舍三等，"上等以官，中等免礼部试，下等免解"。就是说学业优秀划为上等的可直接委以官职，中等的免去礼部的考试，直接参加殿试，下等的免去地方的考试，直接参加礼部考试。后来地方官学也推行此法，有了现代班级教学的特色。

（2）贡举法。王安石认为"欲一道德则修学校，欲修学校则贡举法不可不变"。就是说，我们要想统一思想，培养真正有用之才，所以要兴办学校，而且要兴办新的学校，旧的科举制度不可不改变。新法改变了旧的贡举制度。熙宁三年（1070）三月，进士殿试时就予以罢免诗、赋、论三题，而改为考对时局的看法和治世的策略。

明经，是汉朝时兴起的一个考试科目，参加考者须明习经学，故以"明经"为名。宋朝明经的内涵有二经、三经、五经、十义等。熙宁四年（1071）二月，废明经，专以进士一科取士。另设"民法科"，测试考生关于役令与断案的本领。也就是说，不要玩那些虚东西，提出真抓实干的主张方可以"唯才用人"，那时间凡是有志于改革的人才，都委以重任，此举，不少人成为改革的中坚力量。

王安石变法对北宋后期社会经济具有很深的影响，已具备近代变革的特点。从新法实施，到守旧派废新法，前后将近15年时间。在此期间，每项新法在推行后，基本上收到了预期的效果。其青苗法和市易法实为近代"文明国家"的银行雏型。免役法如梁启超所说"与今世各文明国收所得税之法止同"。熙宁八年（1075年），农田水利法推行五年之后，成就斐然。正像梁启超说的：王安石执政以后就很重视农田水利，派专门的官员到各地引领农田水利工作，使官员和老百姓都能知道土地种植的方法，对每块土地的好坏旱涝程度都了如指掌，兴修水利行之有效，并按功行赏。他在位之日，始终竭尽全力推行水利建设。从熙宁二年到九年，各地兴修水利田凡10 793处，围田361 178顷多。王安石所兴修的水利，说不清有多少，其中大的有疏通黄河，清汴河等。

变法使豪强兼并和高利贷者的活动受到了一些限制，使中、上级官员、皇室减少了一些特权，促进了农田水利事业的发展，而乡村上户地主和下户自耕农则减轻了部分差役和赋税负担，政府加强了对直接生产者的统治，增加了财政收入，国家财政状况有所改善，北宋积贫积弱的局面得以缓解，军事力量也得到加强。北宋熙宁六年（1073年），在王安石指挥下，宋熙河路经略安抚使王韶率军进攻吐蕃，收复河，今甘肃临夏、岷，今甘肃岷县等五州的作战取得胜利，收复5州，拓地2000余里，受抚羌族30万帐，建立起进攻西夏地区的有利战线。

众疑群谤　变法失败

　　王安石变法触犯了官僚、大地主的既得利益，遭到保守派的激烈反对，特别是曹太后、高太后的顽固阻梗。保守派的代表人物司马光也曾经多次上书皇帝取消新法。王安石处于"众疑群谤"之中。宋神宗迫于皇亲贵戚和反对新法大臣的压力，于熙宁七年（1074）四月罢去王安石相位，再任江宁知府。次年虽又起用为相，但因新法派内部分裂及保守派的挑拨离间，王安石实际上难有作为，至熙宁九年十月再次罢相，出任江南签判，次年隐退江宁，过着闲居生活。反对变法的司马光当政，新法被罢废。不久，因为中央财政资金不足，经司马光提议，王安石的变法条目部分又得以恢复。

　　王安石变法虽然是触动了大地主大官僚阶级的利益，遭到他们的强烈反对，改革的最主要支持者宋神宗在关键时刻发生了动摇，但政策和做法也存在着一些问题，有值得商讨之处。

　　（1）变法事先缺乏宣传，导致在变法的过程中无法吸引到优秀的人才。在变法的反对阵营中，有一大批的知名人物，而其中的精英部分，在经过足够的宣传说服后应该是可以被吸收进变法阵营中的。

　　（2）没有合适的人才推行新法，政策执行不力。如青苗法、免役法的实行，与理想相去甚远。如果贫困民户自愿请贷官钱，尚有可说，但实际上是地方官强迫农民五家互保后在逐家派定数目，称为散青苗。地方官为了保障秋后本息全部收回，散派的对象是中上之家而非贫下之户，是怕贫下户无力偿还，谈不上多少惠民。而青苗法中要收取利息二分，即百分之二十，这数目太高了，一般平民负担不起。

（3）在实施新法过程中过分求大求快，且被许多官吏扭曲和异化，借机敲诈盘剥，成为官员鱼肉百姓的"正当"手段，缺乏有效的监督保障，使农民的利益受到损害，实际效果与主观设想相差甚远。比如，实行青苗法，政府规定利率为20%，官员擅自提到30%，结果新法实行之后连年自然灾害，官员逼债，农户纷纷破产，连富户也无法幸免。政府要平抑物价、抑制私商，官员就用更坏的官商代替私商，市场、货源、价格被政府高度垄断，百姓被盘剥更严重。虽然变法增加了财政收入，但以民穷为基础的国富却难以持续，社会怨声载道。

（4）刚愎自用。王安石性刚，与神宗议论国事，有所抗辩，声色俱厉，神宗每为之改容听纳。他长于化友为敌，而不长于化敌为友。与莫逆之交的韩维、吕公著断交，朋友中有对新法不同意见的就毫不客气地贬到地方去。创行变法之初，司马光曾致函叫他不要用心太过，自信太厚，王安石覆书抗议，深不以为然。二人本是极要好又互相推重的朋友，从此画地绝交。苏轼对新法有不同看法，很多正确的意见也未能被王安石采纳。

这些改革中的不足，成为反对派攻击的口实，加速了变法的失败。

文学大家 一代宗师

王安石不仅是一位杰出的政治家和思想家，同时也是一位卓越的文学家。权威专家有下述评论：

王安石受其进步的哲学思想支配，把"新故相除"看做是自然界发展变化的规律，树立了"天变不足畏，祖宗不足法，人言不足恤"的大无畏精神，敢作敢为，进行改革。这些进步思想在他的文学作品中也闪烁着夺目的光彩。为了实现自己的政治理想，他把文学创作和政治活动密切地联系起来，强调文学的作用首先在于为社会服务，强调文章的现实功能和社会效果，主张文道合一。他的散文大致贯彻了他的文学主张，所作多为有关政令教化、适于世用之文。

他反对西昆派（宋初的诗歌流派）杨亿、刘筠等人空泛的靡弱文风，认为"所谓文者，务为有补于世而已矣。所谓辞者，犹器之有刻镂绘画也。诚使巧且华，不必适用；诚使适用，亦不必巧且华。要之以适用为本，以刻镂绘画为之容也。"，十分明确地主张，所写文章，一定要对社会有用。所有修辞造句，就像给器物上雕刻绘画一样。一定要是它巧妙而华丽，就不必讲求实用。一定要是它实用，也不必讲求外表的巧妙和华丽。重要的是要以实用为根本，雕刻绘画只是外表。正因为王安石以"务为有补于世"的"适用"观点视为文学创作的根本，他的作品多揭露时弊、反映社会矛盾，具有较浓厚的政治色彩。今存《临川集》《临川集拾遗》《临川先生歌曲》《临川先生文集》等。

王安石与韩愈、柳宗元、欧阳修、苏洵、苏轼、苏辙、曾巩，并称为"唐宋八大家"。他的散文雄健简练、奇崛峭拔，大都是书、表、记、序等体式的论说文，阐述政治见解与主张，为变法革新服务。这些文章针对时政或社会问题，观点鲜明，分析深刻，长篇则横向铺开陈述，文章宽厚而不力单，短篇则迂回曲折而不味薄。

王安石的政论文在唐宋八大家中是很突出的，他驾驭语言的能力非常强，其言简练明快，笔力雄健。其文迂回曲折，高峰迭起，雄浑浩大，既有气势之美，又有音律之美；其词简洁明快，不仅把意思都说到了，而且余味悠长。《上仁皇帝言事书》，是主张社会变革的一篇代表作，根据对北宋王朝内外交困形势的深入分析，提出了完整的变法主张，表现出作者"起民之病，治国之疵"，要移风易俗，革治积弊的进步思想。《本朝百年无事札子》，在叙述并阐释宋初百余年间太平无事的情况与原因的同时，尖锐地揭示了当时危机四伏的社会问题，期望神宗在政治上有所建树，认为大有作为的时候，就在今天。《答司马谏议书》，以数百字的篇幅，针对司马光指责新法为侵官、生事、征利、拒谏四事，严加剖驳，短小精悍，言简意赅，措词得体，体现了作者刚毅果断和坚持原则的政治家风度。王安石的政论文，不论长篇还是短制，结构都很严谨，旨意高超卓越，说理透彻，语言朴素精练，只用一两句话就顶别人数大段话，具有较强的概括性与逻辑力量。这对推动变法和巩固北宋诗文革新运动的成果起了积极的作用。

王安石的一些小品文，脍炙人口，《鲩说》《读孟尝君传》《书刺客传后》《伤仲永》等，评价人物，笔力劲健，文笔锐利，富有感情色彩，给人以显明通达的新鲜感。他还有一部分山水游记散文，如：《城陂院兴造记》，简洁明快而省力，酷似柳宗元；《游褒禅山记》，既是记游，也是说理，二者结合得紧密自然，即使抽象的道理，也能生动、形象地表达，又使具体的记事增加了思想深度，显得布局灵活并又曲折多变。

王安石的诗歌，大致可以罢相（1076年左右）划界而分为前、后期，在内容和风格上有较明显的区别。前期的诗歌，长于说理，倾向性十分鲜明，涉及许多重大而尖锐的社会问题，注意到下层人民的痛苦，替他们发出了不平之声。王安石后期的隐居生活，带来了他的诗歌创作上的变化。他流连、陶醉于山水田园中，题材内容比较狭窄，大量的写景诗、咏物诗取代了前期政治诗的位置，抒发一种闲恬的情趣，但艺术表现上却臻于圆熟，观察细致，精工巧丽，意境幽远清新，表现了对大自然美的歌颂和热爱，历来为人们所传诵。

从诗体说来，王安石的古体诗虽然多用典故，好发议论，但立意新颖，充满着情感和丰富的想象。律诗则用字工稳，对偶贴切，但有时不免失于过多的雕刻。五绝和七绝尤负盛誉，绝句妙天下。他的诗对当代和后世都有影响，被称为"王荆公体"。

"王荆公体"的特点是：重炼意，又重修辞。在用事、造语、炼字等方面煞费苦心，既新奇工巧又含蓄深婉，主要载体是其晚期雅丽精绝的绝句。其长处是下字工，用事切，对偶精；这样必然就产生了，好求工整而巧不足，有深婉不迫，生硬奇崛的地方。这既体现了宋诗风貌的部分特征，又有向唐诗复归的倾向，可谓既有唐音，又有宋调。概括地说其诗

"学杜得其瘦硬"，擅长于说理与修辞，善于用典故，有的风格，遒劲有力，精辟精绝，有的风格雄健峭拔，修辞凝练，也有情韵深婉的作品，对后来宋诗的发展有很大影响。

王安石的词，今存约20余首。虽不以词得名，但其"作品瘦削雅素，一洗五代旧习"。《桂枝香.金陵怀古》一词，通过描写金陵（今江苏南京市）壮景及怀古，揭露六朝统治阶级"繁华兢逐"的腐朽生活，豪纵沉郁，被赞为咏古绝唱。它同范仲淹的《渔家傲》"塞下秋来风景异"一词，开了苏东坡豪放的先声，给后来词坛以良好的影响。

从文学角度总观王安石的作品，无论诗、文、词都有杰出的成就。北宋中期开展的诗文革新运动，在他手里得到了有力推动，对扫除宋初风靡一时的浮华余风作出了贡献。但是，王安石的文学主张，却过于强调"实用"，对艺术形式的作用往往估计不足。他的不少诗文，又常常表现得议论说理成分过重，瘦硬而缺少形象性和韵味。还有一些诗篇，论禅说佛理，晦涩干枯，但也不失大家风范，是我国诗歌史上的一颗明星。诗作《元日》、《梅花》等最为著名。

自奉至俭　三代完人

由于早年丧父，较早承受家庭经济的重负，王安石自幼养成了生活俭朴的习惯，虽经术、文学冠绝一时，深受皇帝和士大夫的推崇，然而其生活方式与他的公卿乃至宰相身份很不相称，与当时士大夫们的追求奢华、铺张的生活方式也格格不入。他对生活要求的极其简单，十分简朴。《宋史》王安石传对王安石的为人与生活面貌有几句话描述，"性不好华腴，自奉至俭，或衣垢不浣，面垢不洗。"前两句说王安石不追求华美，生活简朴，是真实的写照。后两句说的王安石衣服脏了不洗，脸脏了不洗，则是污蔑之词。由于王安石当宰相时，大力推行新法，侵犯了上层利益，所以饱受诋毁，污蔑之词常常见于史书，有的还说他常年不洗澡，在朝堂上捉虱等等，极尽污蔑之能事。

其实，王安石绝非这样。王安石的夫人是大家闺秀，知书达理，十分爱干净，有洁癖。据说，王安石赴京赶考，半路上遇见一个大户人家在用对诗的方法选女婿。许多人围在那里，有看热闹的，有真想给人家当女婿的，但就是没有一个人能对上诗。王安石凑上去细一打听，原来这诗的上联是小姐自己出的，求对下联。上联写道："天连碧树春滋雨，雨滋春树碧连天。"王安石心想，这位小姐还真有些文采，有了好感，转念一想，何不试一试。他略一思索，便吟出："地满红香花连风，风连花香红满地。"众人齐声称好。小姐闻之也十分满意，就许以终身。王安石的夫人这么爱干净，和王安石生活了一辈子，管他的日常生活，为他生下三男二女，岂能是王安石的衣服脏了不给洗，容他脸不洗，蓬头垢面，身上长满虱子，还能同床共枕？再蠢的人也不会相信。这些，完全是恶意污蔑的诋毁之词。

王安石的个人品行一尘不染，堪称楷模，正像梁启超说的是夏商周三代之后唯一的一个完人。有文章总结王安石的高洁品德，大体有以下几点。

（1）他没有官架子，为官廉洁，不贪财，常对穷人接济帮助。宋张邦基在《墨庄漫录·卷一》记载，一次王安石路见一位农家子吴某可怜，就将随身带的一块旧乌巾送给了他。吴某嫌旧，卖与别人。王安石得知后派人重新购回，取小刀自己在巾脚刮磨，光灿灿地露出黄金。这个乌巾是皇上赐给王安石的宫中之物，很是珍贵。他仍然派人送给了吴某。据记载，王安石辞相搬出相府时，所有的官府之物一律奉还。夫人非常喜欢那里的一张床，想留下来，王安石不同意。他知道夫人特别爱干净，就故意不洗脚，在上面躺了一会，果然，夫人嫌脏，赶紧叫人搬走了。曾经是他推行新法的得力干将后来也是对手的吕惠卿对他的为人十分叹服，赞王安石："在朝不蓄势，在野不蓄财，公真圣人也！"说他当官不拿腔作势，不摆官架子，不积累财富，是个真圣人。

（2）他不好酒。王安石作为一个大文豪，却不饮酒，不管在什么场面他都滴酒不沾。宋邵伯温《邵氏闻见录》记载，和王安石同时代的司马光说，当年和王安石同在黑脸包公包拯手下干事，有一次，包拯邀请大家一起赏花喝酒。连平时不大喜欢酒的司马光都喝了几杯，唯独王安石滴酒不沾，包拯举酒相劝，王安石也不买账。

（3）不奢侈。宋朝是个士大夫奢靡的社会，官员生活大都比较腐化，可公认"王安石性简率，不事修饰奉养，衣服饮食，一无所择"，是一个很随和，简洁直率，穿衣吃饭不讲究的人。连反对派人物宋魏泰《东轩笔录》中谈及王安石，虽然大都不是好话，也不得不承认不奢侈。王安石在金陵以退休国公的高贵身份，平日只乘一驴，随从数僮游诸山寺，入城时乘小船泛潮以行，从未乘马和坐轿。所居之地，四无人家。住的房子仅能避风雨，又没有围墙，看上去就和旅途中见的老百姓的房舍一样。其实，王安石不仅罢相后如此，即使他在位时，生活也十分简朴。宋朱弁《曲洧旧闻》记载：王安石当宰相时，有人传言他喜欢吃獐子肉。他的夫人听说，有些奇怪，他平时从不挑食，怎么喜欢吃獐子肉呢？她就问王安石手下的人："你们怎么知道他爱吃獐子肉呢？"手下回答："我们看到吃饭的时候他光吃獐子肉。"夫人又问："那獐子肉摆在哪里？"手下说："在匕箸（匕箸，古代类似勺、匙之类的取食用具）旁边。"夫人明白了，就对手下说："明天换盘菜放在匕箸边试试。"果然，第二天，那盘菜吃完了，獐子肉还在。这下大家知道了，王安石吃饭只是图方便，并非挑食。宋曾敏行《独醒杂志》卷二记载：王荆公在相位时，儿子媳妇的一个亲戚来了，这个亲戚是个年轻人，以为到了宰相家里，一定有好吃好喝，准备放开肚皮海吃一顿。谁知饭菜上桌，令他大失所望，别说大鱼大肉，连水果都没有。酒过三巡，才先端上来两个胡饼，再端上来几片猪肉，加几个小菜。年轻人心中埋怨，就简单吃了点就不吃了，将胡饼胡乱咬了两口就扔了。王安石什么也不说，捡起来就吃了，年轻人惭愧而退。

（4）不恋官。王安石发迹较早，22岁中进士步入官场，仕途也还算顺利，但他一直对当官没什么特别的兴趣。王安石进士及第后，其他人都挤破脑袋想谋求一个馆阁之职或京官留在汴梁，他却主动请求到偏远的浙江鄞县（今宁波）出任知县，而且多次拒绝进京的机会。后来实在推辞不掉了，才出任知制诰。宋谢良佐《上蔡语录》卷一载王安石做了宰相以后，上书让解除掉一人，神宗不允许，再上书让解除另一人，神宗还是不允许，下殿就要辞官，留都留不住。到晚年，改革受阻，加之儿子去世，王安石心灰意冷，去意更决。再次任相一年左右，其中正式辞职四、五次。《宋史·王安石传》载云："安石之再相也，屡谢病求去，及子雱死，尤悲伤不堪，力请解机务。"

（5）不喜奉承吹捧。王安石权倾一时，因而不乏对他阿谀奉承、大拍马屁之人。但王安石非常清醒，从不为所动。宋沈括《梦溪笔谈》卷九记载：王安石得了哮喘病，要用紫团山人参入药，到处找不到这东西。一个叫薛师政的从河东回来，恰好有这种参，便赠送给王安石几两用，王安石却不接受。有人劝他说："您的病不用这味药没法治，没必要退回这些赠药啊。"王安石说："我一辈子没用紫团参，也活到今天了。"最后也没接受。他的面色发黑，他的手下因此而担心，便向医生询问。医生说："这是出汗后的淤垢，不是病。"于是手下向他进献澡豆让他洗脸。他硬是不要，说："我天生一副黑面孔，澡豆又怎么能洗得白呢？"宋吴炯《五总志》记载：当年，王安石在鄞县任值时，有位下属送一方上好砚台给他，王安石就问这位下属："好于何处？"那人答道："呵之能得水。"王安石听后更加不高兴对那人说道："一块砚石，能呵出几多水？纵得一担水，能值几何？"说着就把砚台扔给那人，让他赶快拿回去。宋魏泰《东轩笔录》记载：李师中曾经和王安石水火不容，可是等到王安石当了宰相，李师中就想讨好他，令人在舒州建了一座豪华的亭子，取名为"傅岩亭"。因为王安石曾在舒州做过官，后来又被封为舒国公。李师中这样做，是把王安石比作商朝国王武丁时期治国有方的良相傅说。还有一个叫吴孝宗的家伙，曾经极力诋毁新法，可是过了不久，他一反常态来了个180度的大转弯，写了《巷议》十篇，呈送给王安石，编造了一些街巷之间的百姓都在议论新法的好处内容，但王安石对他们理都不理。

（6）不杀生。王安石崇尚佛教，尤其是晚年倾心于佛，好读佛书。因此，他主张不杀生，并放生。宋彭乘《续墨客挥犀卷七·介甫性不杀》载云："公性不杀物，至金陵每得生鱼多放池中。有门生作诗曰："直须自到池边看，今日谁非郑校人？"春秋时期子产为郑国的相国，有人送鱼给郑子产，子产让郑校人放在池中养着，郑校人把鱼杀的吃了。王安石的门生诗中用典故说只要亲自到池旁看，谁不相当郑校人啊？王安石听了还高兴地笑了。《类苑》引《汉皋诗话》载云："舒王居前有横塘，尝放鱼其间。"王安石死后追封过舒王，舒王指王安石，说王安石居住的房前有池塘，他常常放鱼到池塘。

（7）不近声色。士大夫纳妾在宋朝是风尚。《邵氏闻见录》卷十一记载了这么一个故事：王安石任承命草拟诏令的制诰期间，夫人吴氏为他买了一个小妾，他开始不知道，就问："这是何人？"那女子说："大人让我侍奉您左右。"王安石便询问她从哪里来？原来女子的丈夫是军中大将，运米时船沉，家中资产都赔上还不够，便把她卖了偿还。王安石问："夫人花了多少钱买你？"女子说："90万钱。"王安石便叫来她丈夫，让他把女子领回去，并倒贴了90万钱给他们。王安石出任知制诰时，正当壮年，而且已经是五品官，早已有了纳妾的资格，可他坚决不要。王安石不爱女色，与夫人吴氏厮守一生，绝无绯闻，这在士大夫三妻四妾、狎妓冶游成风的唐宋时代，实在堪称男人典范。梁启超认为王安石是夏商周三代以来惟一的完人绝对没有说错。他感慨地说："若乃于三代下求完人，惟公庶足以当之矣。"假若在三代以下寻找完人，只有王安石完全够资格呀！

王安石的高洁品德还可以举出一些，以上是主要的几个方面。

王苏相惜　冰释前嫌

王安石与苏东坡都是才高八斗、名列唐宋八大家的文学巨匠。冯梦龙《警世通言》一篇脍炙人口的小说《王安石三难苏学士》，把两人的故事写得活灵活现，广布人口。作为文学作品，难免有作者加工演义的部分。王安石和苏轼的关系到底怎么样呢？

这两个齐名的当代大才子，未见面之前，都互相佩服对方的才学，惺惺相惜。他们同朝为官。苏东坡天资高妙，过目成诵，出口成章，有李太白之风流，曹子建之敏捷。苏东坡官拜翰林学士之后，在宰相王安石门下任职。王安石爱慕其才，十分器重。苏东坡却自恃聪明，颇多讥诮。王安石因作《字说》，一字解作一义，偶然谈到东坡的"坡"字，王安石说"'坡'字从土从皮，所以坡仍土之皮也。"苏东坡取笑道："按您老的说法，'滑'字乃水之骨也。"王安石接着说："'鲵'字从鱼从儿，合为鱼子。四马为驷，天虫为蚕。古人制字，并非没有意义的。"苏东坡拱手道："鸠字九鸟，你老是否知道可有典故？"王安石以为真，欣然请教。苏东坡得意地笑道："《毛诗》云：鸣鸠在桑，其子七兮。连娘带爷，共是九个。"王安石听罢，十分讨厌他的轻薄。

苏轼，中进士后先在陕西凤翔府任判官，后在朝任学士。这时正是熙宁变法之时，苏轼的许多师友，包括当初赏识他的恩师欧阳修在内，因在新法的施行上与新任宰相王安石政见不合，被迫离京。苏轼政治思想保守，虽不完全反对新法，但很不同意参知政事王安石的一些做法，认为新法不能便民，便上书反对。他自忖难以在京为官，自求外放，被调任杭州通判。从此，苏轼终其一生都对王安石等变法派存有某种误解。苏轼在杭州待了三年，任满后被调往密州、徐州、湖州等地，任知州，政绩显赫，深得民心。

据说：杭州三年后苏轼回京述职，一天，他去拜访王安石，到了书房才知王安石已外出办事，可仆人又说不准王安石多久返回，他只好等会儿再说。苏轼是好动的人，他品了下仆人送上的香茗便坐不住了，起身在书房观看壁上挂的书画。当他游走到书桌旁时，才发现白绢上有王安石才写的两句诗"昨夜西风过园林，吹落黄花遍地金。"无论从诗的意境和咏味来看都属上乘。可苏轼仔细一想却感到不太妥，这是写黄色菊花，而四川老家秋天的风并不像西风那样冷烈，应属金风才对，何况金风怎能将菊花瓣吹落一地呢？苏轼是实话实说之人，此刻也忍不住了，取笔就在白绢上续写了"金风不比西风烈，付于诗人仔细吟。"苏轼的认为也不错，这是他根据家乡季节气候的写实，四川的菊花多是枯萎而不易落叶，是不会风一吹花瓣就落满地的。苏轼写后见王安石还未回府，也就离去了。当晚，王安石又习惯地到书房，一下就看到了苏轼的续诗。开初还喜苏轼的书法，可是细观后却很是有些气，认为苏轼太无季节变化与花卉知识了，还口出狂言要自己"仔细吟"。因为王安石也是以写实作的诗，他家乡的季节气候与菊花的品种和诗中描写也一致，秋天已比四川冷，风也比四川大些，也没错。事后，王安石虽然未直接责备苏轼，但心中一直不快。所以在苏轼遭贬时，王安石便建议皇帝将他贬到自己的家乡，有意叫苏轼看看是不是"西风烈"、"遍地金"。苏轼到任后看了实际情况才知道是自己见识少，果如王安石所写。

另有故事说：还有一次，在苏轼被贬谪之前，有一日，他去王安石的书房乌斋去找王安石，王不在，见乌斋台桌上摆着一首只写得两句尚未写完的诗"明月枝头叫，黄狗卧花心。"苏东坡瞧了又瞧，又好生质疑，觉得明月怎能在枝头叫呢？黄狗又怎么会在花心上卧呢？以为不妥。于是提笔一改，将诗句改为"明月当空照，黄狗卧花荫。"王安石回来后，对苏轼改他的诗极为不满，就将他贬到合浦。苏东坡到合浦后，一天，他出室外散步，见一群小孩子围在一堆花丛前猛喊："黄狗罗罗，黑狗罗罗，快出来呀？罗罗罗，罗罗罗。"苏东坡出于好奇心，走过去问小孩喊什么。小孩说，我们叫虫子快点出来，好捉它。苏东坡凑近花前一看，见有几条黄色、黑色象芝麻大的小虫在花蕊里蠕动。又问小孩这是什么虫。小孩说："黄狗虫，黑狗虫。"苏东坡离开花丛，来到一棵榕树下，正碰到树上一阵清脆的鸟叫声，问旁人，这是什么鸟叫？旁人答道："这叫明月鸟。"此刻苏东坡才恍然大悟，知自己错改了王安石的诗。

北宋元丰二年（1079年），苏轼被贬调湖州的原因是他不赞成王安石的新法。在奉调时，苏轼依例向宋神宗上表致谢。本是官样文章，但他知道自己被外放，是新党的御史们作了手脚，因此心中的不平之气便按捺不住，不由地在表中写出了略带牢骚的"知其生不逢时，难以追陪新进；查其老不生事，或可牧养小民"一句。当时朝中政敌章惇、蔡确等人借此指责苏轼以"谢表"为名行讥讽朝廷之实，妄自尊大，发泄对"新法"的不满，请求对他加以严办。御史李定、何正臣、舒亶等人，举出苏轼的《杭州纪事诗》作为证据，说他"玩弄朝廷，讥嘲国家大事"，更从他的其他诗文中找出个别句子，断章取义的给予定罪，如："读书万卷不读律，致君尧舜知无术"。本来苏轼是说自己没有把书读通，所以无法帮助皇帝成为像尧、舜那样的圣人，他们却指他是讽刺皇帝没能力教导、监督官吏；又如"东海若知明主意，应教斥卤变桑田"，说他是指责兴修水利的这项措施不对。其实苏轼自己在杭州也兴修水利工程，怎会认为那是错的呢？又如"岂是闻韶忘解味，迩来三月食无盐"，说他是讽刺禁止人民卖盐。总之，是认定他胆敢讥讽皇上和宰相，罪大恶极，应该处死刑。于是朝廷便将苏轼免职逮捕下狱，押送京城交御史台审讯。此时，沈括还出来告密，说苏轼诗作有讥讽朝政之意。章惇等人便以苏轼的诗作"根到九泉无曲处，世间惟有蛰龙知"为证，说这两句诗隐刺皇帝："皇帝如飞龙在天，苏轼却要向九泉之下寻蛰龙，不臣莫过于此！"指控他"大逆不道"，想置他于死地。一场牵连苏轼39位亲友，100多首诗的大案便因沈括的告密震惊朝野。他们被下到乌台狱中，故叫"乌台诗案"。

据说，苏轼下狱后未卜生死，一日数惊。在等待最后判决的时候，其子苏迈每天去监狱给他送饭。由于父子不能见面，所以早在暗中约好：平时只送蔬菜和肉食，如果有死刑判决的坏消息，就改送鱼，以便心里早做准备。一日，苏迈因银钱用尽，需出京去借，便将为苏轼送饭一事委托朋友代劳，却忘记告诉朋友暗中约定之事。偏巧那个朋友那天送饭时，给苏轼送去了一条熏鱼。苏轼一见大惊，以为自己凶多吉少，便以极度悲伤之心，为弟苏辙写下诀别诗两首。诗作完成后，狱吏按照规矩，将诗篇呈交神宗皇帝。宋神宗很是欣赏苏轼的才华，并没有将其处死的意思，只是想借此挫挫苏轼的锐气，读到苏轼的这两首绝命诗，感动之余，也不禁为如此才华所折服。加上当朝多人为苏轼求情，王安石也劝神宗说：圣朝不宜诛名士，神宗遂下令对苏轼从轻发落，贬其为黄州团练副使。轰动一时的"乌台诗案"就此销结。

苏轼被降职到黄州，今湖北黄冈县团练副使，相当于现代民间的自卫队副队长。这个职位相当低微，并无实权。苏轼经此一役已变得心灰意冷，到任后，心情郁闷，曾多次到黄州城外的赤鼻矶游览，写下了《赤壁赋》《后赤壁赋》和《念奴娇·赤壁怀古》等千古名作，以此来寄托他谪居山的思想感情。」公余便带领家人开垦城东的一块坡地，种出带补生计。"东坡居士"的别号便是他在这时起的。

宋神宗元丰七年（1084年），苏轼离开黄州，奉诏赴汝州就任。他途中到金陵去见退休在家的王安石，两人谈吐相投，很是投机。他们游于山水间，诗酒唱和，相聚甚欢，无所不谈，一派真诚，是相知相惜的知音。王安石作诗有"细数落花因坐久，缓寻芳草因归迟"之句，苏轼作诗有"劝我试求三亩宅，从公已觉十年迟"之句，一派真诚，冰释前嫌。

由于长途跋涉，旅途劳顿，苏轼的幼儿不幸夭折。汝州路途遥远，且路费已尽，再加上丧子之痛，苏轼便上书朝廷，请求暂时不去汝州，先到常州居住，后被批准。有故事说：王安石老年患有痰火之症，虽服药，难以除根。太医院嘱饮阳羡茶，并须用长江瞿塘中峡水煎烹。因苏东坡是四川人，王安石曾相托于他："假如您的家属往来方便的话，请给我弄一瓮瞿塘中峡水捎来，这样我衰老之年，都是您苏子瞻给我延长的生命。"后来，苏东坡从老家坐船回来，因鉴赏秀丽的三峡风光，船至下峡时，才记起所托之事。当时水流湍急，回溯为难，只得汲一瓮下峡水充之。不久，苏东坡亲自带水来见王安石。王安石即命人将瓮抬进书房，亲以衣袖拂拭，纸封打开。又命童儿茶灶中煨火，用银制的小金属锅汲水烹之。先取白定碗一只，投阳羡茶一撮于内。候汤如蟹眼之突，急取起倾入，其茶色半晌方见。王安石问："此水何处取来？"东坡答道："巫峡。"王安石道："是中峡了。"东坡道："正是。"王安石笑道："又来欺老夫了！此乃下峡之水，如何假名中峡？"东坡大惊，只得据实以告说："三峡相边，水一般样，老太师何以辨之？"王安石道："读书人不可轻举妄动，须是细心察理。这瞿塘水性，出于《水经补注》。上峡水性太急，下峡太缓，唯中峡缓急相半。太医院官知老夫中脘（胃的内部）变症，故用中峡水引经。此水烹阳羡茶，上峡味浓，下峡味淡，中峡浓淡之间。今茶色半晌方见，故知是下峡。"东坡离席谢罪。

当苏轼准备南返常州时，神宗驾崩。年幼的哲宗即位，高太后听政，以王安石为首新党被打压，司马光重新被启用为相，苏轼于这一年以礼部郎中被召还朝。在朝半月，升起居舍人，三个月后，升中书舍人，不久又升翰林学士知制诰（为皇帝起草诏书的秘书）。司马光为相，尽废新法，苏东坡、范纯仁等人皆曰不可。苏轼开始是反对免役法的，但是后来苏轼又认为免役法确实可行，他在《与滕达道书》中承认，"我在这些新法施行之初，一向坚守偏见，所以才有反对新法的言论。虽然我的这颗心是忠心耿耿的，出发点也是为国家考虑；但所发表的言论是错误的谬论，很少有符合道理的……回过头来看我的一些言行，越觉得不正确呀！"十馀年后，苏轼反对司马光废除免役法，他说司马光"一心一意想改变熙宁新法，不想权衡利害得失，参考使用新法的长处"再次向皇帝提出谏议。苏轼至此是既不能容于新党，又不能见谅于旧党，因而再度自求外调。他以龙图阁学士的身份，再次到阔别了十六年的杭州当太守。苏轼在杭州修了一项重大的水利建设，疏浚西湖，用挖出的泥在西湖旁边筑了一道堤坝，也就是著名的"苏堤"。苏轼在杭州过得很惬意，自比唐代的白居易。但元佑六年（1091年），他又被召回朝。但不久又因为政见不合，外放颖州。元佑八年（1093年）新党再度执政，再次被贬至惠阳，今广东惠州市。而后，苏轼又被再贬至更远的儋州，今海南。据说在宋朝，放逐海南是仅比满门抄斩罪轻一等的处罚。后徽宗即位，才调廉州、永州等安置。元符三年（1101年）大赦，复任朝奉郎，北归途中，卒于常州，享年64岁。

新法尽废　忧愤而亡

元丰八年（1085年），哲宗即位，年仅10岁，由太皇太后高氏临朝听政，启用反对变法的司马光为相，尽废新法，极力迫害改革派。史载王安石退居金陵时"闻朝廷变其法，夷然不以为意；及闻罢助役，复差役，愕然失声曰：'亦罢及此乎？'良久曰：'此法终不可罢也。'"元佑元年二月，罢青苗法。到了三月，范纯仁以国用不足，请复之。八月，司马光奏称，也承认："散青苗本为利民。"司马光还将宋神宗时军兵用生命夺取的土地，无偿送给西夏。司马光将自己国家的领土无偿奉送给西夏，这是一种出卖国土、妥协苟安的行为，这不仅在政治上不体面，而且在军事上也没有达到结束和西夏连年兵战的目的。虽然宋朝实行弥兵政策，一再命令守边将士不要妄动，可是西夏反而认为宋朝软弱可欺，不断进攻兰州等地。王安石在忧愤和遗恨中于第二年五月去世，葬于江宁半山园。司马光于同年九月去世。宋哲宗元祐八年（1093年），在宣仁太后主导下，致力于恢复祖宗旧制，前后历时九年。支持变法者被称之为"元丰党人"，反对变法者被称之为"元祐党人"，从此宋朝进入了党争的泥沼，不可自拔。

王安石被封舒国公，晚年改封荆国公，世称王荆公、王文公、临川先生，死后被追封为"太傅"；绍圣年间，赐溢号为"文"，配享神宗的庙庭；徽宗时，封舒王，配享文宣王庙。到钦宗时，皇帝下诏停止他文宣王庙配享。高宗采纳元祐党人赵鼎、吕聪的意见，削去了其"舒王"的封号。

小 结

王安石变法图强和文学大师的地位，在当今，几乎无人不知，无人不晓。由于政敌的攻击、史学对王安石的污蔑，一个不洗衣服不洗脸十分肮脏的王安石形象千百年来也广为流传。直至今天，还有人撰文《一年不洗澡的宰相》，把王安石高洁的品德淹没在污言垢语之中。虽有梁启超、柏杨等大师级的人物对王安石品德的赞美，知者，却只局限在少数知识阶层，广大的人民群众并不明白。王安石最大的功绩当然是以天下为己任实行的变法图强，文学的领袖地位也当之无愧。自奉至俭、在朝不蓄势，在野不蓄财，清正廉洁的高尚品德千古难寻，是为官的楷模，为人的楷模。这种难能可贵的高尚人格和品行，在当今腐败的高发期、多发期，中央人力惩治腐败的时期，进行宣传，尤显得十分重要。王安石的高尚品德表现在多个方面，本书对王安石长期流传的肮脏形象也进行了辩诬，还原了王安石干净的常人形象。

王安石推行的变法，历史评价，则是先抑后扬。北宋时期，其反对派就以修史的方法进行批评。到了南宋，再次通过修史的方法对其改革进行批评、定性，指出王安石变法使得北宋工朝遭到灭亡。以后，1 000多年，历朝历代均以此作为依据，看待、评价王安石的变法，以至于在宋元话本里有文章专门讽刺其变法。范仲淹评价道：进者道之行，退者道之止。此话之意是说：道路可以走的时候就继续走，前面没有路的时候就退回来，说王安石变法行不通。但是王安石的家乡的一些文人出于同乡的原因进行了一些争辩。早在北宋崇宁五年（1106年），抚州郡守田登就在王安石旧宅建造了王荆公祠，塑了王安石的像而祭祀。许多地名都是为纪念他而取的，有荆公山、荆公坡、荆公桥、荆公钓鱼台、半山书院、安石读书台、荆公路等。家乡学者著书撰文，为王安石辩诬：南宋金溪陆九渊在《荆公祠堂祀》中盛赞其人品高尚，贬斥了王安石的政敌。明代杨慎的《铅丹录》对王安石极尽毁谤之能事，谓为"古今第一小人"，胡说什么："王安石的变法葬送了奄奄一息的北宋王朝"。清代金溪蔡上翔，穷毕生精力撰写《王荆公年谱考略》，以辩宋史之诬，认为"王安石当宰相的时期，国家是最兴旺的时候，熙和大捷，收回失地千里之遥，是宋朝开国一百多年来从没有过的。宋南渡以后，元祐党人的子孙，及苏家和程（程颢程颐）家的门人故吏，出自于党争受害的愤怒，责骂蔡京还不够，又以北宋灭亡为由，把原因推到王安石身上，这些都是胡说八道。其实徽钦二宗被金国抓走，是由于蔡京的缘故。蔡京被重用，是由于温国公司马光的推荐。而杨龟山的使用，又是由于蔡京的推荐，全然与王安石无关。

历史发展到近代，中国遭受了前所未有的变故，改革的呼声日益提高，所以对王安石变法开始进行正面的评价，主要的人物有梁启超、严复等。梁启超对王安石变法的结论是："实国史上，世界史上最有名誉之社会革命"。他们从社会现实需要出发，呼吁改革精神。以后对王安石变法的研究越来越多。1986年11月由江西省人民政府拨专款在抚州市修建了"王安石纪念馆"，主楼前面有一尊3米多高的王安石塑像，供人们瞻仰。

1 000 年来，对于王安石变法的巨大历史意义，后人的认识越来越深刻，世界上对王安石进行积极评价的人也越来越多，不少人对王安石变法对当代的启示意义给予全面评价。20世纪30年代，美国新政农业部长华莱士对王安石变法特别关注，推崇备至。在华莱士看来，王安石变法所要解决的问题，是20 世纪30 年代美国同样面临的问题；王安石变法的措施，美国的新政农业政策同样可以借鉴。 1944年，华莱士访华期间，在迪化，即今乌鲁木齐参观新疆女子学院时演说，要学生记取王荆公的话，不畏天灾，不畏任何阻力，克服一切困难。他赞誉王安石是中国历史上推行"新政"第一人，并搜集有关王安石之事迹，访得其后人。他在美国仿照王安石的做法，通过政府向人民提供贷款，使农民们能够尽快找到生计，搞好生产。1930年正值美国经济大萧条时期，他仿照王安石的青苗法，在美国建立常平仓（中国古代储备粮荒平抑粮价的政府粮仓），一方面实施农业贷款，一方面收购多余的物资和粮食食品，免费发给城市人民，不但解决了粮荒问题，还保证了粮食物资价格的稳定，为美国度过经济大萧条起了重要的作用。从某种程度上讲，是王安石拯救了饥饿的美国农民。

台湾学者柏杨先生甚赞王安石改革精神。他在书中这样写道："王安石是一个了不起的思想家与政治家，那个纸糊的宋王朝，如果不是他的整顿恐怕早就亡国了——早亡给西夏了，还用不着金国动刀动枪，凡是抨击王安石最烈的或对王安石人格和私生活最污蔑栽赃的，用不着调查，我老人家敢跟你赌1块钱，他准是条大酱缸蛆。"

◇ 张居正

八、张居正：挽明即倒　宰相之杰

江陵神童　才华出众

张居正祖籍安徽凤阳。先祖张关保随徐达南征北战，屡立战功，明太祖封为归州千户所千户。张居正曾祖张诚是偏夫人所生，无法承继世袭官职，迁居到江陵。祖父张镇为人仗义、乐善好施，对张居正影响较大。张居正的父亲张文明是荆州府江陵县，今荆州市的一位秀才。张居正出生时，曾祖父做了一个白龟梦。梦见月亮落在水瓮里，照得四周一片光明，然后一只白龟从水中悠悠地浮起来。曾祖父认定白龟就是这个小曾孙，于是信口给他取了个乳名"白圭"，希望他

张居正，汉族，湖广江陵（今属湖北）人；生于1525年5月24日，死于1582年7月9日；字叔大，少名张白圭，又称张江陵，号太岳，谥号"文忠"；明代唯一的一位政治家、改革家、教育家，在位时励精图治，力行改革，使奄奄一息的明王朝重新有了勃勃生机，延长了72年的存在，被后世誉为"宰相之杰"。

201

张居正

挽明即倒　宰相之杰

来日能够光宗耀祖。白圭的确聪颖过人，很小就成了荆州府远近闻名的神童。张白圭两岁时，就认得《孟子》上的"王曰"二字。据说他4岁时随父亲上街，天雨路滑，跌了一跤，路边的一群人借机取笑嘲弄。他生气了，顺嘴念出一首诗回敬："三月雨悠悠，天街滑似油；跌倒一只凤，笑煞一群牛。"四岁的小孩有如此捷才，众人大惊，一传十，十传百，都说是神童。他5岁入学，10岁通六经大意，12岁就中了秀才，名声在江陵大振。

张白圭勤奋学习，刻苦用功，12岁那年参加荆州府的考试。进考场的路上，遇到荆州知府、监考官李士翱。据说荆州府知府李士翱前一晚做了一个梦，梦见上帝给他一个玉印，吩咐转给一个孩子。他见这么小的一个孩子就去考秀才，又像自己梦中的孩子，想考考，便朝书院里面两棵高大参天的古树一指，念出上联：大文庙，两棵树，顶天立地。张白圭毫不在意，随手把考篮一举，对出下联：小学生，一枝笔，治国安邦。李士翱一听，点了一下头，打着官腔说道："小学生出言不凡，且待考场上见。"到开卷的时候，荆州府点名，第一个恰恰是张白圭，正是和自己对对的孩子。一个12岁的孩子，写得一手好文章，很是少见。李士翱把他喊到近前，再仔细地看，正是梦中所见，因此替他改名为张居正，希望他以后能秉公居正，不像墙头草随风摇摆，做个有利于社稷黎民的好官，还嘱咐了许多自爱的话。荆州府考过以后，湖广学政田顼来了。李士翱见到田顼，告诉他荆州府有这样一个聪明的孩子。田学政把张居正招来面试。试题是"南郡奇童赋"，张居正很快地交了卷。学政和荆州府都惊异得不得了。这年张居正补了府学生。

湖广巡抚顾璘，应天府上元县人，是当时有名的才子，和同县陈沂、王韦称为金陵三俊，其后又加入宝应朱应登，称为四大家。他非常爱才，听说江陵出了一个神童，就特地前来荆州府寻访到了张居正，并出了一联叫张居正应对：雏凤学飞，万里风云从此始。张居正随口应答：潜龙奋起，九天雷雨及时来。顾巡抚欣喜异常，对张居正十分赏识，曾对别人说"此子将相才也"。张居正十三岁的这一年，从荆州到武昌应乡试，想中举人。乡试时他在居所写了两首诗，其中《题竹》一诗写道："绿遍潇湘外，疏林玉露寒。凤毛丛劲节，只上尽头竿。"把他那种藐视群英，力挫群雄的骄傲自满心态表达得淋漓尽致。顾璘认为十三岁的孩子就中举人，以后便会自满，反而把上进的志愿打消，这对张居正不利，因此主张趁此给他一些挫折，使他更能奋发。他和监试的冯御史说："张居正是一个大才，早些发达，原没有什么不可，不过最好还让他迟几年，等到才具老练了，将来的发展更没有限量。这是御史的事，一切请你斟酌罢。"这次张居正的考卷，很得湖广按察金事陈束的欣赏。陈束极力主张录取，但是监试御史想到顾璘的吩咐，竭力拒绝，张居正竟没有被录取。落第事件对于张居正是个深刻的教训，给他很深的影响，使他更加发奋学习。张居正对于顾璘，一生都很感激。要是张居正就在这年中举，不过早了三年，以后也许在湖广添了一个唐寅那样的人物，而　生的事业，便会在诗酒风流中消逝。

三年后，才高气傲的张居正同父亲同场考举人，16岁的张居正高中，他父亲张文明却名落孙山。十六岁的举人，毕竟很年轻了。恰巧这时顾璘正在安陆督工，张居正到安陆进见。顾璘很高兴，把自己的犀带赠给他，说道．"古人都说人器晚成，这是为中材说法罢了。当然你不是一个中材，上次我对于冯御史的嘱咐，竟耽误了你三年，这是我的错误了。但是我希望你要有远大的抱负，要做伊尹，做颜渊，不要只做一个年少成名的秀才。"其实顾璘对于张居正十六岁中举的事，毕竟还以为太早。

二甲进士　裕王讲读

张居正乡试中举的第二年，是会试的一年，明代制度，乡试的次年便是会试，新科的举人都要入京，也许张居正因为年龄太小，没有去。到嘉靖二十三年甲辰，张居正入京会试，这次没有中。嘉靖二十六年丁未，张居正再行入京会试，会试以后，再与殿试。二十三岁的张居正中二甲第九名进士，授庶吉士。《明史·选举志》记载：明成祖朱棣初年，内阁七人中不是翰林出身的占了一半，翰林院的纂修也是各方面出身的人都有，参杂使用。自从明英宗朱祁镇天顺二年，李贤上奏，才决定翰林纂修专选进士出身的。从此以后不是进士不能进入翰林院，不是翰林不能进入内阁。南京和北京的礼部尚书、侍郎，以及吏部右侍郎不是翰林不能委任。而庶吉士开始授予之时，已经是被大家看成为宰相的后备人选。张居正这时，已经身居储相之列，成为宰相的后备人选了。

这次考试，进士一甲第一人是李春芳，其后与张居正同时为大学士。同科还有殷士儋，官至内阁大学士；王世贞，文学家、史学家，"后七子"领袖之一，累官刑部尚书；汪道昆，明代著名戏曲家、抗倭名将、官至兵部左侍郎；王宗茂，南京御史，弹劾严嵩，死后赠光禄少卿；吴百朋，官至刑部尚书，为抗倭寇、平内乱、固边防立下了不朽功勋，系一代名闻遐迩的儒将；刘应节，户部广东司主事，1576年（万历四年）回到家乡，出资修建了"麓台书院"，并亲自讲学，为官清正，善于作战，富有文才，一生写了很多文章；王遴，为人正直而有气节，弹劾严嵩，官至兵部尚书；殷正茂，平定广西之乱，官至刑部尚书；凌云翼，平定瑶民之乱，官至兵部尚书兼右副都御史，加太子少保，召为戎政尚书；陆光祖，官至吏部尚书；杨巍，曾任户部、吏部尚书；宋仪望，官至大理寺卿，著《华阳馆文集》凡十七卷；徐栻，官至南京工部尚书，著有《仕学集》等；杨继盛，著名谏臣，因弹劾严嵩而死，后人尊为城隍神。这一科有第一流的首相、第一流的文人、立功边疆的大帅、弹劾权倖的忠臣，可算得人才济济。

庶吉士是一种见习官员，按例要在翰林院学习三年，期满后可赐编修。入翰林院的进士大都在钻研文学，张居正很注意安邦治国的学习。张居正入选庶吉士，教习中有内阁重臣徐阶。徐阶重视经邦济世的学问，看重张居正，在其引导下，张居正努力钻研朝章国故，为他日后走上政治舞台打下了坚实的基础。

明初为了加强中央集权，废丞相，设内阁，其职能相当于皇帝的秘书厅。首席内阁学士称首辅，实际上也就是宰相。张居正入翰林院学习的时候，内阁中正在进行着一场激烈的政治斗争。当时的内阁大学士只有夏言、严嵩二人。二人争夺首辅职位，结果是夏言为首辅，然后被严嵩进谗被杀，严嵩为内阁首辅。

对于内阁斗争，作为新科进士的张居正自然没有发言权。但通过几年的冷眼观察，他对朝廷的政治腐败和边防废弛有了直观的认识。为此，嘉靖二十八年（公元1549年），张居正以《论时政疏》陈述当时的弊病，系统阐述了他改革政治的主张。但没有引起明世宗和严嵩的重视。此后，在嘉靖朝除例行章奏以外，张居正没再上过一次奏疏。

嘉靖三十三年，张居正借口请假养病，离开京师来到故乡江陵。休假三年中，他仍不忘国事，亲身接触农民。在乡间接地气的考察，使张居正体会到了人民的辛劳、饥寒和痛苦。他在《荆州府题名记》说："田赋不均，贫民失业，民苦于兼并。"这一切不禁使他恻然心动，责任感让他重返政坛。

嘉靖三十六年，张居正仍回翰林院供职。这时的他在苦闷思索中渐已成熟，在政治的风浪中，他模仿老师徐阶"内抱不群，外欲浑迹"，心里抱着不随俗的态度，外表表现出想随俗的样子，为人有很大的抱负和出众的才能，外表却和世俗百象都能打成一片，相机而动。嘉靖四十三年，张居正进宫右春坊右渝德兼国子监司业，由七品升为从五品。明代南北两京都有国子监，是当时的国立大学，但是因为只有两个国子监，所以比现在的国立大学，地位更加隆重。国子监的长官是祭酒，其次是司业，就是国立大学校长和副校长。在张居正当司业的时候，国子监祭酒是高拱。深谋远虑的徐阶荐张居正为裕王朱载垕的侍讲侍读。高拱曾为裕王侍讲九年，和裕王的关系很深。明世宗自庄敬太子死后，不立太子，裕王便是实际的太子。东宫官僚，照例是大学士的候补人，所以严嵩、徐阶当政的时候，对于高拱，都是非常地器重，高拱升国子监祭酒，便是他们的主张。高拱和张居正在国子监同事的时候，他们互相了解，都看到日后两人在政治界的地位，相处很是融洽。张居正在裕邸期间，对裕王讲读很是认真。每次给裕王讲读时，都引经据典，用好多有趣的比喻，词句很是恳切，裕王常常是目不转睛地看着张居正，对其很是尊重。裕王认为张居正是个难得的人才，官邸中的人没有不善待张居正的。而国子监司业则掌握了很多将来可能进入官场的人，为张居正打开了人脉。

进入内阁　计降鞑靼

明世宗嘉靖死后，裕王即位，是为明穆宗。隆庆元年（1567年），张居正以裕王旧臣的身份，很快擢升为吏部左侍郎兼文渊阁大学士，进入内阁，参与朝政。同年四月，又改任礼部尚书、武英殿大学士。这年张居正43岁。

嘉靖四十一年（1562年）严嵩倒台后，徐阶继任首辅。嘉靖是个数10年不上朝有怪癖的皇帝，奸相严嵩当权，把朝政和国家弄得一蹋糊涂。海瑞曾上奏说，嘉靖嘉靖，把家家弄得干干净净，被捕入狱。皇帝逝世以后，第一件事是发表遗诏。在明朝，遗诏常是大臣们的手笔。遗诏草成的时候，皇帝已一命呜呼，所以实际上并不是皇帝的什么临终吩咐。但在旧皇帝去世新皇帝即位之时，久负重望的大臣，常常能趁皇帝逝世的当中，把前朝的一切弊政，用遗诏的名义，来一个总清算，因此在政治上，遗诏往往发生重大的影响。徐阶和张居正商议，在遗诏中间，决心要扫清嘉靖一朝的弊政。嘉靖朝第一个大弊政就是斋醮。所谓斋醮，即建道坛。嘉靖尊道教、敬鬼神，一生乐此不疲，经常斋戒沐浴之后，向神仙祈福。斋醮时必须向玄武大帝呈献祝辞，祝辞通常用砂笔写在青藤纸上，称为青词。而只有那些能够为皇帝写出美妙青词的大臣，才会获得皇帝的宠信。第二个弊政是大兴土木。嘉靖朝大兴土木超过历朝，有名的工程就有50多项，劳民伤财。第三个弊政是求珠宝、营织作，也是一件劳民伤财的事。第四个是"大礼""大狱"事件：明武宗朱厚照驾崩。朱厚照无子，立武宗叔父兴献王长子朱厚熜为帝，即嘉靖皇帝。在追尊兴献王的问题上，朝中发生争执，处理了一些官员，这就是所谓的"大礼"。嘉靖五年，李福达因倡弥勒佛教，"诱惑愚民，"被逮入京。刑部尚书颜颐寿主张杀李福达，但是武定侯郭勋为李福达代辩，引起政治大波，又处理了一些官员，这是所谓的"大狱"。大礼、大狱两案，连累了许多大臣，死的死，遣戍的遣戍，仅仅罢官遣归的还算是大幸。徐阶和张居正用遗诏的名义把这一切弊端都停止了，把大礼、大狱两案言事获罪的诸臣一概复官，海瑞也被从狱中放出复官并升了职，得到了朝野好评。

入阁以后的张居正并没有为个人的升迁而自鸣得意。这时的明王朝，内则土地兼并，流民四散，草寇四起，国库空虚，用度匮乏；外则北方鞑靼进兵中原，在京郊掠夺8日后撤兵。事后，严嵩包庇总兵仇鸾，杀兵部尚书以推卸责任，史称"庚戌之变"。南方土司争权夺利，尤其岑猛叛乱，"两江震骇"；东南倭寇骚扰沿海，民不聊生。面对这些，张居正无法轻松。而更使张居正感到担心的还是内阁内部日益白热化的政治斗争。但不久，隆庆二年（公元1568年），七月，徐阶终因年迈多病，举筹失措而被迫归田。次年，徐阶的老对手高拱重回内阁兼掌吏部事，控制了内阁大权。高拱当政期间，起用了一批人才，仕路稍清。

徐阶和高拱都是十分能干的首辅，他们为巩固明王朝的统治作了不少具体和局部的努力，但是缺乏高瞻远瞩的战略眼光和改革弊政的才干与气魄，明王朝仍然是危机重重。张居正清醒地认识到，小修小补已无法挽救明朝的覆亡，只有进行大刀阔斧的全面改革，才能使国家真正走出困境。早在隆庆二年八月，他托《陈六事疏》中，从省议论、振纪纲、重诏令、核名实、固邦本、饬武备等六个方面提出改革政治的方案，主张少些空谈议论，振兴国家的法纪纲常，重视国家诏令的落实，要踏踏实实地干实事，爱惜人民，巩固国家的根本，整治国防建设，其核心就是整饬吏治，富国强兵。他批评空作王霸之辩的人"不知王霸之辩、义利之间在心不在迹"，而错误地认为"仁义之为王，富强之为霸"明确地把解决国家"财用大匮"作为自己的治国目标。而要实现这个目标，首先要巩固国防，整顿吏治。

还在隆庆年间，入阁不久的张居正在首辅徐阶和内阁重臣高拱的支持下，主持了固巩边防的工作。

隆庆四年，鞑靼首领俺答汗进攻大同，计划称帝。张居正闻悉俺答的孙子把汉那吉，携妻比吉和乳母的丈夫阿力哥共十几人请求内附，大同巡抚方逢时和宣大总督王崇古决策受降。鉴于此事非同小可，张居正写信，要崇古立刻把详情"密示"于他。原来，俺答的第三个儿子死时遗一小孩即把汉那吉。把汉那吉长大娶妻比吉，后爱上姑母之女三娘子并再娶。然而，身为外祖父的俺答也爱上了三娘子意据为己有。于是祖孙之间为一个小女子心中结怨，演出失恋青年离家投汉的一幕。

张居正接到报告，再次写信给王崇古，要其妥善安排把汉那吉，并派人通报俺答，说："我们中国的法度，得到敌人头领的子孙的头的人，赏万两黄金，赐爵通侯。我不是不能杀你孙子用头去请赏，但是，考虑到他是为了义气而投奔来的，又是你的亲孙子，不忍心杀他。"然后，指授方略，要王崇古、方逢时奏疏皇上纳降。朝中很多人极力反对，认为敌情叵测。果然俺答的骑兵如黑云压城至北方边境。王崇古早在张居正授意之下作好战事准备并以其孙要挟，俺答终于被迫妥协。张居正顺水推舟应俺答之求，礼送把汉那吉回乡，俺答则把赵全等叛臣绑送明室。

把汉那吉穿着皇上官赐的大红丝袍回鞑靼帐幕。俺答见到非常感动，说以后不再侵犯大同，并决定请求封贡、互市，和明友好相处。

隆庆五年，明穆宗在张居正等人的力劝下，诏封俺答为顺义王，并在沿边三镇开设马市，与鞑靼进行贸易。此外，在军事上，张居正用戚继光镇蓟门，今河北迁西县西北；李成梁镇辽东，今辽宁辽阳；用凌云翼、殷正茂等平定南方少数民族叛乱；又在东起山海关，西至居庸关的长城上加修"敌台"3 000多座，加强北方的防备。并在边疆实行互市政策，互市使马匹大增，减少了太仆寺向老百姓要的种马。老百姓不上交马了，让把马折成价交银子，使太仆寺积蓄金400余万，使边疆在政治经济上保持稳定、正常。北部边防的巩固、南部少数民族叛乱的平静，使张居正可以把注意转向国内问题。

整顿吏治　实行考成法

张居正曾是高拱知己，后发生嫌隙。高拱又和权宦冯保不和。隆庆六年，明穆宗病殁，年仅十多岁的神宗继位。高拱因自己口无遮拦触动李太后神经，加之冯保扇鬼火，太后以"专政擅权"之罪令高拱回原籍。这样，张居正就成了首辅，从此独掌国家大权达十年之久。

作为一个雄才大略的政治家，张居正对明王朝所面临的问题有深刻认识。他认为当时国力匮乏和盗贼横行都是由于吏治不清造成的。官吏贪污，地主兼并，引起"私家日富，公室日贫"，加之皇帝的穷奢极欲，百姓因此才饥寒交迫，落草为寇。由于张居正客观地分析了当时的社会矛盾，正确地把握了问题的实质和关键，这才使他的改革能够顺应历史的潮流，并受到广泛的欢迎。万历初年，由神宗的母亲李太后处理朝政，张居正得到李太后的充分信任，而年幼的明神宗更为信赖张居正，故而使张居正能一心一意推行新政。

在政治上，张居正提出以"尊主权，课吏职，信赏罚，一号令为主"，要求尊重主上的权力，认真考察官吏是否尽职尽责，做到赏罚分明，号令畅通。中心解决官僚争权夺势、玩忽职守的腐败之风。他认为当时朝野泄沓成风，政以贿成，民不聊生，主要原因是"吏治不清"。他以"课吏职"，加强官吏考核为手段，"斥诸不职"，"省冗官"，淘汰并惩治了一批不称职和多余的官员。万历元年（1573年）十一月，张居正上疏实行"考成法"，明确职责。他以六科控制六部，再以内阁控制六科。对于要办的事，从内阁到六科，从六科到衙门，层层考核，做到心中有数。改变了以往"上之督之者虽谆谆，而下之听之者恒藐藐"，我行我素，把上级不停地督促不当一回事的拖拉现象。在执行上，他"信赏罚"，"持法严"，使赏罚有准，执法很严，不姑息迁就任何人。在他执政期间，"百官惕息"，小心翼翼，"一切不敢饰非"，朝廷号令，"虽万里外，朝下而夕奉行"，行政效力大大提高。如：黔国公沐朝弼屡次犯法，应当逮捕，但朝廷舆论认为此事很难办。张居正改立沐朝弼的儿子袭爵，派飞马前去捆绑沐朝弼。沐朝弼没有反抗，被解到京师。张居正免他一死，将他幽禁在南京。再如，张居正因御史在外常常欺凌巡抚，决定压一压他们的气焰。只要他们有一件事稍不妥，马上加以责骂，又饬令他们的上司加以考查。又如，当时天下太平已经很久了，盗贼群起，甚至抢劫官府库房，地方政府常常隐瞒这类事情不上报。张居正下令如有隐匿不报者，即使清正廉洁、表现比较好的官吏也必须撤职，地方官再不敢掩饰真情，抓到强盗，当即斩首处决，并追捕他们的家属，盗贼因此衰败。

厉行节约　力戒奢华

张居正在施行考成法时，将追收未交的赋税作为考成的标准。万历四年规定，地方官征赋不足九成者，一律处罚。同年12月，据户科给事中奏报，地方官因此而受降级处分的，山东有17名，河南2名；受革职处分的，山东2名，河南9名。这使惧于降罚的各级官员不敢懈怠，督责户主们把当年税粮完纳。由于改变了拖欠税粮的状况，使国库日益充裕。据万历五年户部统计全国的钱粮数目，岁入达435万余两，比隆庆时每岁所入，含折色、钱粮及盐课、赃赎事例等项银两在内的250余万两之数，增长了74%。财政收支相抵，尚结余85万余两，扭转了长期财政亏虚的状况。正如万历九年四月张居正自己所说的："近年以来，正赋不亏，府库充实，皆以考成法行，征解如期之故。"很确切地指出，应该交的国税不拖欠，国库充实，都是因为实行了考成法，能够及时征收按时解送入国库的原因。可见，实行考成法虽是一种政治改革，但它对整顿田赋、增加国家财政收入起了很大作用。

但是仅靠考成法增加的收入仍是有限的，远远不能满足王公贵族的无限挥霍。张居正十分强调，要抑制过分开支，不能乱花钱，要勤俭节约。理财还是要以节用为主。他所进行的一系列改革几乎都是在围绕这个中心进行的。

比如他通过加强对官吏的考核，裁减冗员，节省朝廷的俸禄开支。对北京和南京大小九卿及各下属官员，有玩忽职守不好好工作滥竽充数的进行裁减，竟裁减冗员十分之二三。同样，张居正也通过各种途径削减朝廷的军费开支。一方面与鞑靼人修好，通贡互市，保持边境安定，减少战争费用，另一方面也大量削减抚赏开支。到万历二年，北边镇守边疆的三个重镇两年，才花去了抚赏银1万多两，节省了100多万两银子。还通过减客兵，即从外地调来的兵，清理给部队的粮食和干粮，减少支出，一年下来，就节省千万两银子。

同时，张居正还要求封建社会的最高统治者皇帝勒紧裤带，和大家一道过紧日子。他不仅多次向明神宗提出"节用爱民"，"以保国本"，而且在皇室的奢侈性花费上，也是锱铢（分厘）必较，寸步不让。万历七年，明神宗向户部索求10万两银子，以备光禄寺御膳之用。张居正据理力争，上疏说，户部收支已经入不敷用，"目前支持已觉费力，如果一旦有四方水旱之灾，疆场意外之变，何以给之？"他要求神宗节省"一切无益之费"。结果，不仅免除了这10万两银子的开支，连宫中的上元节灯火、花灯费也被废止。在张居正的力争下，还停止重修慈庆、慈宁二宫及武英殿，停止了部分内库供赏，节省服饰、御用费用，减少苏松应天织造费用等，使封建统治者的奢侈消费现象有所收敛。

对于自己的用度，张居正也是力戒奢华。纂修先皇实录，例得赐宴一次。张居正参加纂修明穆宗实录，提出取消赐宴。他说：一次这样的赐宴，动不动就是一百两银子，把这赐宴取消，省下的钱也是节财的办法。他还请求将为明神宗日讲的晚上课程改到了白天，放在早上，可以免晚上

张居正 挽明即倒 宰相之杰

的灯火费用。

张居正在整顿吏治、厉行节约的过程中，不仅自己廉洁奉公，而且对家属也严格要求。儿子回江陵应试，他吩咐儿子自己雇车；父亲生日，他吩咐仆人带着寿礼，骑驴回里祝寿。万历八年，张居正次弟张居敬病重，回乡调治，保定巡抚张卤例外发给沿途使用驿站的证明书。张居正让立即交还，并附信说要为朝廷执法，就要以身作则。对于明王朝来说，张居正确实是难得的治国之才。他早在内阁混斗、自己政治生命岌岌不保的时候，写过一偈（佛经中的唱词）："愿以深心奉尘刹，不予自身求利益。"表明自己的心志。他的确是做到了。

🎀 清丈土地　雷厉风行 🎀

作为一名杰出的理财家，张居正深知只顾节流尚不足以解决问题。而要彻底改善国家财政状况，还需要进一步开辟财源，增加收入。

但张居正反对通过"开利源"来理财，因为在他看来，"夫天地生财止有此数，设法巧取，不能增多"，认为天下的财富是个定数，没办法增加。他早年曾较多接触下层人民，深深懂得安民养民后国富的道理，有民本思想。他指出："窃闻致理之要，惟在于安民"，认为治理国家最重要的，也是唯一的做法就是让老百姓安居乐业。那么，如何才能增加国家财政收入呢?当时明王朝的庞大机器都由田赋支撑，而田赋收入因土地兼并和负担不均而很难增加。为此，张居正提出惩办贪污，清理欠赋和清查田亩等三项措施，其中尤以清查田亩声势浩大。

万历六年（1578年），张居正以福建为试点，清丈田地，结果，福建人认为这样做很好。于是在万历八年，张居正上疏并获准在全国陆续展开清丈土地，并在此基础上重绘鱼鳞图册。鱼鳞图册是旧时为征派赋役和保护封建土地所有权而编制的土地登记簿册。册中将田地山塘挨次排列、丘段连缀地绘制在一起，标明所有人、四至，因其形似鱼鳞而被称为"鱼鳞图册"。

全国大部分地区根据户部颁布的《清丈条例》对田地进行了认真的清丈，但也有一些地方官吏为了一己之私利，缩短弓步，溢额求功，夸大了田亩。比如浙江连海滩的晒盐田、墓地荒地、田间的路等都算成可耕田。这种现象只是个别地区，大部分州县清丈还是公允彻底的，查出了一些豪强户隐占的土地，田亩数大有增加。万历八年，全国耕种的田地为7 013 976顷，比隆庆五年（1571年）增加了2 336 026顷。随着田亩数的增加，加之打击贵族、缙绅地主隐田漏税，明朝田赋收入大为增加。从理财的角度看，清丈田亩对于朝廷比较全面准确地掌握全国可耕种的田亩数，增加财政收入起了积极作用，更重要的是它还为不久推行"一条鞭法"的赋税改革创造了条件。

改革赋税　实行一条鞭法

张居正很清楚，仅靠清丈田亩还远远不能彻底改变赋役不均和胥吏（基层的小事人员）盘剥的问题，不进一步改革赋税制度就无法保证中央财政收入的稳定增长，将会有更多的贫民倾家荡产，不利于社会的安定。赋役改革是一个十分棘手的事情，一旦过多触犯权宦土豪的利益，弄不好就会引起强烈的反对，使自己的所有心血前功尽弃。

当时，不少地区已在试行适应本地区的赋役改革方案，有些地区也施行"一条鞭法"。 一条鞭法最早于嘉靖十年（1531年）二月，由南赣都御史陶谐在江西实行，取得了成绩。当时御史姚仁中曾上疏说："顷行一条鞭法。……通将一省丁粮，均派一省徭役。……则徭役公平，而无不均之叹矣"，说按亩数收税、派徭役很公平，没有不服气的。此后姚宗沐在江西，潘季驯在广东，庞尚鹏在浙江，海瑞在应天，王圻在山东曹县也都实行过一条鞭法。海瑞在应天府的江宁、上元两县实行一条鞭法，从此徭役的摊派不偏谁不向谁，人们才知道种田是有好处、有利的，从此城里的富户人家也开始肯买田地了，乡间的贫苦农民开始也不肯轻易放弃自己的田地了，做到了"田不荒芜，人不逃窜，钱粮不拖欠"。

任何事情的推行，有赞成的就有反对的，因为利益不一样，冲撞了他们的利益有些人就会反对。万历五年，山东东阿知县白栋推行一条鞭法，全县钱粮均按土地和人丁收取。但由于这种做法 触犯了官绅的利益，他们便制造浮言，户科部给事中光懋上奏说：至从嘉靖末年，创立一条鞭法，不分人户贫富，一例摊派；……确实这个法在江南推行时还有人说好，然而最不能在江北推行。比如近日东阿知县白栋在山东推行，弄得人心惊惶，想抛弃地产远走而逃避。请下旨给有关执法单位，赋税仍然分三等，差役由户按丁派，并将白栋记过处分。张居正及时派人前往东阿巡察，知道光懋歪曲事实，于是拟旨答复："法宝贵的是方便民众，怎么能分南北呢？各省巡抚要认真研究，用心商量，因地制宜，听从民众之便，不许一概强行。白栋照旧督促勉励他办好本职事情。"他又致书支持白栋的左都御史李世达，说："一条鞭法，近来已下旨把道理说得很清楚了，其中言不便利的十成只有一二成罢了。法应当便利民，政令要人去推行。民都说好，何分南北。"

张居正认为一条鞭法不仅不应反对，而且可以"不分南北"，在全国普遍推广。万历九年，他终于下令，在全国范围内实行一条鞭法。

一条鞭法是中国田赋制度史上继唐代两税法之后的又一次重大改革。它简化了赋役的项目和征收手续，使赋役合一，并出现了将历代相沿的丁银并入田赋征收的"摊丁入亩"趋势。后来清代的地丁合一制度就是一条鞭法的运用和发展。

一条鞭法的施行，改变了当时极端混乱、严重不均的赋役制度。它减轻了农民的不合理赋役负担，限制了基层办事人员的舞弊，特别是取消了苛重的力差，使农民有较多时间从事农业生产。当然，不足的是，一条鞭法所实行的赋役没有征收总额的规定，给基层的办事人员横征暴敛留下了可乘之机。

张居正的理财并不限于一味地为朝廷公室谋利，而且也十分重视人民的实际生活。他通过多种渠道设法减轻人民的赋役负担，有时还直接提出减免人民的税负。万历十年，随着清丈田亩工作的完成和一条鞭法的推行，明朝的财政状况有了进一步的好转。这时太仆寺存银多达四百万两，加上太仓存银，总数约达七八百万两。太仓的存粮也可支10年之用。这年二月，张居正上疏请求免除自隆庆元年（1567年）至万历七年（1579年）间各省积欠钱粮。

另外，张居正还反对传统的"重农轻商"观念。他认为应该农商并重，并提出"省征发，以厚农而资商；欲民用不困，则莫若轻关市，以厚商而利农"的主张，要求减少政府征调民间的人力和物资，大力支持农业而且要扶持商业。要想使老百姓用的东西不匮乏，则不能轻视关市的建设，要重视支持商业活动，这样才有利于农业。因此他也反对随意增加商税，侵犯商人利益。这种农商并重的思想和做法，在漫长的中国封建社会，除了管仲外，就是宋朝还比较重视商业。张居正能有这种思想和做法，说明他思想、认识都比较敏锐超前。这些做法顺应了历史的发展潮流，在一定程度上减轻了百姓的负担，缓和了一触即发的阶级矛盾，对历史的发展起了积极的推动作用。

瘁于国事　人亡政息

张居正为国事日以继夜地奔忙，连19年未得见面的老父张文明去世，也没有回江陵老家去。明代内外官吏人等有丁忧的制度，在遇到承重（承受丧祭与宗庙的重任）祖父母，亲父母的丧事，自闻丧日起，不计闰，守制27月，期满起复。英宗正统七年令，"凡官吏匿丧者，俱发原籍为民"；十二年令，"内外大小官员丁忧者，不许保奏夺情起复"。"丁忧"指亲丧27个月中，必须解职，回去守丧。期满而后，照旧做官，称为"起复"。在27个月中，由皇上特别指定，不许解职，称为"夺情"。夺情之事，平常很少见。但是，在军队中，尤其是在作战的时候，就谈不到"丁忧"了，古人称为"墨绖从戎"。（绖die），丧服用的麻带子。这个成语指做官的即使家有丧事也要服从国家的战事，又称"金革之事不避"。

在宗法社会里面，政治就是教化，官吏就是师长。主持教化的师长，在教忠、教孝的社会里，自己先行履行对于亡父、亡母的义务，是一种很合理的表率行为。自从隆庆六年六月，张居正当国以来，这五年三个月的时间，整个国家安定了。政治上了轨道，经济有了把握，太仓的粮食可以支10年之用，太仆寺积金四百余万；北边的俺答屈服了，土蛮虽然没有屈服，但是不断地溃败，解除了东北方的威胁；内阁里面，安静到没有一点波浪，更是嘉靖、隆庆以来没有的现象。张居正去了，这个局面，交付给哪一个？在野的徐阶75岁了，高拱更和权宦冯保结下生死大仇，都谈不到回朝。在朝的吕调阳是一个忠厚老实的人，他自己没有大的抱负；张四维也许还有些才气，但是资历太差，而且也没有人望。张居正的改革才刚刚进入佳境，要是自己走掉，一大摊子事情就没人管了，而且回来后要给别人打下手了。张居正不甘心丢掉炙手可热的权位，使改革中断，选择了唯一的途径，夺情。

据说第一个公开出来主张张居正夺情的是户部侍郎李幼孜，冯保也主张夺情，张居正也有意夺情。更有一种说法说李幼孜出面呼吁让张居正夺情，是张居正授意的。神宗这时才15岁，慈圣太后还把他当小孩看待呢，要主持朝政还很难。一切的形势竟造成张居正非留下不可，因此造成夺情的局势。在慈圣太后、冯保等人的主持下，年幼的皇上下了"夺情"的圣旨。在以宗法、礼教立国的明朝，父死不守孝是有关天理、人伦的大事。适逢十月初五，天上出现了彗星，当时的人们认为这是不祥之兆，皇帝下诏求言，有人便把这件事同"夺情"之举联系起来。于是，一些受封建礼教熏陶很深的人纷纷上奏反对"夺情"，产生了震动朝野的夺情风波。凡反对"夺情"的人，在严旨下廷杖的廷杖，发配的发配，处罚十分严厉，埋下了对张居正仇恨的种子。张居正的威信也大不如前。其中，反对他夺情的人中还有的是张居正重用和信任的人，有的是他的门生，使张居正很是伤心。

"夺情"之后张居正又当国约五个年头，继续坚定不移地推行改革。万历十年六月二十日（1582年7月9日），张居正终因操劳过度而病逝，赠上柱国，谥文忠。"文"是曾任翰林者常有的谥法，"忠"是特赐；据谥法解，"危身奉上曰忠"，对张居正还比较公允。张居正带着平生的抱负，埋入江陵的墓地，剩下来的是无限的恩怨和不尽的是非。

张居正前后当国10年，实行了一系列改革措施，收到一定成效，史称万历新政。他清查地主隐瞒的田地，推行一条鞭法，改变赋税制度，使明朝政府的财政状况有所改善；用名将戚继光、李成梁等练兵，加强北部边防，整饬边镇防务；用凌云翼、殷正茂等平定南方少数民族叛乱。用潘季驯主持凌治黄淮，亦颇有成效。著有《张太岳集》、《书经直解》等。但张居正晚节不保，专人乘坐32人抬的大轿，还曾乘大轿子回过一次荆州老家。当时张居正权倾朝野，回家的气势很大，犹如皇帝出行，连沿途的明宗室的王爷也出城相迎。明朝制度，再大的臣子，就是一人之下的首辅对宗室王爷也要尊敬三分，王爷是不出迎的。明代的官员工资很低，而张居正自身收入非常多。他还将自己的管家游七委派了官职，还有传言说他和神宗的生母李太后关系暧昧、好女色等。

张居正的改革在某些方面损害一些官僚、大地主的利益，而且在做法上雷厉风行，强制执行，得罪了不少人。他死后，很快有些人就开始肆意的报复和攻击。明神宗在张居正在位时，一直尊其为师，那是出于需要和无奈。他早已耿耿于张居正的震主之威。据传，一日万历读书，念到"色勃如也"时，误将"勃"读成了"背"。突然听见身边一声大吼："这个字应该读'勃'！"张居正这一声大吼，让万历真的有些"勃如"了，很是有些惊颤。而最终让万历恨上张居正的是另外一件事。万历年间，张居正当政，所有文件都是由内阁批阅，万历年幼，总想给自己找点事干，但一拿起奏疏，都是张首辅批阅好了的，所有事情照着办就行。万历毕竟十六七岁了，就只有找人玩，找到了身边的太监，太监干什么，他就干什么，太监喝酒，他也喝酒，不过万历喝酒喜欢闹事。万历八年喝醉后找到一个太监要他给自己唱歌，但那个太监不会唱歌。他闹的事马上就传到了太后那里，太后给他看了一本书叫《霍光传》。霍光曾经干过一件大事，就是废过皇帝，意思就是说，如果万历再不听话，就把他废掉。万历清楚，现在有能力废掉他的，就是张居正，所以由此恨上了张居正。张居正当国十年，所揽之权，是神宗的大权，这是张居正效国的需要，但他的当权便是神宗的失位。在权力上，张居正和神宗成为对立面。张居正的效忠国事，独握大权，在神宗的心里便是一种蔑视主上的表现。

张居正病逝，同年12月，朝政格局发生了出人意料之外、却又在情理之中的重大倾斜，万历皇帝瞅准宫内太监总管冯保失去内阁支持的时机，成功地翦除了这个自幼即陪伴他长大的"大伴"。

冯保倒台了，这不啻是个政治信号。反对派们活跃起来了，率先弹劾张居正的是陕西道御史杨四知，他上疏开列了张居正的14条罪状。万历皇帝对此疏的批注含糊不清。敏感的朝臣们心领神会，随后，弹劾的奏章雪片似地飞来。反攻他的人中，以继承张居正做内阁首辅的张四维最为激烈。反对派把矛头对准了张居正的"一条鞭法"，神宗皇帝此时已是20多岁的小伙子了，他要自己"乾纲独断"，于是下令取消"一条鞭法"。反对派受到鼓舞，更加活跃了。被冯保、张居正排挤走的前任首辅高拱的后人也送来了《病榻遗言》，为高拱申冤。荆州辽王朱宪㸅品质恶劣，为非作歹，无恶不作，十七年前被御史弹劾，虽然谋反罪没有坐实，但也罪有应得，被废为庶人，圈于高墙，在荆州的王府成了张居正的家。辽王次妃王氏也上来奏疏，说张居正诬陷辽王，霸占王府，还说："庶人（指被废为庶人的辽王朱宪㸅）金宝万计，尽入居正府矣"，引起了爱财如命的神宗的极大兴趣。夺情风波中被处罚的官员也上诉，后来全部复官复职。

万历十二年（1584年）四月明神宗终于给张居正加上了诬蔑亲藩，箝（控）制言官，蔽塞朕聪……专权乱政，罔上（欺骗君上）负恩，谋国不忠"等罪，下令抄家，并削尽其宫秩，追夺生前所赐玺书、四代诰命，以罪状示天下。荆州知府吴熙将张家百口，押送到张家多年不住人的老屋，将大门钉死，百十口人6天水米未进，19人饿死，其中有三个婴儿，一个是张居正的孙子、两个是张居正的孙女。京城钦差到后，见事闹大了，才抢救。接着就是抄家，查抄张家所获，据刑部当时所列的清单，共计为：黄金2400两、白银17700两、金器3710两、金首饰900两、银器5200两、银首饰10000两，另有玉带16条等等。张家的财产，后来被运到了北京，共110抬，并没有什么值得注目的珍品。而与冯保相比，还不到其十分之一，史载地产不及严嵩的二十分之一。这与神宗原先的估计相差甚远，万历皇帝大失所望。张居正的子弟全部发配到"烟瘴地面"，长子敬修不堪其辱自尽身亡。在死前张居正长子写血书揭露张四维等人的迫害，发出了最后的控告："请告知相公张凤盘辅佐圣明天子于亿万余年"，说他们是活阎王、催命的判官，朝野震动。一代能相之家，家属饿死的饿死，流放的流放，祸及老母，过着猪狗不如的生活，落得如此可悲的下场。

对于张家这一次大祸，当时人以为是高拱陷害，其实高拱在万历六年已经死了，与这件事没有任何关系。张居正的长子张敬修以为是张四维陷害，虽然张四维在张居正死后对张居正进行过激烈的攻击，但是张四维于万历十一年四月致仕，已经退休了，抄家是万历十二年四月的事，纵使平时对于张居正久积嫌怨，现在也没有报复的机会。这一切都是由明神宗主持的。其实，还是皇权和相权之争的结果。从此万历皇帝开始全面废除万历新政的政令，破坏新政的成果，万历新政彻底失败。整个神宗一朝，没有人敢说张居正的功劳。直到40年后的天启二年（1622年），明王朝内外危机加剧，才想起昔日的大功臣张居正，复原官，予祭葬，张家房产没有变卖的一并发还。明思宗崇祯三年，礼部侍郎罗喻义等，为张居正讼冤，交给部议以后，这才给还二荫和诰命，全部复官复荫，彻底平反。

张居正

挽明即倒　宰相之杰

小　结

　　神童张居正生长在明朝走向衰亡的末期。他进入权力的最高层之后，以绝顶的聪明才智，代天子处理朝政，看准时弊，大刀阔斧地进行改革，降鞑靼、整吏治、行考成、厉节约、戒奢华、丈土地，改赋税、实行一条鞭法，强力地撑起了即将倒塌的明王朝，居功至伟，是难得的杰出宰相。张居正为相实际上是在摄政，行使的是皇权的功能，侵犯了皇权。他推行的改革，雷厉风行，强制执行，损害了一些官僚、地主的利益，死后受到反扑有一定的必然性。但他刚愎自用，晚节不保，也是祸及老母和子孙的一个重要原因。

　　纵观上述依法治国的8大名相，在不同的历史时期，虽然各自做出的历史贡献不同，但有许多共同点，主要是：（1）都是居庙堂之高，怀治理天下的大志，忧国忧民，不畏强权，依法治国，针对时弊，坚定不移地进行改革。（2）都是深入实际，真正了解国情民情实事求是的大政治家，不是空谈误国的政客。所以能够发现当朝当代的真正积弊，提出正确的改革政策。（3）都非常勤政，忙于政务，日理万机。他们为国事日夜操劳，无怨无悔。诸葛亮、王猛、张居正都积劳成疾。（4）都力主勤俭，反对奢华。只有管仲提出俭奢并用。他说的奢，实际上是鼓励消费。主张在特定时期，为了发展生产，鼓励富人多消费，给穷人创造就业岗位。（5）个人品德高洁，大都不敛财，比较清廉。其中王安石、姚崇、李德裕不仅清廉为政，从不敛财，而且无声色犬马之好，特别是王安石，至廉至俭，堪称完人。张居正为相的前期也很清廉，对家人要求严格。后期，虽有敛财行为，但抄家的结果也使皇上大失所望。他们的这些美德，造就了他们富国强兵，造福当代，推进中华民族发展的伟大历史功绩；他们的哲学思想、治国理念、施政方针、政策、措施是中华文化的真正精髓；他们的英名，载入史册，青史留名，万代颂扬。

参 考 文 献

[1] 谢浩范、朱迎平. 管子全译. 贵阳：贵州人民出版社，2009.

[2] 程步. 真商鞅. 青岛出版社，2013.

[3] 潭一寰. 商鞅的故事. 上海：上海人民出版社，1974.

[4] 陈寿. 三国志. 长沙：岳麓书社出版，1990.

[5] 段宇清. 历史真实的诸葛亮. 人民网，2011.

[6] 洪钊. 诸葛亮十二讲. 哈尔滨：哈尔滨出版社，2007.

[7] 王泊文. 救叫宰相姚崇. 姚崇文化研究，2011.

[8] 姚学谋. 姚崇的故事. 洛阳报刊，2012.

[9] 魏信、杨牧之. 姚崇治蝗. 北京：中国少儿出版社，1997.

[10] 益普. 李德裕贬崖州. 岭南文史，1983.2.

[11] 梁启超，李争平译. 王安石传. 北京：中国旅游出版社，2009.

[12] 喻世华. 千秋功罪任评说. 南京林业大学学报，2010.

[13] 丽波. 风雨张居正. 北京：中国民主法制出版社，2009.

[14] 熊召政. 张居正. 武汉：长江文艺出版社，2003.

[15] 宋月航. 中国古代勤政廉政故事. 天津：百花文艺出版社，2011.

[16] 赵宝玉、王天成、何薇. 清官史话. 西安：陕西教育出版社，1993.